U0153191

殖民地臺灣的經濟與產業發展之再思考

蔡龍保 主編

三澤真美惠、文明基、王淳熙、林采成、林佩欣、
陳德智、曾立維、蔡龍保 著

五南圖書出版公司 印行

校長序

　　本校歷史系設立於2000年，雖然是一個相對年輕的系，但是該系極為努力教學研究，也積極進行國際交流，特別是在東亞議題的研究上。因此，從2009年開始輪流在日本及韓國舉辦研討會，十餘年來累積了豐厚的研究成果，並建立了緊密的學術網絡。基於此，結合臺、日、韓學者組成「近現代東亞研究群」，並決定長期合作出版「近現代東亞研究論叢」，論叢第1號由蔡龍保教授擔任主編，此可謂是本校歷史系努力成果，同時也是歷史系的光榮。

　　如果歷史研究是以時間向度為主軸，而地理研究是以空間為場域，那麼以一個地域為研究空間，同時採取歷史的向度來詮釋、解析這個空間，此即結合了人文上的時間與空間研究。因此，以歷史為主軸來研究東亞的話，它的研究廣度與深度將會擴大許多，這或許是「近現代東亞研究群」成立的目的之一。

　　我們都知道，把東亞作為一個研究地域，並不是一個全新的對象，甚至在過往已經有許多研究，不過過往的研究經常把東亞界定在後進發展地域來研究。但是，如果把臺、日、韓再加上中國沿海地區的話，針對這些地域近年的發展來做研究，或許需要有不同的歷史觀與視野。「近現代東亞研究群」或許也基於這樣的態度，把重點放在「近現代」上。個人相信，這樣的研究時間軸，將使東亞研究更聚焦，並取得創新性的研究成果。

　　「近現代東亞研究群」的成立與「近現代東亞研究論叢」的發行，要特別感謝日本霞山會長期的支持和五南出版社同意發行，以及所有參與這些學術活動的專家學者們的付出。一部分論叢的出版將以中文及日文同時呈現，這也是一種創舉，研究成果將可以呈獻給更廣大的讀者群，進而帶來更大的迴響與影響力。俗語說，好的開始就是成功的一半。我相信，在

(4)　殖民地臺灣的經濟與產業發展之再思考

許多志同道合者的共同努力之下，「近現代東亞研究群」及「近現代東亞研究論叢」將會獲得突破及長遠性的成功。

國立臺北大學校長

李承嘉

謹誌於國立臺北大學

2023/10/01

寫在前面

　　本書主要依據2022年11月一般財團法人霞山會（以下簡稱本會）和國立臺北大學歷史學系，在臺北大學三峽校區共同舉辦的「東亞近現代史中的變遷、對抗、融合——歷史、教育、產業、經濟的視角」國際學術研討會中，諸位學者的報告內容編纂而成。

　　這次國際學術研討會在全球新型冠狀病毒疫情（COVID-19）尚未完全結束的情況下舉辦，儘管我們已經預期會有一些限制，但這次的經驗還是令人驚訝。去程時，我們剛抵達機場，一下飛機，還未辦理入境手續，即領到快篩試劑，並被要求在飯店裡笨手笨腳地進行檢測。回程時，我們同樣遇到了非常複雜而令人疲累的機場手續。現在回想起來，這些事情似乎已經遠去，甚至讓人有點懷念，但卻是不想再經歷一次的經驗。

　　儘管如此，許多研究者和專家仍然為了這次研討會齊聚國立臺北大學，或利用遠距方式參加會議。此外，也有許多聽眾蒞臨現場，或是透過遠距方式觀看直播。兩天的研討會中，與會學者們在每個場次進行報告並熱烈地討論。承蒙大家的熱情與努力，我們在這次會議中獲得豐碩的成果。因此，我想藉此機會，再次向國立臺北大學的教授們，以及所有為此次研討會的舉辦做出貢獻的人們，表達由衷的感謝之意。

　　這次研討會是本會和國立臺北大學首次共同合辦會議。由於是初次合辦，並且是首次在臺灣舉行活動，理所當然地，臺灣各界有許多人不了解霞山會這個團體。因此，我在研討會當天的開幕詞，簡要介紹本會的概況。在此，我想再次向讀者介紹本會。

　　霞山會的歷史可以追溯到1898年成立的東亞同文會，當時正值甲午戰爭剛剛結束。之後，在第二次世界大戰結束後的1946年，東亞同文會被迫解散。1948年，霞山會繼承東亞同文會的創立理念和基本資產而成立，成為財團法人機構。霞山會的會名「霞山」取自東亞同文會的首任會長近

衛篤麿公的雅號。創立以來,霞山會作為一個公益團體,一直以「透過文化、教育和研究交流促進東亞地區的相互理解」,以及「深化與亞洲各國和地區的交流,為世界和平做出貢獻」為基本理念,來經營會務。

　　本會會務大致分為以下幾類,包括舉辦國際和國內研討會、講座等調查、研究活動;出版業務,例如發行月刊《東亞》;針對學生和研究人員的各種獎學金、補助計畫。此外,本會利用在疫情期間累積的線上傳播經驗,進行各種線上講座,並以此為基礎出版「霞山アカデミー新書」。透過這些活動,本會致力於對日本國內,或日本與海外國家、地區之間的學術、文化交流的發展做出貢獻。

　　此外,本會的「東亞學院」是一個由日語教育和中文教育共同組成的語言專門學校,該校的許多畢業生在日本和海外(華語圈)都有出色的表現。在此,我想強調的是,經營這些項目的必要資金,我們完全不依賴國家(政府)補助,只依靠使用不動產收益累積的基本資產。正因為如此,我們的各種業務能夠保持獨立性和公平性,不受外在力量干擾。

　　其他更多詳細的資訊,請務必訪問本會官網。

　　總之,正如前面所提到的,本書是依據我們與國立臺北大學合作,在臺北大學三峽校區舉辦之國際學術研討會的報告內容編纂而成。從本書的目錄可以看出,書中論文涵蓋的時代和領域非常廣泛,使得本書內容豐富多樣。本書編輯過程中,如果沒有雙方工作人員以及所有協助者的合作和努力,絕對無法呈現這次成果。為此,我誠心祝福這些合作和努力所結出的果實——即本書的完成,也慶幸本書與本會的基本理念相符,同時更確信它將為日臺兩國的學術發展做出貢獻。最後,我想對參與本書出版的所有人員表達最誠摯、筆墨難以傳達的謝意。

一般財團法人霞山會 理事長

阿部純一

論叢緣起

　　2020年2月1日臺北大學歷史系歡慶二十週年，回顧2000年創立至今，我們從一個年輕的系所逐步成長，摸索方向，作為一個教研並重的大學單位，本系教師深知精進研究，並以此為基礎培養新一代人才的重要性。為了呈現同仁們在研究議題開展上的努力，本系陸續舉辦一系列研究座談會及國際學術研討會，分別是「帝國之禮」（2009）、「植民地臺湾の経済発展と市場の生成」（2010）、「近代東亞的區域交流與秩序重編」（2012）、「Dynamics of Political Economy between Japanese Empire and the Colonies」（2013）、「植民地臺湾の社会資本と流通」（2013）、「Integration and Tension between Empire and Colonies: From a Comparative Historical View of Korea, Japan and Taiwan」（2014）、「帝國的形成、發展與擴張——關係性‧同時性‧異質性」（2015）、「臺‧日‧韓跨領域研究座談會——環境／共有財／原住民」（2016）、「秩序、治理、產業——近代東亞政經發展脈絡的再檢視」（2016）、「地方文書與近代東亞殖民史研究」（2017）、「東亞近現代史中的變遷、對抗、融合——從歷史、教育、產業、經濟的視角」（2022）、「Food Distribution and Consumption in Modern East Asia and the Japanese Empire」（2023）、「日臺產業協力の可能性」（2023）。透過上述的研討會，本系多位同仁共同凝聚出對近現代東亞歷史、文化的研究關懷，而此一關懷也成為本系學術發展的方向之一。

　　召開會議不僅展現同仁們對新研究方向的探索，本系更期望藉此平臺，連結學界研究同好，因此這幾次的學術研討會均廣邀國內、日本、韓國、美國、大陸、港澳等地的優秀學者參與討論，並與國內外單位共同籌辦會議，加深合作關係。經過幾年的努力，已經累積相當程度的成果，本系蔡龍保教授提議應該彙整這些研究成果，編纂成論叢，以饗學界。此一

提議獲得系上同仁響應，決議定名為《臺北大學歷史系近現代東亞研究論叢》，之後陸續出版。

　　本書《殖民地臺灣的經濟與產業發展之再思考》所收錄的論著，主要脫胎於2022年11月與日本霞山會共同舉辦的「東亞近現代史中的變遷、對抗、融合——從歷史、教育、產業、經濟的視角」國際學術研討會，並精選歷次研討會中主題相近的著作，經過嚴謹的審查程序後，彙編而成。此次出版也將以跟霞山會共同合作的方式進行。本書共收錄8篇論文，分別由硬體建設如無線電報系統、鐵道、軌道，軟體經營如漁業調查、臺灣紅酒、電影、文化資產活化等面向，探討日治時期至現代臺灣的相關產業或技術，隨著日本殖民政策的演變、臺灣整體經濟、產業的發展，以及東亞局勢的變化等環境催化，其技術條件、產業知識、經營策略，如何因應不同的時勢進行調整，遇到何種困難以及解決之道。上述論題與本冊開篇文明基教授的〈為何沒有《帝国主義下の朝鮮》？矢内原忠雄的殖民政策研究以及臺灣與朝鮮〉一文相互呼應，突顯日本殖民體制下，臺灣、朝鮮兩個日本最具代表性的殖民地，由於殖民地自身的政經特性，所呈現的差異樣貌。

　　《殖民地臺灣的經濟與產業發展之再思考》是本系同仁耕耘近現代東亞歷史、文化變遷的初步成果，本書得以出版，有賴相關領域學者專家共同參與，本系蔡龍保、山口智哉、王超然、林佩欣等教授辛苦編輯，周俊宇老師、曾健洲博士拔刀相助，承擔翻譯工作，王美淑助教相助聯繫庶務，以及五南圖書公司黃惠娟副總編輯鼎力協助出版工作，謹此致上最深的謝意。未來，本系同仁也將秉持精進研究、化育人才的初衷，為相關學術領域貢獻心力。

國立臺北大學歷史學系副教授兼系主任

主編序

一、本書緣起與近現代東亞研究群的成立

　　近年有關「帝國」與「跨境」的研究日益受到重視，由以往單一帝國或單一地區的研究，邁向帝國間及地區間的多元交往脈絡，期待在此一視角之下，於政治、經濟、社會、文化等各面向的研究能有所突破。以東亞為討論框架的研究亦是重要的課題，出現許多研究成果。東亞和西歐、北美在社會、文化、傳統等方面都大異其趣，儘管過去相異的成果多半被認為是東亞發展較西歐和北美遲緩之故，但是即便現今東亞經濟已經快速發展，其和西歐、北美之間的歧異依然存在，遂產生資本主義類型差異的問題。而歷史研究，對於理解現今變化是必須且有效的。隨著長期性歷史研究之深入進展，過去被視為不相關聯之處也逐漸被證明為長期性漸次變化累積的成果。[1]

　　針對此一課題，臺、日雙方的學者已透過共同研究，有一些重要的研究成果。例如中村哲主編《東亞近代經濟的形成與發展》、[2]《1930年代の東アジア經濟》、[3]《近代東亞經濟的歷史結構》，[4]堀和生、中村哲編《日本資本主義と朝鮮・台灣》[5]等為重要之代表。臺北大學歷史系亦認同此一研究方向之重要，自2009年舉辦「帝國之禮國際學術研討會」之後，

---

[1] 中村哲主編，林滿紅監譯，〈編序〉，《近代東亞經濟的歷史結構》（臺北：中央研究院人文社會科學研究中心，2007），頁1-3。

[2] 中村哲主編，林滿紅、王玉茹監譯，《東亞近代經濟的形成與發展》（臺北：中央研究院人文社會科學研究中心，2005）。

[3] 中村哲編，《1930年代の東アジア經濟》（東京：日本評論社，2006）。

[4] 中村哲主編，林滿紅監譯，《近代東亞經濟的歷史結構》（臺北：中央研究院人文社會科學研究中心，2007）。

[5] 堀和生、中村哲編，《日本資本主義と朝鮮・台灣》（京都：京都大學學術出版，2004）。

積極於國際學術交流，陸續在臺灣、日本、韓國舉辦「植民地臺湾の経済発展と市場の生成」、「近代東亞的區域交流與秩序重編」、「Dynamics of Political Economy between Japanese Empire and the Colonies」、「植民地臺湾の社会資本と流通」、「Integration and Tension between Empire and Colonies: From a comparative historical view of Korea, Japan and Taiwan」、「帝國的形成、發展與擴張——關係性・同時性・異質性」、「地方文書與近代東亞殖民史研究」、「東亞近現代史中的變遷、對抗、融合——從歷史、教育、產業、經濟的視角」、「Food Distribution and Consumption in Modern East Asia and the Japanese Empire」、「日臺產業協力的可能性」等國際學術研討會，[6]於「帝國史」、「近代臺灣史」、「近代東亞史」已累積深厚的研究基礎與學術網絡。

近年，本人因緣際會，受日本前杏林大學教授小山三郎的介紹與邀請，與在東亞交流事業上卓有成績的日本一般財團法人霞山會展開合作。霞山會前身為1898年成立的東亞同文會，宗旨為辦理東亞區域的民間文化交流活動，並以中國為發展重心，為日本官方支持、具代表性的重要民間團體。東亞同文會在二戰後轉型為霞山會，持續推動日本與東亞區域的文化交流，主要重心依舊在中國。近年來臺灣的國際戰略地位提升，日本對臺灣的重視日益增加，霞山會希望強化與臺灣的民間文化交流，選擇與本校歷史學系合作，推動臺日學界對話，作為兩地長期文化交流合作的起步。

歷經小野邦久理事長、阿部純一理事長兩屆的深交，2022年10月，在臺北大學合辦「東亞近現代史中的變遷、對抗、融合——從歷史、教育、產業、經濟的視角」國際學術研討會，阿部理事長親率重要幹部倉持由美子（理事）、千葉憲一（事務局長兼文化事業部長）、齋藤真苗（文化事

---

[6] 期間，曾二次獲得蔣經國國際學術交流基金會獎助，2011年度獎助舉辦「近代東亞的區域交流與秩序重編國際學術研討會」，2013年度獎助「近代東亞史研究的新嘗試——經濟・政治・外交史觀點的對話」跨國研究計畫，獲益甚大，特此誌謝。

業部副部長）、古月雅之（文化事業部課長）來訪與會。2023年10月，在東京霞山會館合辦「日臺產業協力の可能性」國際學術研討會，臺北大學方面有文學院、商學院、公共事務學院及中央研究院等8位學者赴日與會。預定長期合作出版「近現代東亞研究論叢」。此外，也十分感謝財團法人世聯倉運文教基金會黃仁安董事長慷慨支持研究群各項運作，以及五南出版社黃惠娟副總編支持論叢的出版。這兩次國際研討會的論文，經嚴謹審查通過並由作者修改後，將成為論叢的第1號、第2號、第3號。本書集結產業經濟類論文8篇，成為十分值得紀念的論叢第1號。

　　考量如何有效集結並持續發揮、擴大既有的學術能量，2023年9月4日，於「Food Distribution and Consumption in Modern East Asia and the Japanese Empire」國際研討會後的晚宴，順應當日學術研究交流後的快意，研究夥伴們決定成立醞釀已久的「近現代東亞研究群」。

二、研究觸角的伸展、跨領域對話與國際學術交流的深化

　　基於既往的研究基礎與學術網絡，加上與霞山會的合作，臺北大學歷史系組成的近現代東亞研究群，係結合臺北大學、中央研究院，以及日、韓、中、港等學者，就近現代東亞相關的重要議題，進行學術研究交流。每年舉辦國際研討會，預定由臺灣、日本、韓國輪流舉辦，研究成果出版中、日文專書，成為臺北大學歷史系的「近現代東亞研究論叢」。

　　本研究群成立之目的與宗旨為：

1. 以歷史研究為基礎，推動近現代東亞議題的共同研究與跨領域交流。
2. 執行跨國共同研究，舉辦國際研討會，出版臺北大學歷史系「近現代東亞研究論叢」。
3. 透過和東亞著名大學舉辦學生論壇交流，培養新世代具東亞宏觀視野的人才。
4. 以實體結合線上的方式，跨國合作開設「近現代東亞專題研究」、「近

現代東亞研究經典閱讀」課程／讀書會，奠定年輕學者、研究生、大學生的研究基礎與學術網絡。

5. 建立近現代東亞研究與交流之平臺，透過跨國學者的實證研究與理性討論，深化多元視角的理解與尊重，期能形塑跨地域的東亞史觀與共同價值，超越意識型態與民族主義紛爭，成為東亞前進的正向力量。

　　亦即，本研究群的運作方向，就研究的時代而言，由以往聚焦「近代」擴展到「近現代」；就研究對象而，由「臺灣史研究」、「日本帝國研究」擴展到「東亞研究」；就學科對話而言，由「歷史研究」的內部對話擴展到「跨領域」、「跨學科」間的對話。本研究群重點發展方向之關鍵字，是「近現代東亞」、「區域交流」、「秩序重編」，包括「對抗」、「變遷」、「融合」的過程。希望在「教育與文化」、「產業與經濟」、「政治與外交」等面向，由臺、日、韓、中、港以及歐美等地的學者，進行切磋與研討。初步擬以四年一個循環的方式：1.「教育與文化」、2.「產業與經濟」、3.「政治與外交」、4.其他專題（由研究群成員及顧問建議課題。例如觀光史、女性史、企業史、技術史、香港史、滿洲史……。），累積研究成果。

三、本書的特色與內容導讀

　　誠如中村哲於《東亞近代史理論的再探討》一書中所言：「日本的社會科學和經濟學形成以來已經超過一百多年，但至今仍有著很強的輸入的學術性質。例如有不斷關注於歐美的研究動向，並追隨其後的傾向。……向外國的研究成果學習是必要的，但應當採取獨立自主的態度。」[7]因此，欲深化「東亞研究」、期待日後能建構「根源於東亞研究的東亞理論」，必須由東亞各國研究者意識到此一問題，並持續辛勤地累積相關的實證性研究。《臺北大學歷史系近現代東亞研究論叢》(1)《殖民地臺灣的經濟與

---

[7]　中村哲，《東亞近代史理論的再探討》（北京：商務印書館，2002），頁2-3。

產業發展之再思考》一書，即是基於此一理念之下的實證性研究作品，由臺、日、韓學者的8篇新研究所構成，對於殖民地臺灣的經濟與產業面向之研究極具啓發，與日本自由主義殖民政策學者矢內原忠雄的論述對話起來亦饒富趣味。

　　文明基〈爲何沒有《帝国主義下の朝鮮》？矢内原忠雄的殖民政策研究以及臺灣與朝鮮〉一文，是以矢内原忠雄爲中心，就臺灣與朝鮮的殖民地政策進行比較思考，頗具新意與啓發。作者沿續前人研究問及，矢內原對朝鮮有極大的關心與感情，但何以僅留存三篇朝鮮相關的論文且無專著。因此，透過臺灣與朝鮮的比較，論析研究的外在環境與內在問題，根據殖民政策論的構造特徵，分析臺灣論與朝鮮論，推論矢內原之殖民地「理論」與殖民地「現實」之關聯。指出朝鮮相關研究有如突然間被中斷，肯定有外部「壓力」之影響，經歷言論或學問的「不自由」。但，更重要的是，矢內原的殖民政策論構造與特徵。矢內原的殖民政策論，與「將殖民地化視作文明化過程的觀點」屬同一脈絡，承其師新渡戶稻造的「殖民即文明之傳播」（Colonization is the spread of civilization）理論。矢內原殖民地經濟論（即資本主義化）與殖民地政治論（即自治主義），以及殖民母國與殖民地「相互利益」的思考框架，趨近於亞當斯密的自由主義殖民地論。

　　《帝國主義下的臺灣》，就是資本主義化與自治主義的結合。朝鮮是以稻米爲主的農業經濟，不同於臺灣的米糖經濟結構。相較於用相當確定的語氣談臺灣資本主義化，矢內原對於朝鮮資本主義化之論調則愼重且猶豫。另，其朝鮮自治論，不同於臺灣自治論是以資本主義化的結果來正當化之政治課題，而是作爲擺脫經濟「絕望」與「不安」的方案而提出。總之，不同於臺灣的狀況，沒有關於殖民地朝鮮經濟之全面分析，無法賦予《帝國主義下的朝鮮》之名。強烈顯示矢內原作爲殖民政策學者所設定的「理論」，與殖民地朝鮮經濟所表現出的「現實」之背離，而這也是其對殖民地朝鮮經濟保持「沉默」的原因。

　　矢內原在論述臺灣的資本主義化時，認為土地調查、度量衡與貨幣制度的改革、林野調查等是資本主義化的基礎事業。臺灣的經濟得以有快速的發展，是來自於1904年的幣制改革、1905年的土地調查的完成，1908年縱貫鐵路的開通、基隆和高雄築港的成功。[8]除了土地調查、林野調查等成為統治基礎之調查，臺灣總督府推動各項產業政策時，也進行各領域的專業性基礎調查，屬各項產業政策形成及展開所需之調查，對各領域影響十分深遠。陳德智〈帝國／殖民地的海洋——日治時期臺灣總督府從沿岸到遠洋漁業調查試驗之研究〉一文，探討海洋調查及漁業試驗，為臺灣經營南洋遠洋漁業的重要基礎產業調查，釐清臺灣經營遠洋漁業的發展過程。1909-1916年是臺灣沿岸和近海漁業調查試驗開展時期，從一開始日本關注的鰹漁業之發展，到其他魚種如鯛漁業、土魠漁業、飛漁業等，以及其他漁法如鯛延繩漁業、拖網漁業等。隨時間發展，臺灣海洋漁業調查試驗事業越來越能掌握漁場海洋狀況與魚群洄游狀況、魚類生活史、移動、生態之關聯，意味著水產海洋學在臺灣的深化，「漁海況論」漸成為海洋調查試驗的典範。迄至一九二〇年代，臺灣總督府逐漸呈現出經營南洋遠洋漁業的特色。

　　再者，殖民地的產業，尤其是本地特有的產業，如何在新的時代舊瓶新酒，融合新技術有更一步的革新，甚至反饋日本殖民母國產生重大影響，亦為殖民地研究值得挖掘的重要面貌。政治上，已有學者以「擴張之逆流」論來檢視殖民地「紛爭」的擴大並「逆流」回日本，對日本國內政局產生重大影響，臺灣高等法院院長高野孟矩罷職事件即為一例。[9]以「擴張之逆流」觀點分析產業經濟的研究，相對較為缺乏；相較於農學研究、農產品改良相關研究已堪稱豐碩，酒類改良的研究也相對頗具研究空間。林佩欣〈從臺島之酒到帝國之酒：日治時期樹林酒工場的紅酒改良與

---

[8]　矢內原忠雄著，周憲文譯，《日本帝國主義下之台灣》（臺北：帕米爾書店，1987），頁1-13。

[9]　小林道彥著，鄭天凱譯，〈1897年臺灣高等法院長高野孟矩罷職事件——明治國家與殖民地領有〉，《臺灣風物》，卷47期2（1997年6月），頁129-157。

行銷〉一文，探究紅酒如何從臺灣在地人的嗜好酒品，經專賣局的操作及包裝，成為日本帝國內的普及酒品。指出專賣局為增加產量、穩定品質，接收樹林酒工場後即著手興建紅麴製造場，使樹林酒工場成為紅麴獨家製造場。在技術改良方面，技師神谷俊一在樹林酒工場率先進行阿米羅法實驗，穩定米酒的產量並降低生產成本。酒工場場長野本只勝研發利用根黴菌製造紅酒，讓向來只能低溫製造的紅酒得以四季釀造。1935年之後，專賣局以「蘭英」及「玉友」為品牌名稱，在代理商明治屋的行銷下，順利將老紅酒銷往日本。中日戰爭爆發後，專賣局派遣甫卸任樹林酒工場場長的野本只勝前往中國指導造酒，複製專賣局經驗，臺灣紅酒的銷售版圖甚至擴及中國。

　　值得注意的是，矢內原在談臺灣的資本主義化時雖強調土地調查等基礎事業之重要，但對於與近代化息息相關的通信、鐵路、港灣、上下水道等基礎工程（infrastructure）之角色，顯然忽視或弱化。特別是交通事業，對於殖民統治者而言，不僅是帶動經濟發展的重要動能，更是落實、強化統治的重要手段。曾立維〈有線到無線——對外無線電報系統在臺灣的建立與發展（1928-1949）〉一文，指出自1917-1945年，臺灣就不再鋪設新的海底電報線，而是建立無線電報局以應付逐漸擴大的臺日通信數量。1928年臺北無線電信局完工，與日本國內各局間的固定業務正式開始，為重要分界點。1931年，臺北電信局改裝短波送受信設備，並建設性能優秀的指向性空中線，使得系統疏通臺日間電報的能力顯著進步。臺日間電報通信轉為以無線系統為主，解決臺日間電報傳遞的問題。隨著臺日間電報量增加，加上1935年臺日定期航空開始後，對航空通信及氣象通信設施上的需求越來越大，1937年，中日戰爭的戰時需求，加上南進政策下為推動臺灣的航空事業、確保航路之安全，加速設置航空無線專用局。再者，特別指出戰後初期臺灣和中國重新成為同一統治圈下時，十分重視彼此間的電報聯繫設施，無線電報系統擔負起與中國方面的聯絡角色。由電信事業清楚可見，殖民地的技術革新主要來自於官方需求，或言為官方政

策推動時之配套。臺灣、日本間三條海底電報線常常故障，才走向技術革新。但由編入之預算與敷設、普及的速度觀之，並不積極。待戰時需求才積極導入，可謂配合殖民母國需求之色彩濃厚。

　　相較於產業經濟之大動脈──臺灣總督府鐵道部之國有鐵路，與林業發產相關的林業鐵路和專營交通運輸的私設鐵路、輕便軌道，相關研究尚不多見，卻又是能檢視日本帝國統治政策不同面向之重要課題。總督府完成矢內原所謂的資本主義的基礎事業中的林野調查之後，如何開發山林資源並兼及「理蕃」政策，為一重要課題。拙文〈由森林鐵路到觀光鐵路─日治時期阿里山鐵路經營策略之轉變(1896-1945)〉指出，興築阿里山鐵路的主要目的是為了「經營森林資源」、「理蕃及開發蕃地」。承包開拓經營的藤田組，認為總督府低估森林開發的困難度，森林蓄積量被高估，鐵路實際建設成本遠超過預估，1908年1月，放棄經營阿里山。1910年2月，轉由總督府以官營方式經營阿里山。就經營成績觀之，1935年度以後砍伐事業才有收益，且獲利十分微薄。營林所透過延伸鐵路擴大伐木面積、增加搬出材，但成效不彰。因此，阿里山招致經營成績不良、設施規模過大的批評。

　　到了一九二〇年代後期、一九三〇年代，阿里山已經不只是林業地，也是臺灣著名的觀光地以及「國立公園候補地」，作為觀光聖地的角色日益濃厚，成為砍伐事業經營困境的解套。營林所將阿里山鐵路往新高山延長，改良機關車、客車，運行汽油車，調整列車時刻表，增加客車連結，行駛賞櫻列車。興築新高山登山道路與汽車道路為臺南州的重大事業，完成阿里山・祝山間登山道路。各項配套的發展下，阿里山鐵路的乘客人數大增，1931到1941年的11年間，有7個年度是客運收入高於貨運，就產業鐵路而言十分特殊，彰顯營林所「觀光鐵路」、「強化客運」的經營政策有其成果。若非遭遇戰爭，其作為「觀光鐵路」的角色會強化得更快速、顯著。

　　矢內原認為，1905年臺灣總督府財政獨立之後以迄1916年度為止，已

不再募集公債，改以普通歲入及臺灣銀行的短期借款作為原公債支應事業的財源，由此可知當時臺灣歲入之富裕，也使得林野調查及阿里山林業的官營成為可能。然而，即使如矢內原所言，林野調查使得官方將林野撥給事業家具法律上及經濟上的基礎，有助日本資本家來臺發展。[10]然而，由拙文可知，轉為官營是民營資本逃離下的不得已結果，且不論是民間或官方經營，結果終歸失敗。亦即，即使獨占經營，也未必能成功。

　　輕便鐵路作為地方交通機關，在日治50年間其重要性有不同階段之變化，該業界也呈顯臺灣人資本於殖民地時期的存續與發展，臺灣人於殖民地社會活躍於中小企業的實況。[11]臺中輕鐵，是在臺日本人和臺灣人資產家合併原有鐵道公司而成立，以收購的方式接管葫蘆墩輕便鐵道合資會社、牛罵頭輕便鐵道株式會社、員林輕鐵株式會社的路線，後來又透過股票交換的方式收購中嘉輕鐵組合的路線。林采成〈台中輕鐵（株）的經營分析——軌道‧鐵道‧汽車〉一文，分析主要股東、經營幹部，指出臺中輕鐵應屬在臺之日系企業，修正前人研究以為是民族資本的看法。強調臺中輕鐵的軌道和鐵道都有殖民地的僱用結構，不僅有工資差異和依民族別的職位配置，因應景氣波動也進行以臺灣人為主的僱用調整。一九二〇年代末，受到來自汽車運輸的市場競爭，不得不兼營汽車運輸，一九四〇年代更將業務轉為汽車運輸業。然而，因獲利微不足道，總督府依「臺灣私設鐵道補助法」提供補助金，才能保障股份公司的正常分潤。

　　此案例呈顯出臺灣總督府除了對重要的糖業有周延的保護、獎勵政策外，為了普及、獎勵私設鐵路，1922年3月頒布「臺灣私設鐵道補助法」。然而，適用此法獲得補助的只有兩間公司：臺北鐵道株式會社及臺中輕鐵株式會社。[12]因此，本研究對象實有其代表性與重要性，具驗證殖

[10] 矢內原忠雄著，周憲文譯，《日本帝國主義下之台灣》，頁71-72、19。

[11] 蔡龍保，〈日本殖民地下的臺灣人企業——以桃崁輕便鐵道會社的發展為例〉，《國史館學術集刊》，期11（2007年3月），頁1-46。

[12] 藤崎英之助，〈臺灣私設鐵道補助法に就いて〉，《臺灣鐵道》，號294（1936年12月），頁30-33。

民政策成效之意涵。以會社經營史的角度，析論公司內輕鐵、私鐵、汽車的營運、收益變化，兼論民族差別的實況、臺日資本之競合，亦為本文之特色。

　　面對前述殖民時期所建構的複雜且龐大之各項基礎或遺存，戰後臺灣社會如何承接與看待，有其階段性的變遷，且值得探究在政治、經濟、社會、文化等不同領域之間的共相或異相。三澤眞美惠〈由白克和林摶秋的足跡試論戰後臺灣電影的「雙重連續性」〉一文，指出臺灣史研究有切分日治時期和戰後中華民國時期的傾向，但是戰後臺灣是具有殖民地時期的連續性和抗戰時期從中國大陸帶來的連續性，亦即「雙重的連續性」。作者以大陸出身的白克（福建省廈門市）和臺灣出身（新北市鶯歌）的林摶秋為例進行考察，指出戰後臺灣電影在外來政權（統治權及地理上雙重斷裂）與新住民的交會當中轉變樣貌，同樣具有雙重的連續性。兩人的見面，即是雙重連續性的交會。由《桃花扇》20名演出顧問名單中，也傳達出當時臺灣的「雙重的連續性」之交會。誠為戰後臺灣史研究，不可忽略的觀察視角。[13]

　　即使如此，雙重的連續性當中的殖民時期遺存，也有被另一方的強大政治力壓制而不彰顯的實況，文化資產領域即為一例。戰後政治環境的影響，獨尊漢文化，未能顧及臺灣多元文化特色，「文化資產保存法」施行後十數年間的指定物件，以漢人遺產占絕大多數，影響民間誤認為「古蹟」就是漢人的廟或大厝等。開始指定日治時期的文化資產，其背景與1987年解嚴後日益蓬勃發展的本土化運動，臺灣史研究的興盛以及史觀的變化有關。1991年，勸業銀行舊廈（今臺灣博物館土銀展示館）被指定為

---

[13] 例如林佩欣指出，就統計制度史的角度而言，戰後臺灣的統計制度像「Y」字形，由兩股體系匯流之後形成。中華民國政府將大陸時期設計的統計制度帶到臺灣，與臺灣戰前的統計體系匯流，成為新的統計體系。參見林佩欣，《支配と統計：台湾の統計システム（1945-1967）・総督府から国民党へ》（東京：ゆまに書房，2022），頁1-272。

三級古蹟，為日治時期建物被指定為古蹟之嚆矢。[14]

　　文化資產的指定登錄只是賦予法定身分，後續仍需要有管理、維護，尤其當原有機能無法持續運用時，活化再利用勢在必行，特別是2000年，臺灣文化資產的再利用觀念逐漸興起，對於殖民地的遺存展現積極保存、活化、再利用的企圖，在東亞各國中相對先進，也確實有令人稱羨的成果。王淳熙〈臺灣日治時期建築文化資產活化再利用的檢視〉一文，考察占所有建築類文化資產的10.1%的日宿舍後，指出儘管日式宿舍有各種樣態、等級，但在修復與再利用，已經形成一個相對完整的體系，從調查研究到修復，已建立相當完整的流程與看法。以往許多民間團體批評文化資產再利用作為商業性使用，但事實上展示、社區公益或靜態使用，仍占有相當大的比例。個別縣市的相似案例，呈現出相近的再利用模式，突顯出特定委員群組在決定再利用過程中，有其偏好。

四、結語——由臺灣史研究到東亞史研究的起手勢

　　臺灣史，從荷西時期、清領、日治以迄戰後，皆充滿著多族群、多元文化的特質，以及相當濃厚的國際原素。善用臺灣史的特質與原素，自然能延伸研究觸角，擴大研究視野，展開饒富深義的國際對話。臺灣、日本、韓國、中國同為東亞的重要成員，必然面對許多共同的課題，需共同研討，進而合作尋求解決之道。本研究群初步運作以東亞成員為主，日後也將尋求歐美視角下的東亞研究，展開與歐美學者的合作。

　　除了如同前述，以四年一個循環的方式來累積具體的研究成果之外，大學作為高等教育機構，培養下一個世代的人才為責無旁貸之神聖使命。因此，作為研究群運作下的延伸，也將善用此一國際網絡，展開和東亞著

---

[14] 蔡龍保，〈臺日文化資產指定制度之比較研究——以臺南林百貨和高島屋東京店為例〉，收入陳俊強編《文化‧聚落‧共有財：環境變遷下之永續發展》（新北市：國立臺北大學，2020），頁38-46。

名大學的學生論壇交流，培養新世代具東亞宏觀視野的人才。未來，也將以實體結合線上的方式，跨國連線合作開設「近現代東亞專題研究」、「近現代東亞研究經典閱讀」課程或讀書會，奠定年輕學者、研究生、大學生的研究基礎與學術網絡。期待一群志同道合的跨國學術夥伴力量之結合，愉悅地共同努力，實踐在研究上、教學上的神聖使命。

　　《臺北大學歷史系近現代東亞研究論叢》(1)《殖民地臺灣的經濟與產業發展》的出版，實有其重大的階段性意涵。編輯出版過程，十分感謝匿名審查人的嚴格把關，歷史系大家長何淑宜主任的大力協助，王超然老師、山口智哉老師、林佩欣老師、王美淑助教的戮力分工，以及周俊宇老師、專業譯者曾健洲博士的精確翻譯，使本書更臻完美，特此致謝！時值中秋，咸信本書的出版、研究群的初試鶯啼，以及本系未來在學術上的發展，有今夜之明月般地圓滿！

臺北大學歷史系教授

蔡龍保

於中秋・高雄2023.9.29

CONTENTS
目　次

經濟政策的形成及其展開

基礎工程的建構與經營

戰前到戰後的連續性與再利用

經濟政策的形成及
其展開

為何沒有《帝國主義下の朝鮮》？ —— 矢内原忠雄的殖民政策研究以及臺灣與朝鮮

文明基*

摘要

　　關於戰前日本具代表性的自由主義殖民政策學者矢内原忠雄，至今學界已累積不少研究成果。然就其個別殖民地的研究而言，相較於臺灣、滿洲、南洋群島及印度，殖民地朝鮮的研究卻很少。為什麼矢内原忠雄沒有留下像《帝國主義下の朝鮮》這樣的著作？本文旨在回答此一疑問。回答此疑問的同時，亦可理解矢内原所論述殖民（政策）研究之特質，以及同樣作為殖民地，臺灣與朝鮮的「差異」及其意義。

　　過往關於矢内原的研究成果，指出矢内原在研究朝鮮時的「外壓」，其實此現象不僅存在於矢内原對朝鮮的研究，對臺灣的研究亦然。因此，若要討論矢内原為何甚少研究朝鮮，應從他研究的内在脈絡切入，注意他有關殖民地的一般理論。矢内原基本上將課題設定為，伴隨文明化而來的「實質的殖民」與政治上的自治主義，還有以兩者結合為前提的「個別社會群之需要互相調和的帝國」。

　　根據這樣的一般理論研究臺灣的結果，矢内原認為「帝國主義下的臺

---

* 韓國國民大學韓國歷史學系副教授

灣」達成日本殖民地中最高度的資本主義化,而且要求於此種高度資本主義化相應的「文明的」殖民統治,也就是設置殖民地議會;相反的,矢內原並未對朝鮮進行系統性的經濟分析,而且對殖民地朝鮮的資本蓄積及財政發達採取負面評價。雖然如此,他要求朝鮮能夠與臺灣相同設置殖民地議會。也就是說,臺灣的狀況是,設置殖民地議會是達到資本主義化的「結果」;朝鮮的狀況是,設置殖民地議會是為了(還沒達成的)資本主義化的「方案」。

換句話說,矢內原認為殖民地臺灣是已存在著伴隨資本主義化(文明化)而來的「實質的殖民」之實體,朝鮮則尚未存在日本殖民統治足以被正當化的充分條件。筆者認為,因為這一點,致使矢內原對朝鮮的經濟發展持續保持「沉默」,而這樣的「沉默」,到戰後也沒有變化。

關鍵詞:朝鮮、臺灣、矢內原忠雄、殖民政策論、資本主義化、自治主義

Why did not Yanaihara Tadao write *Korea Under Imperialism*?-Yanaihara Tadao's Colonial Studies and Taiwan, Korea

Myung-ki Moon[*]

Abstract

There are a lot of studies concerning Colonialism Studies by Yanaihara Tadao, who is well known as a passionate supporter of liberal colonial policies during pre-war period, but there is little studies which focused on his scarcity about studying colonial Korea. He was interested in almost all Japanese colonies including Taiwan, Manchuria and the South Sea Islands, but he did not express as much interest to Korea as to the other colonies, and this is very exceptional considering his academic career. Why did not he write a book like *Korea Under Imperialism*?

This article tries to answer this question. The process of answering this question will help us better understand the characteristics of his colony studies, and further understand the difference between Taiwan and Korea as Japanese colonies.

External pressure, which previous studies pointed out as a cause of Yanaihara's lack of Korea studies, can be equally applied to the case of Taiwan studies. Therefore we have to deal with this question from the other perspective, for example, from within his colonial studies. At this point, we have to pay attention to his general theory on colonies. He envisioned so called "substantial colonization" accompanying capitalization (=civilization), political

[*]　Associate Professor, Department of Korean History, Kookmin University

principle of colonial autonomy, and "harmonious empire" in which necessities of each social group is well coordinated.

He practiced Taiwan studies according to this general theory, and concluded that Taiwan has reached most highly capitalized society among Japanese colonies, and demanded so called "civilized colonial politics", that is Taiwanese colonial assembly. In contrast, he lacked systematic analysis on Korean economy like Taiwan, and underestimated capital accumulation and finance development, but still insisted establishment of Korean colonial assembly. In other words, establishment of colonial assembly was the result of capitalization in Taiwan's case, whereas establishment of colonial assembly was prerequisite of capitalization in Korea's case.

To sum up, Yanaihara thought that in Taiwan, the substance of "substantial colonization" accompanying capitalization existed in tangible form, but in Korea a sufficient condition through which Japanese government of Korea could be justified was not prepared yet. I think this led to Yanaihara's silence on the economy of colonial Korea.

Key Words: Colonial Korea, Colonial Taiwan, Yanaihara Tadao, Colonial (Policy) Theory, Capitalization, Principle of Autonomy

一、前言

　　作為1945年以前日本代表性而廣為人知的自由主義殖民政策學者，矢內原忠雄（1893-1961）的殖民政策學不論是著作數量或是多元的切入視角，皆已累積不少研究成果，[1]並且直到今日，矢內原研究依然廣受矚目。例如有一面承認1945年以前其自由主義殖民政策學的局限（反對伴隨暴力的殖民地獨立及支持和平獨立等），同時又有將矢內原戰前的非暴力立場，連結到戰後反對再軍備的主張，而強調其積極面的研究；[2]也有站在更激進的立場，指出其自由主義殖民政策學的局限；[3]也有站在殖民地的立場，對矢內原的殖民論進行批判；[4]也有把矢內原的殖民地研究定位

---

[1]　近年綜合整理矢內原研究的論文有：岡﨑滋樹，〈矢內原忠雄研究の系譜——戰後日本における言說〉，《社會システム研究》（京都：立命館大學社會システム研究所，2012），卷24。

[2]　竹中佳彥，〈帝國主義下の矢內原忠雄——1931-1937年〉，《北九州大學法政論集》，卷20期4（1993），頁176。竹中佳彥在〈序言〉中指出，「如完全否定矢內原在戰前及戰時的生涯，那當時的日本人除一部分馬克思主義者外，只剩下皆應是被同一種思想洗腦的日本人」，提議「在現在的視角上，不能單純只以外在的觀點來批判，而是應放在當時的歷史脈絡中加以看待。」（130頁）；代表性的臺灣研究有：何義麟，《矢內原忠雄及其《帝國主義下の臺灣》》（臺北：臺灣書房，2011）。

[3]　持此一立場者，日本研究可參見：淺田喬二，《日本知識人の植民地認識》（東京：校倉書房，1985）；戴國輝，〈細川嘉六と矢內原忠雄〉，收入於戴國輝，《日本人とアジア》（東京：新人物往來社，1973）。指出以自由主義方式理解朝鮮問題的局限性者，可參見：이규수，〈야나이하라 타다오（矢內原忠雄）의 식민정책론과 조선 인식〉，《大同文化研究》，46輯（2004年），頁175-207。當時持有此批判立場的有宋斐如，〈評《帝國主義下の臺灣》〉，收入於宋斐如著，深圳臺盟主編，《宋斐如文集》（北京：臺海出版社，2005），卷5。宋斐如站在社會主義的立場，對山川均之《殖民政策下の臺灣——弱小民族の悲哀》（1926）的評價，比矢內原的《帝國主義下の臺灣》來得更高。

[4]　李承機，〈植民地期臺灣人の「知」的體系——日本語に「橫領」された「知」の回路〉，收入古川ちかし等編，《臺灣‧韓國‧沖繩で日本語は何をしたのか——言語支配のもたらすもの》（東京：三元社，2007），對儘管臺灣抗日運動指導者簡吉的主張事實上與矢內原忠雄無異，卻僅有矢內原的立場單獨「流通」的事實提出異議，表示此為根據「帝國」知識權威所進行的「知識掠奪」。

爲1945年後日本區域研究之先驅；[5]也有研究認爲以矢內原爲代表的近代
日本自由主義論，係立基於根植的「科學殖民政策」的社會進化論。[6]

　　然而，以另一角度思考，若從個別殖民地研究的角度來看，有別於
臺灣、滿洲、南洋群島及印度的研究數量，矢內原的朝鮮研究相對較少，
考量他對朝鮮現況及宗教的關注，不免令人意外。即矢內原對個別殖民地
研究有《帝國主義下の臺灣》（1929）、《滿洲問題》（1934）及《南
洋群島の研究》（1935）；非日本殖民地的印度亦有《帝國主義下の印
度》（1937），朝鮮和臺灣同被視爲日本最具代表性的殖民地。矢內原本
人對朝鮮又有著極大的關心和情感，對朝鮮卻僅有三篇研究論文，而無專
著。[7]對此現象已有很多研究者指出。

　　例如村上勝彥指出，「關於日本殖民地里程碑之朝鮮，無一著作且僅
有若干論文，此乃奇妙之事也，其爲今後必須討論的一件事」[8]；韓相一
指出，「奇怪的是，從學術角度來看，朝鮮爲日本最典型的殖民地，但關
於其地的殖民地統治，卻僅有少數論文。」[9]此外還有多位學者亦提出相

---

[5]　矢內原勝，〈矢內原忠雄の植民政策の理論と實証〉，《三田學會雜誌》，卷80期4（1987年），
　　頁309。將矢內原喻為「發展中國家學際研究及地區研究的先驅者」，參若林正丈編，《矢內原忠
　　雄「帝國主義下の臺灣」精讀》（東京：岩波書店，2001），頁352-353，將矢內原殖民地研究與
　　戰後東京大學經濟學部國際經濟論及東京大學教養學部區域研究相連結，指出矢內原的殖民地研究
　　可說是「社會科學的區域研究」之萌芽。

[6]　이석원，〈近代日本의 自由主義植民政策學研究：야나이하라 타다오（矢內原忠雄）의 植民政策
　　學을 中心으로〉（首爾：延世大學校碩士學位論文，2003）。

[7]　1916年，時為東京帝大學生的矢內原曾說過，如果能成為朝鮮總督將會很高興，希望透過財政振興
　　朝鮮，「以前曾認為日本帝國將朝鮮半島當作殖民地統治，但這次是作為人類同胞，想到了亡國之
　　後朝鮮人的模樣」，因此「有了為朝鮮人奉獻的想法」等。由此可知，對青年時期的矢內原而言，
　　朝鮮別具意義。이규수，前引文，頁183-184。

[8]　村上勝彥，〈矢內原忠雄における植民論と植民政策〉，收入大江志乃夫等編，《近代日本と植民
　　地4：統合と支配の論理》（東京：岩波書店，1993），頁225。

[9]　韓相一，〈植民地自治論—矢內原忠雄의 自治論을 중심으로〉，《社會科學研究》，集15（2002
　　年），頁608。

同的疑問。[10]

　　眞正較深入探討此課題之相關研究，有一九六〇年代的幼方直吉。[11]
爲什麼矢內原沒有留下類似《帝國主義下の朝鮮》的著作呢？關注矢內原
的研究經歷之人不免會出現這樣的疑問，本文主要即爲解答此疑問。目的
在彌補矢內原研究之空白，更重要的是透過解答此疑問的過程，找出矢內
原殖民政策研究的特質，並找出同樣作爲殖民地的臺灣與朝鮮，兩者之
「區別」及意義。

　　爲了究明上述疑問，首先根據時間脈絡來整理矢內原的著作，並依
據關注地區加以分類，據此初步確認關於朝鮮的研究相對薄弱；其次，再
以外部環境和內在關聯性兩個面向加以分析。具體而言，透過臺灣及朝鮮
的比較，論析矢內原進行研究時的外在環境問題，而關於內在問題，則根
據矢內原本人所建構之殖民（政策）論的構造特徵所建立的臺灣論及朝鮮
論，據此推論其殖民地「理論」與殖民地「現實」之關聯。

---

[10] 木畑洋一指出「對於矢內原忠雄極爲關心的朝鮮問題研究，無法整理成冊」，相較於對朝鮮的關
　　心，「研究」數量卻不成比例。參見〈植民政策論・國際關係論〉，鴨下重彥等編，《矢內原
　　忠雄》（東京：東京大學出版會，2011），頁93-94。飯田鼎，〈矢內原忠雄と日本帝國主義研
　　究〉，《三田學會雜誌》卷75期2（1982年），頁43。亦指出「其日本帝國主義研究中，最具代表
　　的是《帝國主義下の臺灣》，其次爲滿洲問題，但值得關注的是，直接把朝鮮與日本帝國主義連
　　結討論的文章的相對較少」。幼方直吉，〈矢內原忠雄と朝鮮〉，《思想》號495（1965年），頁
　　1177，「矢內原是第一個，亦是最後一個日本市民的殖民政策學者，不可能對日本最典型的殖民地
　　朝鮮毫不關心，且從宗教信仰的角度來看，朝鮮亦是矢內原最關心的，但即便如此，未能完成與
　　《帝國主義下の臺灣》相媲美的《帝國主義下の朝鮮》，只是留下了一些論稿。這些論稿與《矢內
　　原忠雄全集》（以下《全集》）之無數殖民政策論研究業績相較，僅有極少數的數量。」
[11] 對於「爲什麼沒能完成《帝國主義下の朝鮮》？」的問題，幼方直吉主要從外部環境，即來自朝鮮
　　總督府的「壓迫」來尋求答案。見幼方直吉，前引文，頁1182-1183。然而如之後所述，施加於矢
　　內原的「壓迫」，不僅只有在朝鮮研究而已。又有한상일，前引文，頁608，曾指出：「矢內原之
　　所以沒能（對朝鮮──筆者）作出如《帝國主義下の臺灣》般的論著，原因可能是如同從三一運動
　　與六十萬歲事件可見，朝鮮問題比臺灣更複雜，找到問題的對策極有難度」，但作者並未對此論點
　　進一步分析。

二、矢內原的殖民政策研究及其外在環境

有關矢內原忠雄個人的學經歷，已有不少相關研究成果，在此僅介紹與本文相關之內容。[12]1917年3月，矢內原忠雄從東京帝國大學法學部畢業，其後任職於住友總本店，1920年為止一直在別子礦物所工作。同年3月應聘為東京帝國大學經濟學部助教授；[13]與此同時，又得到文部省留學經費赴歐兩年，期間在英十個月，在柏林及美國則分別一年及一個月。留學歸國後，1923年開始接班其師新渡戶稻造，擔任殖民政策學講座主講教授，從此開始殖民地及殖民政策之全面性研究，相關論說亦在這時大量出現。根據文末所附〈附表〉，矢內原殖民地相關論文，以區域分類的研究次數如表1：

表1　矢內原殖民地相關論說對象地區的次數（1923-1945）[14]

地區	次數	地區	次數
臺灣	7	英國	9
朝鮮	4(3)	美國	1
滿洲	9	仏日	2
中國	5	愛爾蘭	1
南洋群島	10	巴勒斯坦	1

---

[12] 對於矢內原的履歷，可查楊井克己等編，《帝國主義研究：矢內原忠雄先生還曆記念論文集》（東京：岩波書店，1959）所收的〈矢內原忠雄先生略年譜〉。亦可查矢內原忠雄，〈年譜〉，《全集》，卷29。

[13] 擔任東京帝國大學經濟學科助教授之後，沒有一篇學術論文的矢內原又獲聘為教授，在當時可說造成一股轟動，對此，其同事大內兵衛評價道：「其人為東大最為優秀人士這一點，在三十年後得到認證」（大內兵衛，《經濟學五十年（上）》（東京：東京大學出版會，1959），頁98-99）

[14] 此表根據本文最後的「附錄：矢內原忠雄殖民地相關論說目錄（1923-1945）」分類而成。總數不同於原表的79篇，而是80篇，是因編號78《英國の印度征服史論》在英國與印度中各記一次。又探討朝鮮的次數以4(3)標記，是因編號74 "Problems of Administration in Korea"，為編號73《朝鮮統治上の二三の問題》的英譯本。

地區	次數	地區	次數
印度	8	普通殖民地	22
埃及	1	合計	80（79）

資料來源：「附錄：矢內原忠雄殖民地相關論說目錄（1923-1945）」。

　　整體而言，在日本所有殖民地中有關朝鮮相關論說篇數最少，尤其是相較於1922年成為委任統治領的南洋群島，或因九一八事變在1932年成為「滿洲國」的滿洲，有著更長殖民地歷史的朝鮮研究篇數可說不成比例。

　　從時間上來看，1926年發表兩篇朝鮮相關論說，此後直到1938年為止再無一篇。1928年集中發表6篇臺灣相關論著；1929-1931年集中發表6篇印度相關論著；1932-1933年初集中發表7篇滿洲相關論著；1933-1936年集中發表9篇南洋群島相關論著；1937年中日戰爭爆發前後，集中發表中國相關論著。矢內原的殖民地研究從時間序來看，是以朝鮮、臺灣、印度、滿洲、南洋群島及中國之順序進行，在特定時期集中研究特定地區，可能是矢內原為了提高研究效率的策略（如臺灣、印度及南洋群島），亦可能是向來對局勢有著敏銳嗅覺的矢內原，想藉此表達對時局的關心（如滿洲與中國）。

　　這些集中發表的論著幾乎沒多久就整合成冊出版，臺灣為《帝國主義下の臺灣》（1929）；印度為《帝國主義下の印度》（1937）；滿洲為《滿洲問題》（1934）；南洋群島則為《南洋群島の研究》（1935）；朝鮮的相關論著除外。最大原因，可能是研究成果少無法成冊，但不管如何，與矢內原向來的研究思路相悖也是不爭的事實。朝鮮研究就像「突然」間中斷似的，與他向來的研究習慣不符，原因究竟為何？

　　正如相關研究所指出的，肯定有外部「壓力」的影響。1923年負責殖民政策學教學以來，矢內原忠雄選擇朝鮮作為第一個研究對象，並在1924年9月30日至10月29日到朝鮮旅行。[15]在這一個月的旅途中，他盡可能

15　《年譜》，收入《全集》，卷29，頁826。

不靠朝鮮總督府,獨力視察朝鮮產業現況,但在當時「警察政治」下的朝鮮,研究旅行亦伴隨來自總督府的諸多牽制。[16]此外,1926年6月矢內原在《中央公論》發表〈朝鮮統治の方針〉,引起諸多迴響,尤其在朝鮮人之間。[17]「刺激了朝鮮總督府中央,警務局長丸山鶴吉某日夜晚召喚矢內原忠雄到(東京)帝國賓館,以柔性手段施壓。」[18]是否是因受此壓迫之故已無從可知,但此後直到1940年,矢內原在教友兼朝鮮總督府財務局稅務課長村山道雄的協助下,時隔26年再次訪朝之前,中間皆未曾到訪朝鮮。[19]

　　這種政治壓迫並不僅限於矢內原忠雄一人。1928年在《京城法學會論集》上發表〈朝鮮と內地との經濟的關係〉的京城帝國大學文學部教授三宅鹿之助亦曾指出:「我甚感遺憾的是,因爲種種原因使我無法正當提出問題,並加以解決。尤其在政治關係的分析上,無法完全拋棄立場。現

---

[16] 幼方直吉,前引文,頁1179。

[17] 據矢內原忠雄:「我這篇有著不足之處的論文發表在《中央公論》時,獲得不少朝鮮人的感慨與感謝,有人說『以這立場論說可能還是頭一次』,這些人渴望能有雙能夠正視看待自身社會狀態的眼睛,聆聽從貧窮到貧窮、不安到不安及絕望到絕望的聲音。」(《全集》,卷1,頁538-539。)

[18] 盧平久,〈矢內原先生と韓國〉,《矢內原忠雄全集月報》,卷6,幼方直吉,前引文,頁1182。然而此篇回憶有些部分與事實相悖。丸山鶴吉擔任朝鮮總督府警務局局長是1922年6月至1924年9月,矢內原在《中央公論》發表論說是1926年6月。因此如果真有「柔性的壓迫」,那麼是1926年6月以後之事。此時丸山已辭退朝鮮總督府警務局局長一職回到東京,後來以東京市助役等身分活動,如果真有丸山對矢內原的「壓迫」,不應視為是以朝鮮總督府警務局長資格行使。但丸山在朝鮮總督府任職時的總督齋藤實,卸任之後回到日本組織內閣,丸山是內閣成員兼任警務總監(1929-1931)及貴族院勅選議員。如果矢內原受到丸山鶴吉的壓迫為事實,考量丸山之後在東京的發展,矢內原當時應是承受了不小的壓力。又,丸山鶴吉是矢內原在第一高等學校演講朝鮮活動時所回憶的人物。(이규수,前引文,頁180-181)關於丸山鶴吉在朝鮮的經歷及人際網絡,可參考김종식,〈近代日本內務官僚 朝鮮經驗——丸山鶴吉を中心으로〉,《韓日關係史研究》,號33(2009年);松田利彥,〈朝鮮總督府警察官僚・丸山鶴吉の抗日運動認識〉,收入《日本の朝鮮植民地支配と警察,1905-1945》(東京:校倉書房,2009),頁398-447。

[19] 幼方直吉,前引文,頁1183-1186。

在我所能做的，只有對朝鮮及日本內地的經濟關係進行極其表面的現象分析，但那也只不過是以歪曲的方法進行的研究罷了」，由此可見，他同樣經歷了言論或學問的「不自由」、[20]「在殖民地沒有研究及言論的自由」、「政治對研究及發表的牽制，成為殖民地問題研究的一道牆。」[21]如此看來，嘗諸如矢內原忠雄等，試以批判性立場對朝鮮總督府或日本政府進行研究的學者，極有可能受到各種形式壓力之可能性。

　　然而這些限制與壓迫並非僅限於朝鮮研究。1927年3月18日至5月6日間，矢內原來臺灣考察，當時也透過臺灣總督府及日本中央部門進行聯繫和引介。[22]若利用矢內原忠雄留下的名片，爬梳他當時在臺灣所接觸的人際往來，相當大部分是臺灣總督府事務官、地方廳理事官、專賣局職員與技師及警察幹部等官員。經由這些人，矢內原忠雄獲得研究所需情報及知識，同時也不可避免地受到監視，[23]並且《帝國主義下の臺灣》出版後，被禁止在臺灣販賣及流通。[24]對於「批判性」殖民地研究者的限制及壓

---

[20] 矢內原忠雄，〈書評：植民・人口に關する著書論文若干〉，收入於《全集》，卷5，頁404。原收入《社會科學》，卷5號2（1929年9月）。

[21] 矢內原忠雄，〈書評：京城帝國大學法文學會編《朝鮮社會經濟史研究》〉，收入於《全集》，卷5，頁424-425。原收入於臺北帝國大學農業經濟學教室編，〈農林經濟論考〉，《レッェンゾ》，卷3號5（1934年5月）。

[22] 辻雄二，〈矢內原忠雄「臺灣調查ノート」の分析（1）〉，《琉球大學教育學部紀要》，74（2009年），頁141。

[23] 辻雄二，前引文，頁142-144。如前所述，矢內原於1926年6月發表《朝鮮統治の方針》，批判朝鮮總督府的專制統治，又於同年7月在《帝國大學新聞》發表〈二百万市民と四百万島民〉，批判擔任臺灣總督時實行專制政治的伊澤多喜男企圖轉任東京市長之事，肯定引起臺灣總督府關注。事實上，矢內原滯留臺灣期間進行演講，內容確實起臺灣總督府方的不滿，有矢內原的東京帝大同學，當時擔任總督府部長級的官員，曾經寫信道：「君（矢內原）還是快點回日本去吧，臺灣，有我們為國家苦心經營就行了，都給我們就行了，別說太多，趕緊回去吧。」（若林正文編，前引書，頁366）

[24] 1929年12月14日，《臺灣日日新報》上刊載了《帝國主義下の臺灣》的新書廣告，但不到一個月的時間，臺灣總督府警務局對此書下達「禁止輸入販賣」的處分。見何義麟，前引書，頁1-2。此處

迫，臺灣及朝鮮兩個總督府並無多少差異。[25]因此，研究之外部環境顯然對矢內原的朝鮮研究產生了影響，但並不足以解釋，為什麼矢內原的朝鮮研究相對薄弱，只有透過對矢內原殖民政策論的構造及特徵進行分析，此問題才能得到更合適的答案。

三、矢內原殖民政策論的結構與特徵

矢內原殖民政策論的最大特徵之一，就是以「社會現象」捕捉殖民問題，並找出其意義。[26]亦即，他把殖民分為形式上的殖民和實際上的殖民，並強調後者。對比殖民地領域等法律及形式上的統治，後者指的是不受此種關係約束的，隨著社會與經濟活動而來的「社會群」移動。亦即，殖民是「社會群移駐到新領域進行社會及經濟活動的現象。」[27]這有異於將殖民的人口移動與政治權利等同看待的通說。在矢內原的定義下，殖民從國家約束中「解放」，這點也恰好是他被批評，受到如大內兵衛等同時代學者影響，未能觀察基於政治及軍事統治的現實所產生的殖民現象之原因。[28]

論述實際殖民諸般現象後，矢內原進一步考察「實際殖民的利益在

分全文刊載於《臺灣出版警察報》，第7號（1930年2月），見若林正丈編，前引書，頁370-372。與此同時，《東亞日報》（1930年3月6日）「新刊介紹」欄中指出：「此為既是大學教授又是自由主義者的矢內氏（似是矢內原氏之誤記）分析帝國主義（資本主義）統治下臺灣的政治、經濟及社會諸般現象之書，對與臺灣同一處境的朝鮮人來說相當具有閱讀價值。據說此書在臺灣被禁止販賣。」

[25] 作為矢內原的學生，1945年以後成為臺灣經濟史代表性學者的張漢裕亦指出，當時存在來自官方嚴格的「監視之眼」。（張漢裕，〈《帝國主義下的臺灣》刊行にちなんで〉，《矢內原忠雄全集月報》，3（1963年5月）；飯田鼎，〈矢內原忠雄と日本帝國主義研究〉，《三田學會雜誌》，卷75期2（1982年），頁49。）

[26] 木畑洋一，〈殖民政策論‧國際關係論〉，收入鴨下重彥等編，《矢內原忠雄》（東京：東京大學出版會，2011），頁94。

[27] 矢內原忠雄，〈植民及植民政策〉，《全集》，卷1，頁18-23。

[28] 矢內原勝，前引文，頁292。

文明社會的一般性」，並以肯定的立場論證殖民導致的結果（至少一部分是）。[29] 換言之，把實際的殖民地化視作「文明化的過程」的觀點，基本上與殖民政策論同一脈絡。[30] 他並沒有把殖民地視爲單純被剝削的存在，由殖民母國發展的殖民地經濟最終還是與殖民地相連結。[31] 文明化，即資本主義化的結果，在殖民地社會也出現資本家及勞動者階級，尤其是資產階級不可避免地出現國民主義或民主主義。換言之，殖民統治下的經濟發展將會成爲殖民地獨立的源頭。他把殖民地經濟發展發展成獨立的模式（南洋群島除外）視爲常態。[32]

　　矢內原忠雄殖民政策論的構造，解釋了爲什麼他將殖民政策分爲從屬主義、同化主義及自主主義，並且將自主主義視爲最理想之殖民政策。從屬主義是完全從屬於本國利益（例如十六至十八世紀西班牙與葡萄牙的南美及亞洲殖民政策）；同化主義是把殖民地視作本國的一部分，普施本國法制、風俗及語言，將殖民地社會及人本國化（例如法國的殖民地同化政策）；相反的，自主主義則承認殖民地與母國不同的歷史特殊性及自主發展，又將殖民政策促使殖民地獨立的自主主義視爲最合理的殖民政策方針。矢內原將伴隨文明化作用的實際殖民，以及殖民統治之自主主義相結合，設定「各社會群之需求相互圓滿調和的帝國」。[33]

　　不可否認，與二十世紀前半期展開的殖民地實際情況多少有些差距，[34]

29　矢內原忠雄，〈植民及植民政策〉，《全集》，卷1，頁202。

30　關於這一點參考米谷匡史，〈矢內原忠雄の「植民‧社會政策」論──植民地帝國日本における「社會」統治の問題〉，《思想》，號945（2003年1月），頁139-140。

31　竹中佳彥，前引文，頁174。矢內原把這一點表示爲：「透過殖民，擴張人類的居住區域，傳播文明，接觸社會群，『世界歷史』到了在其真正意義上成立的時期」。見矢內原忠雄，〈世界經濟發展過程としての植民史〉，《全集》，卷4，頁141。

32　竹中佳彥，前引文，頁175-176。

33　木畑洋一，前引文，頁96；米谷匡史，前引文，頁139。

34　關於矢內原殖民政策區分，淺田喬二批判說，同化主義在踐踏自主性這一點上與從屬主義無異，故沒必要區分從屬主義與同化主義。如區分殖民政策，分爲從屬主義與自主主義兩種就已足夠。（淺

且概念上亦不無模糊此部分的「理想型（ideal type）」殖民政策，[35]有著
與同時代的其他主張截然不同的特質。且考量到矢內原殖民政策的分類，
「並非在有明確客觀的分類基準下，系統性地作成，而是強烈意識到對
日本殖民統治政策的批判，展現更具實踐性及政策性的對策」為目的進
行。[36]又應考慮到站在自由主義立場來批判實行帝國主義階段殖民政策的
日本帝國主義並非全無意義。[37]

　　儘管上述矢內原忠雄自由主義殖民政策論的特徵，基本繼承自其師
東京帝國大學殖民政策學講座前任教授新渡戶稻造的「殖民即文明之傳播
（Colonization is the spread of civilization）」理論，[38]但其思想根源係源自
亞當斯密。矢內原忠雄如下概括亞當斯密的殖民地論：

1. 現在領有殖民地得到的只有損失。原因有(1)獨占貿易及產業反而危害
　 本國之絕對利益；(2)殖民地統治及軍備需要龐大經費。

2. 得到殖民地應自動放棄，優點有(1)基於自由貿易的通商條約之締結；

田喬二，前引書，頁19）；村上勝彥亦指出從屬主義與同化主義的區分不夠嚴謹（村上勝彥，前引
文，頁220-221）；駒込武指出，矢內原同化概念中有不少含糊之處。駒込武，《植民地帝國日本
の文化統合》（東京：岩波書店，1996），頁19-20。

[35] 關於矢內原殖民政策區分，淺田喬二批判說，同化主義在踐踏自主性這一點上與從屬主義無異，故
沒必要區分從屬主義與同化主義。如區分殖民政策，分為從屬主義與自主主義兩種就已足夠。（淺
田喬二，前引書，頁19）；村上勝彥亦指出從屬主義與同化主義的區分不夠嚴謹（村上勝彥，前引
文，頁220-221）；駒込武指出，矢內原同化概念中有不少含糊之處。駒込武，《植民地帝國日本
の文化統合》（東京：岩波書店，1996），頁19-20。

[36] 村上勝彥，前引文，頁224-225。

[37] 飯田鼎，前引文，頁44-45。

[38] 矢內原透露，就讀東京帝大期間，影響自己最深的課程是新渡戶稻造的殖民政策及吉野作造的政治
史（矢內原忠雄，〈私の歩んできた道〉，《全集》，卷26，頁18）。新渡戶稻造為反駁當時德國
社會政策學者批評具有濃厚自由主義性格的亞當斯密，曾經說過「在大學期間，至少得讀一次亞當
斯密。」（矢內原勝，前引文，頁287）。矢內原亦認為，在閱讀亞當斯密著作的過程中，發現了
新渡戶稻造思想的由來。大內兵衛，《經濟學五十年（上）》（東京：東京大學出版會，1959），
頁22。

⑵節省統治殖民地每年所需的費用。

3. 此提案估計不會被採納，原因有⑴與國民自豪感相悖；⑵「可能更重要的是」，與統治者個人利益相悖。

4. 為了繼續承認殖民地的領有關係，且往有利方向引導，有必要確立殖民地在本國議會上的代表。帝國結合帶來的利益有⑴本國與殖民地間貿易的自由擴張；⑵延長對殖民地的課稅。

5. 關於以上提案（筆者按：殖民地設本國議會代表），有「難以克服或無法克服的阻礙」，其因有⑴國民之偏見；⑵有力者的個人利益。

6. 若以上提案（筆者按：殖民地設本國議會代表）無法施行，就應放棄殖民地。其利有：節省行政軍事費用。[39]

　　綜上，領有殖民地阻礙自由貿易，因統治費與軍事費所需財政損失，但由於國民自豪感與統治階級的利害關係，放棄殖民地並不容易。作為替代方案，矢內原提出殖民地應派遣本國議會代表的方案。此一殖民地認識與前述，矢內原把自主主義視作最佳殖民政策的構想並無歧異。

　　矢內原的殖民地經濟論（資本主義化）及殖民地政治論（自主主義），以及兩者結合的關於殖民母國及殖民地「相互利益」的思考框架，基本上與亞當斯密的自由主義殖民地論趨於一致。儘管亞當斯密是矢內原殖民政策論的思想來源，但馬克思原始資本累積概念和列寧帝國主義論等馬克思主義經濟學，也占有不可忽視的分量，[40]唯從殖民政策的思想來

---

[39] 〈スミスの植民論に關し山本博士に答ふ〉，《全集》，卷5，頁248-249。

[40] 飯田鼎，前揭文，頁42。在矢內原大學時期的一九一○年代，透過河上肇的介紹，馬克思主義經濟學開始在日本普及，矢內原也受到影響。（矢內原忠雄，〈マルクス主義とキリスト教〉，《全集》，卷16，頁7）又對於「帝國主義為什麼需要殖民地，即非資本主義的環境？」論點之說明，矢內原從羅莎‧盧森堡的《資本蓄積論》尋求理論的解釋（〈植民及植民政策〉，《全集》卷1，頁71-73），事實上選修矢內原所開設之練習課程的美濃部亮吉曾指出：「矢內原老師留學歸來後，傾心於羅莎‧盧森堡的殖民政策論。」（矢內原勝，前引文，頁293）。1930年發表的《資本蓄積と植民地》（《全集》，卷4，頁63-69），說明資本進入非資本主義社會的歷史必然性，他從尼古拉‧布哈林力陳的平均利潤低下傾向與發生恐慌等尋求理論根據，在所翻譯的約翰‧阿特金

源，可看出矢內原相當依賴亞當斯密自由主義殖民政策論。[41]

　　若解構以上所述矢內原殖民政策論，明確可見爲成立自治主義，理論上應先推進自治主義，施行的主體即爲形成資本家（或資產階級）集團，此主體的形成基本上以殖民地資本主義化進展爲前提。[42]那麼，具有以上構造的矢內原忠雄殖民政策論與臺灣及朝鮮等殖民地的「現實」狀況是如何呼應？又有多少呼應？首先透過臺灣事例考察這一問題。

四、資本主義化與自治主義的結合──《帝國主義下の臺灣》

　　《帝國主義下の臺灣》內容涉及教育問題（第3章）、政治問題（第4章）及民族運動（第5章）等多個領域，將它作爲1929年以前有關日治時期臺灣史的書籍來閱讀也無妨，[43]但基本上重點放在殖民統治下臺灣的經濟發展。矢內原指出：「我把重點集中在經濟發展，其他方面只是簡述而已。……日本對於臺灣的經濟要求是決定統治臺灣諸般政策的主因，想要

森・霍布森，《帝國主義論》緒論中，指出構成帝國主義根源的推進力是資本家的利益，尤其是金融資本家。見ホッソン著，矢內原忠雄譯，〈譯者序〉，《帝國主義論》，《全集》，卷5，頁471-472。矢內原從馬克思列寧主義的帝國主義論尋找殖民活動經濟動因這點較為明確，但仍然相當依賴亞當斯密、斯密斯、霍布森及羅莎・盧森堡的論點，從這點來看，可將矢內原的理論及思想淵源看做來自多重渠道。見矢內原勝，前引文，頁295。

[41] 這一點在飯田鼎，前引文，頁41-42中表示：「矢內原的帝國主義最終還是，理論上多取自馬克思主義，在強烈的列寧之帝國主義下這一點毋庸置疑，但思想上則幾乎依賴於亞當斯密的自由主義殖民政策論。」

[42] 矢內原把這一點表示為：「透過殖民母國的殖民地統治及開發與資本主義化就等於養成殖民地自身的鬥爭反抗能力。……殖民政策終究養成了反抗自己存在的力量」。見矢內原忠雄，〈世界經濟發展過程としての植民史〉，《全集》，卷4，頁162-163。

[43] 矢內原亦把《帝國主義下の臺灣》定位為「日本治下臺灣」，是伊能嘉矩研究「清國治下臺灣」的重要著作《臺灣文化志》出版之後的後繼研究。見矢內原忠雄，〈序〉，《帝國主義下の臺灣》，頁iii。

探求統治臺灣之意義，當然應把研究精力放在經濟關係分析上。」[44]

　　儘管日本「領有臺灣時，經營資本實力並不在充裕狀態，事實上政治上亦如同白紙一張」，[45]但「臺灣在兒玉源太郎與後藤新平十年的統治下，治安平穩、衛生得到改善、經濟發達、財政獨立，作為日本殖民政策的成功案例使海內外驚歎」，從經濟層面看無異於「臺灣資本主義化的進展」。[46]

　　具體分析，首先作為臺灣資本主義化的「基礎工程」，精密考察人籍（戶口調查）與地籍（土地調查），有效完成度量衡的統一與幣制改革。土地調查事業是消滅「封建遺制」大租小租關係，確立以小租戶為業主，明確及單一化土地所有權關係。[47]1910年開始著手林野調查及整理工作，用意在確立林野的私有財產制，導入資本，準備資本家企業的進駐管道，意即「林野的資本主義化」。[48]結果土地與林野的業主權得以確立，開啟了原住民土地合法轉移並集中到資本家囊中。如果沒有政府的強權保護，在臺灣的資本累積難獲得成果，可以說「國家權力是資本原始累積之助產婦」。[49]

　　另一方面，資本主義化的前提是生產物的商品化，故有必要規定商品的物理性大小及價值。前者是度量衡，後者是貨幣。根據1900年頒布，並於隔年實施的《臺灣度量衡條例》，臺灣總督府改定度量衡，並將其統一成日式，1900年4月又將製作及販賣官營化。這是臺灣度量衡的統一，也

---

[44] 矢內原忠雄，《帝國主義下の臺灣》，《序》，頁iv。

[45] 矢內原忠雄，《帝國主義下の臺灣》，頁12。

[46] 矢內原忠雄，《帝國主義下の臺灣》，頁13。

[47] 執行土地調查，在經濟上的優點是引誘資本進駐，即提供日本資本家在臺灣投資土地與設立企業的安全性。換言之「土地調查是使臺灣資本主義化，透過日資征服臺灣為前提的基礎工事。」（《帝國主義下の臺灣》，頁17-18）

[48] 矢內原忠雄，《帝國主義下の臺灣》，頁20。

[49] 矢內原忠雄，《帝國主義下の臺灣》，頁25。

是從中式到日式的變化，以及供給官營化的過程。[50]貨幣制度亦是透過類似過程完備體制。[51]即臺灣土地調查、度量衡及貨幣制度改革等皆為保障投資安全，以及獎勵由內地資本家興起的各種事業的「臺灣資本主義化的基礎工程」。[52]

以此基礎工程為基礎，日本資本與臺灣總督府相互協作，（主要透過三井物產）替換掉過去洋商獨占臺灣三大出口品糖、樟腦及茶的出口，最大進口品鴉片亦透過設立專賣制度由臺灣總督府與三井物產獨占。海運從原本英商道格拉斯汽船會社（Douglas）獨占情況下，經由補助金政策，大阪商船會社逐漸取而代之，1905年道格拉斯完全退出競爭。亦即臺灣貿易與海運方面，1907年（明治四十年）前後外資幾乎驅逐完畢，商權被日本資本家掌握。[53]

除此之外，商業資本成功轉換為產業資本，殖民地內部的滲透與企業的設立，以及生產關係的資本主義化得以推行。如臺灣最早的新式製糖會社——臺灣製糖株式會社的最大股東是三井物產，東洋製糖由鈴木商店所創立等例。不僅可以進行商業資本和產業資本的結合，內地與臺灣的銀行資本亦可作為一個資本家企業自行成立發展。同時還發生既有的商業及產業資本結合的現象，（包括臺灣銀行的）這些金融資本集中資本家企業，

50　矢內原忠雄，《帝國主義下的臺灣》，頁30。

51　矢內原忠雄，《帝國主義下的臺灣》，頁30-33。

52　矢內原忠雄，《帝國主義下的臺灣》，頁33。

53　矢內原忠雄，《帝國主義下的臺灣》，頁34-38。矢內原說明成功驅逐外國商人的原因有：1.三井、增田屋等日本商人具有比外國商人更雄厚的資本。2.日資以產業資本在臺設立企業，日本商業資本及產業資本相結合，優於僅以商業資本活動的西洋資本。3.日資在臺灣設立銀行資本，不同於外商把預付資金依附在自身財力或廈門HSBC分店，並視為唯一武器，日本商人得到臺灣銀行的協助，得以超越西洋商人。4.總督府實施專賣制度把商品進出口權轉移到日商手上（例如樟腦、鴉片等）。5.航路補助金等可視為國家（總督府）直接地、有差別地保護日資。6.透過與日本母國統一關稅，消除內地和臺灣間的關稅壁壘；相反的，臺灣與中國及香港的關稅自1899年起上升，臺灣的貿易路徑逐從對岸轉向日本內地。矢內原忠雄，《帝國主義下的臺灣》，頁38-39。

且大力援助。其結果，1899年時臺灣的會社不過僅有3家，資本量1,017萬日圓，到1926年時激增到818家，資本額達到5億8千7百64萬日圓，發展興盛之程度猶如「隔世」。[54]

在臺成立並發展的資本家企業急速獨占市場，反映了內地資本獨占運動，且是在總督府的助力下，在極其「溫室的」環境下進行。尤其最重要的新式製糖會社形成獨占的態勢，其中三井、三菱及藤山三大資本成鼎足之勢，占整個製糖業的四分之三，占全臺會社資本的一半。全臺灣有一半的耕地面積，且幾乎全部農家，皆在這三家糖業資本的獨占下。尤其是1910年10月之後，所有的製糖會社又組織臺灣糖業聯合會，以提高獨占率及利潤率。[55]

完成獨占化的在臺日本資本，以臺灣為基礎，進一步在臺灣以外的地區擴大事業，製糖會社與臺灣銀行即是明顯的事例。帝國製糖、明治製糖，大日本製糖等臺灣糖業會社不僅獨占包括日本內地的精糖業、沖繩粗糖業、北海道及朝鮮甜菜糖業等整個日本帝國的製糖業，又把事業擴張到滿洲、上海及南洋等地。[56]臺灣銀行在日本內地增設分社的同時，又在1900年設立廈門分社，1903年設立香港分社，此後在包括華中、華南及南洋，甚至倫敦、紐約及孟買等地皆開設分社，支援日本人的對外貿易及企業發展。[57]

矢內原忠雄如下概述：「日本資本與日本國旗一同進軍臺灣，驅逐外國資本並擴大勢力，透過來自內地的投資及對本島人資本的動員，發展資本家企業，形成帝國性及地方性獨占，在大資本家的支配下，掌握臺灣事業界的所有。內地資本在臺灣豐富的天然（資源）、廉價的勞動（力）及

---

[54] 矢內原忠雄，《帝國主義下の臺灣》，頁40-43。

[55] 矢內原忠雄，《帝國主義下の臺灣》，頁50-54。

[56] 矢內原忠雄，《帝國主義下の臺灣》，頁64-65。

[57] 矢內原忠雄，《帝國主義下の臺灣》，頁65-66。

總督府穩固的保護下發展，所累積的資本即爲日本資本的一部分，亦是日本帝國主義的累積，本身也成爲帝國主義的執行者。」[58]

　　充裕的財政是促進殖民地臺灣資本主義化的要因。臺灣在日本統治第十年，即1905年達到財政獨立的目標，矢內原忠雄亦不得不承認這是「日本殖民政策上的成功」，[59]以土地調查、專賣事業、事業公債及實施地方稅制爲主要內容的臺灣財政獨立計畫，成功使「臺灣財政出現好景春光，收入如洪水般湧現，迎來連總督府當局都爲之眩惑的黃金時代。」[60]良好的財政使得總督府可支配的財源更充裕，從而擴大對土木、勸業及理蕃的投資，而這又再次促進臺灣資本主義的發達。在殖民地臺灣，財政與資本主義化引起連帶上升作用。[61]

　　充裕的財政使臺灣總督府對 1.糖業補助金的撥付、 2.土木建築公司的官營、 3.電力事業的發展（1909）與阿里山林業（1910）的官營，以及 4.林野調查（1910-1914）與理蕃事業的開展成爲可能。[62]透過對資本家的財政補助，製糖會社等民間企業瞬間興起，與持續發展的官營事業共同引進土木材料及其他內地商品。其結果，1908-1911年間，當內地的產經界陷入日俄戰爭後的不景氣時，臺灣產業界卻呈現「異常」活絡的狀態，成爲提供投資及引進商品的好市場。「島內各種產業的發達，尤其是製糖業、製茶業及土木事業的繁榮，讓居民生活水準向上提升，帶動市況亦極

58　矢內原忠雄，《帝國主義下の臺灣》，頁69-70。

59　矢內原忠雄，《帝國主義下の臺灣》，頁71。

60　東鄉實、佐藤四郎，《臺灣植民發達史》，頁361。

61　直接表示當時臺灣財政充裕者，有總督府內憂心過度「事業熱」之「識者」。如長期任職於臺灣總督府的持地六三郎指出：「如果因爲對現在財政上表面的盛況樂觀看待，就不節約而過度使用經費，計畫過大且不緊要之事，那說不定將來對臺灣的殖民，會在財政上出現弱點而遭受不測之禍事，最終破壞過去財政上的成功。」同樣在總督府工作過的東鄉實甚至直言：「觀察臺灣總督府1907年以後的歲出預算，有因歲入過多編列的傾向，嚮往黃金時代不權衡輕重，只考慮眼前，不考慮10年的中期計畫，對於這一點深表遺憾。」

62　矢內原忠雄，《帝國主義下の臺灣》，頁77-78。

爲火熱，與內地的不景氣相較，幾乎呈現出另一個世界的景象。」[63]明治四〇年代「臺灣特別會計黃金時代」結束之後，臺灣的稅收規模維持不變，不僅沒有依賴（中央政府的）一般會計補助，反倒積極支出土木勸業費，且到了這些事業「比於其（臺灣）人口及密度，設施相對過度」之程度。[64]「帝國主義下的臺灣」在一九二〇年代末期這個時間點，「完成日本殖民地裡最高度的資本主義化。」[65]

後來，矢內原忠雄的臺灣資本主義化理論備受抨擊，尤其是貫穿《帝國主義下の臺灣》全書核心的資本主義化論點。如指出他只活用馬克思原始累積概念及列寧帝國主義論，強調內地資本克服殖民地既有生產樣式的抗衡，擴大商品經濟的過程等。[66]「只集中於外來資本的運動法則如何在殖民地表現自我，關於在地與外來生產方式兩者如何妥協與並存這點，卻沒有多加關注」，[67]換言之，矢內原過度強調外因的日本本位論。[68]

儘管有這些批判的聲音，臺灣的經濟成長較於其他殖民地顯著，但不管臺灣有如何顯著的經濟變化，政治權利上卻沒有相對應的發展，依然是總督府專制統治體制。即「本島人（臺灣人）的生產力、富裕及文化程度，與被殖民以前相較顯著地提高」，但「在政治關係上，居民的參政權仍然薄弱，總督專制達到極致。」[69]換言之，「所謂臺灣統治的成功，結果本身（資本家大企業、交通發達及教育等）從經濟、社會及政治面上，無可避免地改變臺灣統治政策的物質及人爲條件」，達到在適當時期容忍

[63] 矢內原忠雄，《帝國主義下の臺灣》，頁79。

[64] 矢內原忠雄，《帝國主義下の臺灣》，頁81。

[65] 矢內原忠雄，《帝國主義下の臺灣》，頁152。

[66] 커즈밍 지음，文明基 옮김，《植民地時代 臺灣은 發展했는가》（首爾：一潮閣，2008），頁29。

[67] 커즈밍 지음，文明基 옮김，前引書，頁33。

[68] 涂照彥，《日本帝國主義下の臺灣》（東京：東京大學出版會，1975），頁4-6。廣泛並系統的批判包括矢內原忠雄與涂照彥的戰前及戰後臺灣殖民地經濟史研究之文可參照，커즈밍 지음，文明基 옮김，前引書，〈序論〉，頁27-57。

[69] 矢內原忠雄，《帝國主義下の臺灣》，頁199。

原住者具有參政權的「文明的殖民統治」階段。[70]此外，對矢內原而言，在此階段合適的殖民政策就是實現自治，即成立殖民地議會。

因武裝抗日運動失敗而引起的抗日運動方向轉換之摸索，以及以「新世代」知識分子集團之出現爲背景；以設立殖民地議會爲目的的臺灣議會設置請願運動（以下：請願運動），[71]正好符合矢內原所指出 1. 肯定伴隨文明化（資本主義化）作用的「實際殖民」，以及 2. 在殖民地統治上的自主主義（透過成立殖民地議會的擴大自治）之論點，與矢內原的殖民（政策）論走向相契合。[72]實際上矢內原忠雄與請願運動推進者有著密切的聯繫。

如分別在1927年、1929年、1934年、1937年及1951年共5次，與請願運動領導人林獻堂（1881-1956）會面，又與活躍於臺灣文化協會啓蒙及請願運動，並以抵抗總督府同化政策，推進臺灣語羅馬字普及運動的著名文化運動家蔡培火（1889-1983）交流緊密。[73]再加上與林獻堂個人秘書，擔任臺灣地方自治聯盟書記及《臺灣新民報》通信部長葉榮鐘（1900-1978）也有聯繫。由此可知，矢內原與（主要屬於民族運動右派的）請願運動推進者有著密切的關聯。矢內原忠雄1927年滯留臺灣調查旅行期間，亦在蔡培火等人推薦下，在屏東、臺南、嘉義、彰化及臺中等地演講，間

---

[70] 矢內原忠雄，《帝國主義下の臺灣》，頁201-202。

[71] 周婉窈，《日據時代的臺灣議會設置請願運動》（臺北：自立晚報社，1989），頁9-18。

[72] 這一臺灣經濟論與臺灣政治論的結合，與矢內原之「抵抗帝國主義的殖民地的自立及脫殖民地化亦能以『殖民』現象所招來的開發與發展成果」的立場相吻合。在此，當然就能看出內含殖民主義的文明化論或者近代化論的框架。米谷匡史，前引文，頁140。

[73] 蔡培火在林獻堂的經濟援助下，留學東京高等師範期間，受洗為基督徒，並在植村正久的介紹下，1924年與矢內原忠雄相識，後有很密切的交往。矢內原忠雄在1927年在臺灣進行調查旅行時，亦是由蔡培火在基隆與臺灣負責導覽及主持演講。兩人不僅是作為共享信仰的教友，而且以對殖民統治的自由主義的批判方面亦深有聯繫。矢內原忠雄在《帝國主義下の臺灣》中數次引用蔡培火所寫的《日本本國國民に與ふ──植民地問題解決の基調》。若林正丈，〈臺灣との關わり──花瓶の思い出〉，收入鴨下重彦等編，《矢內原忠雄》（東京：東京大學出版會，2011），頁110-111。

接支援請願運動。[74]

　　儘管民族運動陣營與矢內原忠雄的聯繫，導致1927年3、4月前後臺灣文化協會產生路線分裂，以及與布施辰治為首的文協左派活動重疊而產生微妙對立，[75]但不論如何，這也是《帝國主義下の臺灣》所呈現出的，矢內原自己建構的殖民政策論具體實踐的過程。矢內原對請願運動的關心及支持，對請願運動帶來多少貢獻，這點無從可知，[76]但過往矢內原很少在實際的政治活動中出現，從這點來看確實是極不尋常。那麼在朝鮮相關論說中，矢內原對殖民地朝鮮的認識，相較於臺灣又是如何？

五、沒有資本主義化的自治主義——朝鮮相關論說

　　如前言所述，矢內原忠雄並未對殖民地朝鮮的經濟做系統性的論述，他過往關於朝鮮的研究，集中在與經濟無關的政治（主要為自治論）[77]或基督教信仰，[78]但也並非完全沒有涉及經濟問題。儘管相對薄弱，以下筆者根據矢內原留下的部分關於殖民地朝鮮的經濟論說，重新建構他的朝鮮經濟觀，並與其朝鮮政治論相結合加以說明。

　　在矢內原涉及朝鮮經濟的論著中，首先值得關注的是介紹並批評四方博《市場を通じて見たる朝鮮の經濟》的書評。矢內原首先介紹以「半封建式物物交換」為主的傳統市場在朝鮮經濟依然占據優勢的「歷史現象」

---

[74] 若林正丈編，前引書，頁368-369。

[75] 若林正丈編，前引書，頁367。

[76] 若林正丈把兩者關係比喻為「言說同盟」，而非「政治同盟」，因矢內原與請願運動勢力的聯繫中「政治」要素相對較少，還有可能包括有對矢內原忠雄在請願運動中實際貢獻的一些評價。

[77] 한상일，前引文；이규수，前引文；幼方直吉，前引文。

[78] 박은영，〈矢内原忠雄의 朝鮮認識研究——그의 基督教思想을 中心으로〉，《신앙과 학문》，卷16號2（2011）；崔吉城，〈植民地朝鮮におけるキリスト教——矢內原忠雄を中心に〉，收入崔吉城、原田環編，《植民地の朝鮮と臺灣——歷史・文化人類學的研究》（東京：第一書房，2007）。

後，對四方博於書中指出「刻印的朝鮮人經濟面貌是貧窮！疲弊！」言論提出評論。[79]要求四方博「有必要研究內地人的資本主義勢力與朝鮮人半封建式經濟並存之事實，以及兩者的社會關係，即內地人資本主義與朝鮮人的經濟接觸，在變革的內在過程中用何種方式，用何種途徑行使的事實。」[80]換言之，矢內原透過觀察內地資本帶來的改變，觀察朝鮮的經濟發展，亦即從《帝國主義下の臺灣》考察殖民地經濟史的分析方法，意圖直接套用在四方博的案例。那麼，矢內原本人對於殖民地朝鮮的經濟，特別是「朝鮮資本主義化」的觀點又是如何？

　　1938年1月，矢內原以〈朝鮮統治上の二三の問題〉為題發表的論著可作為參考。該文主要探究朝鮮總督府財政相對貧困之原因，並以此為基礎，促使日本政府修正以「高費用」為需求的「官治的內地延長主義」之統治方針，文中亦論及朝鮮的財政問題。矢內原指出，朝鮮總督府的財政自立計畫以失敗告終，他從產業結構的角度分析其原因，認為朝鮮主要的產業是農業，生產物是作為獎勵政策對象的米穀，與臺灣及南洋群島的生產物砂糖相較，財源相對落後。[81]

　　以生產層面來看，糖業企業的發展涉及農業及工業兩大部門的技術和資本；相反的，米穀產業是單純的農業部門。雖然伴隨米穀商品化亦有「精米」工廠，但生產過程簡單，性質上不適合集中大資本。事實上，精米工業大部分是中小企業，資本也零碎，朝鮮米的生產整體上依然存在舊封建生產關係及生產方式。[82]以流通層面來看，臺灣與南洋群島的糖因有高度關稅壁壘保護，外國糖難以競爭，在日本沒有競爭者，得以享有獨占內地市場；相反的，朝鮮米只有在內地米供給不足時得到進入日本市場的

79　矢內原忠雄，〈書評：京城帝國大學法文學會編，《朝鮮經濟の研究》〉，《全集》，卷5，頁413-415。原收入於《帝國大學新聞》，1929年9月23日。

80　矢內原忠雄，〈書評：京城帝國大學法文學會編，《朝鮮經濟の研究》〉，頁416。

81　矢內原忠雄，〈朝鮮統治上の二三の問題〉，《全集》，卷4，頁312。

82　矢內原忠雄，〈朝鮮統治上の二三の問題〉，頁313。

認可，並未獲獨占市場地位，無法獨占利潤。[83]

　　就工業層面觀之，朝鮮大資本家工業蓬勃發展的時期有 1.一戰以後的「好景氣時期」與 2.1931年九一八事變以後的「大企業勃興時代」。然而 1.之情況，在資源數量與品質方面，並未具備價格競爭上的條件，因此工業發展速度明顯趨緩。 2.之情況，朝鮮窒素（氮）肥料株式會社、小野田水泥會社等大資本家企業之設立，在朝鮮工業史上是「劃時代之大事」，預計在「商品經濟的普及及滲透，工薪勞動階層的擴大，從農村地帶到新工業中心的人口移動等，資本主義化的範圍與程度將會有所進展」，[84]但矢內原認為，由於朝鮮的工業與滿洲處於競爭地位，難於進軍滿洲市場，只能仰賴朝鮮及海外市場，難以獲得類似臺灣製糖業的獨占地位，資本累積及財政貢獻度相對較低。[85]

　　相較於把臺灣的資本主義化以明確的語氣宣告，可以感受到矢內原對朝鮮的資本主義化較為愼重猶豫。比較他的朝鮮相關論說與在《帝國主義下の臺灣》中的臺灣相關論說，資料的引用與分析之精緻程度亦有顯著差距。對矢內原而言，朝鮮的資本主義化尚未完成，或者，至少是進行的比臺灣緩慢。儘管如此，與研究臺灣同樣論點，矢內原也把建立殖民地議會為核心的自治論用在朝鮮。

　　矢內原忠雄1926年6月在《中央公論》發表〈朝鮮統治の方針〉，[86]介紹以從屬、同化及自主政策來分類的殖民地統治的一般理論，[87]之後明確地指出，三一運動以來所推進的，「爲了避免以共存共榮爲目的的文化政治僅有口頭陳述，最終不了了之，必須有客觀的保障，這就是朝鮮人的參

83　矢內原忠雄，〈朝鮮統治上的二三の問題〉，頁314。

84　矢內原忠雄，〈朝鮮統治上的二三の問題〉，頁316-319。

85　矢內原忠雄，〈朝鮮統治上的二三の問題〉，頁320。

86　這篇文章在《東亞日報》中亦以〈朝鮮統治觀（一──七）──日本學者　所論〉為題，從1926年5月29日至6月5日間，總共7回譯載於此。

87　矢內原忠雄，〈朝鮮統治の方針〉，《全集》，卷1，頁731-735。

政。」[88]換言之，「使朝鮮完成思想上及政治上的自主發展，容許自主地位，就是正義之需求」，這是「鞏固朝鮮及日本帝國結合的唯一途徑」，「開設朝鮮議會是統治朝鮮的根本方針及目標。」[89]

　　然而殖民地議會的開設，並未像臺灣因達成資本主義化，或隨著資本主義的進展而正當化，反倒是朝鮮社會的「經濟不安」及經濟發展低迷，成為文化政治推進的原因。如土地調查事業的結果，使「他們（朝鮮人）無產階級化，……以及這些無產階級在朝鮮境內求職已不可能，因為朝鮮的主要產業是農業，工業還很落後，沒有能力容納多數勞動者」，換言之，朝鮮人的「經濟欲望被刺激，但並沒有找到填充欲望的手段，……其結果，不安、絕望、無光明，朝鮮社會中瀰漫著這種絕望的不安，持續累積著。」[90]矢內原的朝鮮自治論（與臺灣自治論以資本主義化的結果正當化的政治課題不同），就是為擺脫經濟的「絕望」及「不安」而提出的方案。

　　此一論點在12年後，1938年發表所的〈朝鮮統治上の二三の問題〉文中亦能發現。朝鮮從日本政府的中央會計（一般會計）持續獲得軍事費與行政費補充金等財政支援，是日本以「父權的保護政策」或「官治的內地延長主義」來表現同化主義的結果，為了擺脫這種情況，矢內原主張朝鮮應走向放棄同化主義政策之路。[91]

　　總之，如前所述，矢內原忠雄的殖民（政策）論是殖民地經濟論（資本主義化）與殖民地政治論（自治主義）相結合的產物，以及以據此結合的殖民母國和殖民地「相互利益」為核心，殖民地臺灣是資本主義化與自

---

[88] 矢內原忠雄，〈朝鮮統治の方針〉，頁737。

[89] 矢內原忠雄，〈朝鮮統治の方針〉，頁743。

[90] 矢內原忠雄，〈朝鮮統治の方針〉，頁729。

[91] 「同化主義的殖民統治在軍隊及警察的監視下行使，故本局負擔殖民地統治的軍事費及行政費補充金，即是同化主義政策之費用，在財政窘困的情況下，無法期待殖民地財政獨立。」矢內原忠雄，〈朝鮮統治上の二三の問題〉，頁325。

治主義順利結合的事例；相反的，殖民地朝鮮的例子，則只能是「沒有資本主義化」或者「爲達成資本主義化」的自治主義。與臺灣不同，矢內原並沒有做出能夠賦予《帝國主義下の朝鮮》之名的有關殖民地朝鮮經濟的全面分析，與其說單純是因研究朝鮮經濟而遭受來自外部的政治壓力，或者可以說，這是因矢內原強烈地意識到，作爲殖民政策學者，他所設定的「理論」與殖民地朝鮮經濟所表現出的「實際」狀況有著背離感，所導致的結果。[92]

六、結論

是什麼原因讓矢內原忠雄對殖民地朝鮮的（經濟）研究裹足不前？以矢內原的觀點來看，日本對臺灣的殖民統治至少可以說部分是「成功」的。矢內原把臺灣統治稱爲「所謂難治的臺灣在兒玉後藤政治下的十年間，治安得以完備，衛生狀態得到改善，經濟發達，財政獨立，這作爲日本殖民政策之成功，內外驚歎」，[93]或指出「臺灣財政獨立如此早早達成，不可否認是日本殖民政策上的成功」，[94]或表示「臺灣總督府透過實施衛生措施，減少黑死病、瘧疾等惡疫讓內地人移住簡單化，同時顯著改善本島人的衛生狀態，這是最應盛讚的事情。」[95]

換言之，「日本的臺灣統治三十年，因殖民地經濟成功的罕見模範而廣受讚譽。臺灣割讓時，清國全權大臣李鴻章舉臺灣難治，氣候及風土不健康，居民沈溺於鴉片無法自拔，匪亂難以根治，以及居住著慓悍難

---

[92] 〈朝鮮統治の方針〉論及其他殖民地問題時，不同於一貫冷靜的態度，「激情地」批判總督府統治，在此層面上，其論說中算是極其特殊，見幼方直吉，前引文，頁1180。（也能說是對朝鮮強烈的愛執所致）強烈意識到殖民地朝鮮的事例並不那麼符合自己所設定的殖民地朝鮮事例，換言之，強烈意識到自身殖民政策論的理論缺陷。

[93] 矢內原忠雄，《帝國主義下の臺灣》，頁13。

[94] 矢內原忠雄，《帝國主義下の臺灣》，頁72。

[95] 矢內原忠雄，《帝國主義下の臺灣》，頁166。

治的蕃人等情況，企圖降低日本對臺灣的欲望，但這些皆被日本全面翻盤」，[96]伴隨文明化（資本主義化）作用的「實際殖民」之實體，以可見的形態存在，故矢內原忠雄殖民論的下一階段，理論上即是自治主義的實現。

相反的，如本文所考察，對於朝鮮的殖民統治現狀，在矢內原忠雄看來，說是「部分成功」都未免牽強，這可能就是對自己所建構的有關殖民政策理論的妥切性開始產生疑慮。故關於朝鮮的研究，可能就導致只能在跳過經濟論（資本主義化）的情況下，對政治論（自治主義）一條路走到底。換言之，就矢內原忠雄的立場而言，至少關於朝鮮，並未具備日本殖民統治正當化的最基本條件，而這可能就是其對殖民地朝鮮經濟保持「沉默」的原因。[97]

---

[96] 矢內原忠雄，《帝國主義下の臺灣》，頁199。

[97] 幼方直吉，〈矢內原忠雄と朝鮮〉，《思想》，號495（1965年），頁1177。相當於矢內原自傳的〈私の歩んできた道〉是透過內在生活了解矢內原學問及信仰的貴重資料，對於在青壯年時期影響他的學問及信仰極深的朝鮮，「不太清楚是什麼原因，但什麼都沒說。」這麼看來，矢內原對朝鮮什麼也沒說，不能簡單看作是「缺失」，應看作是相當有意識的行動之結果。矢內原忠雄，〈私の歩んできた道〉，《全集》，卷26。

附錄：矢內原忠雄的殖民地相關論說目錄及地區（1923-1945）

	題目	收錄雜誌／書	刊行年月日	地區
1	シオン運動に就て	經濟學論集	1923年10月號	巴勒斯坦
2	米國の日本移民排斥に就て	經濟學論集	1924年6月號	美（美國）
3	アダム・スミスの植民地論	經濟學論集	1925年3月號	普通
4	スミスの植民地論に關し山本博士に答う	經濟學論集	1925年11月號	普通
5	人口過剩に關する若干の考察	經濟學論集	1925年11月號	普通
6	朝鮮產米增殖計畫に就て	農業經濟研究	1926年2月號	朝（朝鮮）
7	朝鮮統治の方針	中央公論	1926年6月號	朝
8	第一回英帝國勞動會議	經濟學論集	1926年9月號	英（英國）
9	帝國主義の現勢	中央公論	1927年1月號	普通
10	時論としての人口問題	中央公論	1927年7月號	普通
11	人口問題と移民	移植民問題講習會講演集	1927年8月	普通
12	アイルランド問題の發展	經濟學論集	1927年12月號	愛爾蘭
13	人口問題	日本評論社編，《社會經濟體系》（第141冊）	1928年3月	普通
14	帝國主義下の臺灣㊀	國家學會雜誌	1928年5月號	臺（臺灣）
15	帝國主義下の臺灣㊁	國家學會雜誌	1928年6月號	臺
16	帝國主義下の臺灣㊂	國家學會雜誌	1928年7月號	臺
17	臺灣糖業帝國主義	經濟學論集	1928年7月號	臺
18	帝國主義下の臺灣㊃	國家學會雜誌	1928年8月號	臺
19	帝國主義下の臺灣㊄	國家學會雜誌	1928年9月號	臺
20	戰後のイギリスの資本輸出	我等	1929年2月號	英
21	世界經濟發展過程としての植民史	《經濟學研究》（山崎教授還曆記念）第1卷	1929年4月	普通

	題目	收錄雜誌／書	刊行年月日	地區
22	印度の民族運動	改造	1929年5月號	印（印度）
23	印度幣制の植民政策的意義㈠	國家學會雜誌	1929年10月號	印
24	印度幣制の植民政策的意義㈡	國家學會雜誌	1929年11月號	印
25	植民地國民運動と英帝國の將來	改造	1930年4月號	英
26	資本蓄積と植民地	社會科學	1930年6月號	普通
27	超帝國主義論について	經濟學論集	1930年9月號	普通
28	英國對支政策の經濟的根據	東亞	1930年9月號	英
29	印度工業と植民政策	國家學會雜誌	1930年10月號	印
30	英帝國會議の悩み	帝國大學新聞	1930年10月	英
31	最近の英帝國會議に就て	外交時報	1931年1月號	英
32	資本主義帝國の對立と植民地市場	經濟往來	1931年2月號	滿（滿洲）
33	滿蒙新國家論	改造	1932年4月號	滿
34	滿洲植民計畫の物質的及び精神的要素	社會政策時報	1932年5月號	滿
35	滿洲經濟論	中央公論	1932年7月號	滿
36	國民主義と國際主義	理想	1932年7、8月號	普通
37	滿洲國承認	帝國大學新聞	1932年10月	滿
38	滿洲見聞錄——昭和七年八月至九月	改造	1932年11月號	滿
39	植民なる文字の使用に就て長田三郎氏に答う	經濟學論集	1932年11月號	普通
40	移民の必然性と果	國家學會雜誌	1932年11月號	普通
41	滿洲國・一九三三年	帝國大學新聞	1933年1月	滿
42	リットン經濟文書を讀む	エコノミスト	1933年3月	滿

	題目	收錄雜誌／書	刊行年月日	地區
43	未開土人の人口衰退傾向について㈠	國家學會雜誌	1933年5月號	普通
44	未開土人の人口衰退傾向について㈡	國家學會雜誌	1933年5月號	普通
45	南洋委任統治論	中央公論	1933年6月號	南（南洋群島）
46	南洋群島の研究	帝國大學新聞	1933年10月	南
47	南洋群島視察談	講演	1933年11月	南
48	滿洲國の展望（上・下）	大阪・東京朝日新聞	1934年1月	滿
49	民族と平和	中央公論	1934年4月號	普通
50	軍國主義・帝國主義・資本主義の相互的關聯	國家學會雜誌	1934年5月號	普通
51	南洋群島の經濟	經濟	1934年7月號	南
52	臺灣白話字問題に就いて	《臺灣白話字普及の趣旨及び臺灣島內贊成者氏名》　付錄	1934年8月	臺
53	ヤップ島紀行	帝國大學新聞	1934年9月	南
54	マルサスと現代	改造	1935年1月號	普通
55	南洋群島パラオ及びヤップの貨幣	《經濟學の諸問題》	1935年5月	南
56	南洋群島民の教育に就いて	《倫理講演集》（丁酉倫理會）391輯	1935年5月	南
57	南洋群島の土地制度	經濟學論集	1935年6月號	南
58	伊エ戰爭と世界の平和	改造	1935年11月號	埃及
59	植民地再分割論	東京朝日新聞	1936年2月	普通
60	南洋政策を論す	改造	1936年6月號	南

	題目	收錄雜誌／書	刊行年月日	地區
61	植民地再分割問題	婦人之友	1936年6月號	普通
62	印度農業と植民政策㈠	國家學會雜誌	1936年8月號	印
63	印度農業と植民政策㈡	國家學會雜誌	1936年9月號	印
64	民族精神と日支交涉	帝國大學新聞	1936年12月	中（中國）
65	大陸政策の再檢討	報知新聞	1937年1月	中
66	支那問題の所在	中央公論	1937年2月號	中
67	軍事的と同化的・仏日植民政策比較の一論	國家學會雜誌	1937年2月號	仏日
68	植民政策より見たる日仏	國際知識	1937年2月號	仏日
69	太平洋の平和と英國	改造	1937年7月號	英
70	植民政策より見たる委任統治制度—故新渡戶博士にささぐ	國家學論集	1937年7月	南
71	國家の理想	中央公論	1937年9月號	普通
72	大陸經營と移植民教育	教育	1938年1月號	中
73	朝鮮統治上の二三の問題	國家學會雜誌	1938年1月號	朝
(74)	Problems of Administration in Korea	*Pacific Affairs* 11-2	1938年6月	（朝）
75	植民政策に於ける文化	教育	1939年4月號	普通
76	大陸と民族	大陸	1941年12月號	中
77	大東亞戰爭と英國植民政策	帝國大學新聞	1942年1月	英
78	英國の印度征服史論	改造	1942年5月號	英印
79	印度統治批判	帝國大學新聞	1943年6月	印

※資料來源：楊井克己等編，〈著作目錄〉，《帝國主義研究：矢內原忠雄先生還曆記念論文集》（東京：岩波書店，1959）。只以「論文」作為製表對象，不包括殖民地以外（宗教等）的論說。

帝國／殖民地的海洋——日治時期臺灣總督府從沿岸到遠洋漁業調查試驗之研究（1909-1922）[*]

陳德智[**]

摘要

1909年，日本受歐洲水產海洋學發展之影響，決定實施漁業基本調查，採水產海洋學研究為基礎，以提升產能、發展漁業作目標。臺灣雖未在漁業基本調查實施範圍內，仍受到影響並新增專業水產技師並建造動力水產試驗船。

1909-1916年是臺灣沿岸和近海漁業調查試驗開展時期，從起初日本關注的鰹漁業之發展，到其他魚種如鯛漁業、土魠漁業、飛漁業等，以及其他漁法如鯛延繩漁業、拖網漁業等。起初的調查試驗事業並沒有徹底落實日本漁業基本調查的理念，隨時間發展，臺灣海洋漁業調查試驗事業顯示越來越能掌握漁場海洋狀況與魚群洄游狀況、魚類生活史、移動、生態之關聯，意味著水產海洋學在臺灣的深化，漁海況論逐漸成為海洋調查試驗的主要典範。

1917年，凌海丸首次遠航東南亞，成功進行遠洋漁業調查試驗，打開臺灣經營南洋漁業之門。1919年，水產技師樫谷政鶴轉任朝鮮總督府，

---

[*] 本文原刊載於《嘉義研究》，第二十期（2018年12月），頁113-168。經潤飾收入本書。
[**] 國立臺北科技大學通識教育中心兼任助理教授

凌海丸大改造成專門從事遠洋漁業的試驗調查，從此進入遠洋漁業調查試驗之階段。1922年，在宮上龜七率領下分別完成華南和法屬中南半島，以及中國江蘇省浙江省水產調查。1909-1922年，臺灣的漁業調查試驗事業可分成兩階段，首先是1919年以前樫谷政鶴以動力漁船凌海丸主持沿岸近海漁業調查事業，並首次打開南洋漁業新方向。其次是1919以後由改造後的凌海丸遠洋漁業調查事業，確立臺灣遠洋漁業調查事業之方向。前一階段來自日本漁業基本調查政策、水產講習所人才與水產海洋學之影響明顯，到了一九二〇年代以後臺灣總督府本身發展之趨勢逐漸呈現出經營南洋遠洋漁業的特色。

關鍵字：凌海丸、樫谷政鶴、宮上龜七、水產調查試驗、沿岸漁業、遠洋漁業

A Study on Coast to Offshore Fishing Survey & Experiment by Taiwan Governor's Office during Japanese Colonial Period (1909-1922)

Te-chih Chen[*]

Abstract

Affected by European fisheries oceanography development, Japan decided to conduct basic survey on fishing field in 1909. It took fisheries oceanography study as the base and targeted on production capacity increase as well as fishing development. Taiwan, not included in such survey, remained to be affected, and it arranged new professional fishery technicians to construct power experimental boat.

Taiwan went through a period of initiating survey experiment on coast and offshore fishery from 1909-1916, which included but is not limited to the development in skipjack tuna fishery that Japan has concerned, and other fisheries like snapper, Spanish mackerel, flying fish as well as snapper longline fishing and dredge fishing. The concept of the basic survey on Japan fishery was not implemented thoroughly via preliminary survey and experiments. With the elapse of time, the achievement of Taiwan marine fishery survey and experiments showed its better mastering of connection amid the marine condition of fishing field, returning condition of fishes, living history of fish, migration, and ecology, indicating the in-depth fisheries oceanography in Taiwan. Such, just like the theory of fishing and oceanographic conditions, has become the main example for marine survey and experiments.

[*]　Adjunct Assistant Professor, The General Education Center, National Taipei University of Technology

Ryokaimaru, the power experimental boat, had the first voyaging to Southeast Asia in 1917, which launched successful offshore fishery survey and experiment, opening a gate for Taiwan to operating fishery industry. *Kashitani Masatsuru*, a fishery technician, was reassigned to Governor-General of Korea in 1919, and *Ryokaimaru* was renovated for survey on offshore fishery, thereby entering into the stage on such survey. Under the leadership of *Miyagami Kameshichi*, the fishery surveys in Huanan, French Indochina and Zhejiang Province of China were completed in 1922. The operation from 1909-1922 was divided into 2 stages; the first one was the coastal fishery survey led by *Kashitani Masatsuru* with power fishing boat before 1919, which opening a new direction for fishing industry in Southern Ocean. The second one was the offshore fishery survey completed by the renovated *Ryokaimaru* after 1919, assuring the direction of such survey in Taiwan. The effect of Japan's basic survey policy for fishery, talents from Fishery Institute, and fisheries oceanography resulted by the previous stage was significant, and the trend of the development of Taiwan Governor's Office itself after 1920 indicated more characteristics of operating offshore fishery in Southern Ocean after 1920.

Key Words: *Ryokaimaru, Kashitani Masatsuru, Miyagami Kameshichi,* fishing survey & experiment, coast fishing, offshore fishing

一、前言

　　日治時期臺灣殖產事業之發達與臺灣總督府各項學術試驗之展開密切相關。臺灣農業、糖業、林業學術史研究表明日人如何透過學術和教育落實殖產政策，臺灣不僅成為日本高等教育畢業生發揮所長之處，更甚者指出臺灣學成為帝大研究新領域。[1]殖民統治實際受政策法制影響，學術調查試驗研究成果係法令制定之基礎。由此可知，學術研究不僅不是粉飾殖民政治的附屬品，更是實有其重要性。在各種殖產事業的學術史中，漁業誠屬較乏人問津，卻因海洋豐富生物多樣性和跨越國界的性質而有其特殊性。

　　前人研究不多，有小岩信竹的〈近代における台灣漁業の展開と樫谷政鶴の漁業權論〉，[2]旨在闡述臺灣第一位水產技師樫谷政鶴對漁業權之觀點，及其制定該法過程中，其觀點如何影響臺灣漁業規則之制定。該文指出臺灣漁業法制不僅反映出樫谷政鶴之想法，也呈現臺灣著重發展遠洋漁業之特質，有濃厚促進漁業近代化政策的味道。藤井賢二的〈「支那東海黃海漁業協議會」と台灣〉，[3]作者探討了1926年和1929年協議會的議事要錄內容，其中臺日對於規制底曳網漁業的相反意見，日本政府為了因

---

[1]　吳文星，〈近代日本における學術と植民地——開拓すべきもう一つの新たな研究分野〉，《北東アジア研究》，第6號（濱田，2004），頁5-9；吳文星，〈札幌農學校與臺灣近代農學的展開——以臺灣總督府農事試驗場為中心〉，《臺灣社會經濟史國際學術研討會——慶祝王世慶先生七五華誕》（臺北：中央研究院臺灣史研究所籌備處，2003）；吳文星，〈札幌農學校と台灣近代農學の展開——台灣總督府農事試驗場を中心として〉收於臺灣史研究部彙編，《日本統治下台灣の支配と展開》（名古屋：中京大學社會科學研究所，2004）。林業研究請見吳明勇，〈日治時期臺灣總督府中央研究所林業部之研究（1921-1939）：以研究事業及其系譜為中心〉（臺北：國立臺灣師範大學歷史研究所博士論文，2006）。

[2]　小岩信竹，〈近代における台灣漁業の展開と樫谷政鶴の漁業權論〉，《神奈川大學國際常民文化研究機構年報》，4（橫濱，2012），頁123-142。

[3]　藤井賢二，〈「支那東海黃海漁業協議會」と台灣〉，《東洋史訪》，11（兵庫，2005），頁107-117。

應資源枯竭和日中漁業紛爭，針對東海黃海召開協議會，此時正是臺灣拖網漁業第三度復興期、機船底曳網開始期，同時也是臺灣朝向南支南洋的胎動期，因此臺灣方面對日本農林省之規制表達反對，表現出臺灣總督府振興底曳網漁業和進出南支南洋漁場之意志。

　　探討漁業近代化和環境之互動，則有吉尾寬的〈台灣の黑潮流域圈におけるか鰹漁業の近代化と環境〉，[4]爲了分析近代化政策與環境之互動，作者處理了臺灣總督府的鰹漁業漁場調查及相關試驗等內容，指出日人固然在臺施行漁業近代化政策，但受到黑潮海洋環境強力影響，即餌料供給不穩定，攔阻其進路。

　　綜上所述，可知日治時期臺灣漁業調查試驗意味著漁業近代化和南進化，並由沿岸朝向近海遠洋發展。唯其整體發展背景、經過、形式和影響因素尚未深入探討。本文研究的對象爲海洋漁業調查試驗事業，其與水產業和漁業的關係爲何，應首先釐清。水產業乃指人類將水產物用於生活上之事業，水產物乃相對陸產物而言：即產生於水中之天然物，可分爲動物、植物，以及礦物。[5]因此，捕撈的魚貝、採集的海藻，以及析出的鹽都可稱作水產。水產業按其事業形態可分爲漁業、水產製造業，以及水產增殖業三種。漁業爲採捕或蒐集水中生物之事業。[6]進一步言，漁業係指水產動植物之採捕或養殖之事業而言。漁業在廣義上應包括養殖事業。蓋以養殖目的在於水產動植物之孵化、育成，並圖謀增殖，再加以採捕。早期常稱採捕海藻、貝類事業爲採捕業，撈獲魚類（包括烏賊、蝦蟹等）事業爲漁業或漁撈，捕海獸事業爲獵業。現在無論何種皆概稱爲漁業。由於漁業一向爲水產業之主體，水產業可視同與漁業有同樣意義。[7]因此，可

---

[4]　吉尾寬，〈台灣の黑潮流域圈におけるか鰹漁業の近代化と環境〉，《海域世界の環境と文化》（東京：汲古書院，2011），頁253-309。

[5]　張寶樹，《水產學概論》（臺北：臺灣中華書局，1957年），頁1。

[6]　張寶樹，《水產學概論》，頁1。

[7]　張寶樹，《水產學概論》，頁80。

以理解今日常有水產業和漁業兩者混用之情形。由此可知，採用水產或水產業一詞，雖然可視同漁業，卻容易讓人誤會包括水產製造和養殖，故本文原則使用狹義的漁業定義來指稱，即撈獲魚類（包括烏賊、蝦蟹等）事業為漁業。例外才使用水產或水產業來界定，例如日治時期當時使用名稱「水產試驗場」、「水產調查」、「水產試驗」等，應注意的是水產一詞實際包括漁業，因此例外並不意味著差異或衝突。

　　海洋漁業之定義可透過漁業的分類來掌握。依水質分類，海洋漁業屬鹹水漁業，即在海洋中所從事的漁業，重要漁業均屬於此。依水界分類，包括沿岸漁業、近海漁業、遠洋漁業。沿岸漁業謂距岸約一日間航程以內之範圍。近海漁業介於沿岸和遠洋漁業之間，在外海作業每次往返需要兩、三日時間之漁業。遠洋漁業係距陸岸或根據地甚遠，需費數日甚至數個月滯留漁場的大規模漁業。[8]本文所指海洋漁業調查試驗即針對海洋從事的漁業，包括沿岸、近海、遠洋漁業，所從事的調查和試驗活動。

　　1909年日本實施漁業基本調查，臺灣因鰹漁業聯絡試驗之海洋調查而加入其中，1910年臺灣始有動力試驗船凌海丸和專業技術人員從事調查試驗事業，1919年凌海丸進行改造專為遠洋漁業進行調查試驗，於1922年完成改造後的調查試驗事業。因此，本文擬以1909年臺灣邁入水產海洋學的起點，以1922年凌海丸完成首次改造後的遠洋漁業調查試驗為終點，探討日治時期臺灣總督府從沿岸到遠洋漁業調查試驗事業，究明臺灣調查試驗事業之背景、經過，及其發展變遷。特別著重分析臺灣調查試驗政策、人才、學術研究如何受日本影響，落實情況如何，從學術史的角度適切掌握臺日之間的關係。

二、水產海洋學與漁業基本調查之實施
㈠日本漁業基本調查
　　1909年，水產局局長道家齊倡導漁業基本調查，有必要精確掌握海洋

---

[8]　張寶樹，《水產學概論》，頁81。

狀態和水族習性,進而發達漁業,以此方針聯絡各府縣水產相關廳實行調查。此即日本正式的水產海洋研究之始。當時調查係以技術官北原多作為中心,岡村金太郎大力援助。[9]日本過去曾設有水產調查所進行調查,支出不少經費從事緊急事業,唯調查船不完備未能盡力。不久,因經費節減而不得已廢止。結果,仍缺乏資料以鞏固漁業行政基礎,保護發展漁業。道家齊論及歐美各國為了確立漁業政策,設置特殊機關,使用數艘汽船從事研究。北歐沿海九國(英、德、比、荷、丹麥、挪威、瑞典、俄國、芬蘭)展開北海聯合調查,事業顯著進步。此聯合調查依1902年哥本哈根會議決定,實施不過八年,已調查北海海水之變化、浮游生物之移動消長,闡明鯡魚與海水溫度及鹽分之關係,知曉其棲息區域,遂研究比目魚之發育及移動,對幼魚保護問題有所突破,並打開研究鯖魚與浮游生物關係研究之端緒。又發現寒流與暖流接觸產生的混合海水可以饒產浮游生物吸引魚群,以上結果對漁業之保護發展貢獻良多。[10]

　　日本漁業基本調查受北歐海洋漁業調查事業啓發,轉而重視海洋學對水產學之影響,即水產海洋學。事實上,1901年岸上鎌吉和北原多作,曾列席參與北歐國際漁業基本調查會議,[11]直接參與學習國際水產海洋學之研究,並企圖在日本實踐。為了進行漁業基本調查,水產局招集地方當局之技員進行兩回講習,1910年,由農商務省技師北原多作、水產講習所教授理學博士岡村金太郎出版《水理生物學要稿》(以下略稱《要稿》),可知其學術脈絡和漁業基本調查之方針為何。

　　根據《要稿》可知其學術脈絡重視水理生物學和海洋調查。水理生物學(Hydrobiology)係稍晚成立的學科,由海洋學(Oceanography)、生物學(Biology)及水理學(Hydrography)為主而成,專攻物理和化學因

---

[9] 片山房吉,《大日本水產史》(東京:有明書房,1983),頁267。

[10] 農商務省水產局,《漁業基本調查準備報》(東京:農商務省水產局,1910),頁i-ii。

[11] 下啓助,《明治大正水產回顧錄》(東京:東京水產新聞社,1932),頁248。

素對水族之影響。原本海洋學和生物學各自發展，兩者間沒有什麼關聯。隨著水產學研究之進步，有關水產生物的各種問題，必須闡明水溫、比重、水深等因素，使兩者漸漸接近。特別是漁業上的各種現象，單靠氣象學、海洋學、水理學、生物學等單獨之力不易掌握。因此，跨學科研究日增，水理生物學遂自成一派。依據海洋調查所得的事實為基礎，究明水族的關係。簡言之，一則明白水族消長之原因，一以指示漁業之方向，促使其改良。[12]

其次，海洋調查之發展扮演重要角色。過去，海洋學專門為了航海業而發展，航海業之開發又大力促成海洋學之進步。為著漁業或氣象而從事海洋研究則較遲。對航海業而言，天氣、海流、潮流、風向等為重要項目。由氣象觀之，水溫研究則是關鍵。研究漁業，則得加上潮流、海流、水溫、鹽分、水深、底質等，且著重浮游生物研究。是故，從漁業觀點看海洋研究，其範圍最廣。[13]

大日本水產會早在一八八○年代開始重視學術研究對漁業之預測，儘管如此，日本海洋學之研究少日人成果，例如最初的沿岸及深海測量是由英美軍艦進行，後來雖有日本水路部從事測量，但海流、水溫、鹽分乃至其他的研究仍不多。散見各書的海流資料，大多根據外國軍艦及商船等報告。[14]綜上所述，因著水理生物學之成立與海洋調查事業之發展，1910年漁業基本調查可謂日本漁業學術研究發展脈絡的分水嶺。

漁業調查方針方面，《要稿》指出，為解決漁業問題，獲得正確漁利，將漁業置於學術基礎上，必須依賴浮游生物學和理化學研究。日本僅有零星研究成果，必須要和他人共同調查。依據歐洲各國海洋調查成績，相信不出數年日本必有所成。要之，日本在海洋調查上面必須追上歐洲列

---

[12] 北原多作、岡村金太郎著，《水理生物學要稿》（東京：岡村金太郎，1910年），頁1。

[13] 北原多作、岡村金太郎著，《水理生物學要稿》，頁1。

[14] 北原多作、岡村金太郎著，《水理生物學要稿》，頁4。

國。

　　其次，調查方針分為生物學和海洋學兩方面。在生物學方面，究明動植物種類，不問其是否具浮游性。同時，詳加調查浮游生物種類、數量，以及數量與水溫、鹽分等之關係，以便知曉潮流性質，即來源、方向、速力等。海洋學方面，首先掌握黑潮、親潮之流域、水溫、鹽分等，其四季變化及變化原因，兩海流之合併狀態，及其合併場所、相互位置等，對漁業發展幫助甚大。又如調查白令海、鄂霍茲克海之暖流、漁業方面的水底性質、沿岸水之性質及其運動方向、浮游生物之狀態、重要魚類之種類、其產卵場、棲息地、洄游季節、原因等。[15]要之，漁業調查方針回應其學術特徵，同時，反映在調查之目的和方法。

　　根據《漁業基本調查準備報》，可知漁業基本調查目的有三：1.知道重要水產生物之性質；2.明瞭重要水產生物之漁場；3.確定漁業保護及發展之方針。調查之區分有三：1.生物上之調查。其中又包括重要水產生物之調查、浮游生物之調查；2.理化學上之調查。內容為海洋及湖川理化學上之調查；3.漁業之調查。包括漁場、漁船、漁具及漁獲物之變遷，以及漁場圖之調製。

　　調查層次分為水產局、水產講習所、地方水產試驗場、地方水產講習所、水路部、帝國大學、水產學校、中央氣象臺、測候所、觀測所於其他進行的調查，保持相互聯絡，綜合其結果。

　　前述相關官廳學校其他調查上保持相互聯繫，依照下列次序。

1. 調查之範圍及方法並調查器械及其使用方法有相當之規定。
2. 前項於水產局、水產講習所、水路部、帝國大學及中央氣象臺之關係者協議決定。
3. 於方便之地招集地方水產試驗場、地方水產講習所、水產學校、其他調查主任，依前項決定事項進行講習。

---

[15] 北原多作、岡村金太郎著，《水理生物學要稿》，頁52-53。

4. 觀測及調查之結果彙整於水產局整理。

5. 浮游生物之調查於關係密切之地方爲保持調查之聯絡相當實行之。

6. 涉及地方水產試驗場、地方水產講習所、水產學校及其他之採集的浮游生物，一旦彙整於水產局，分配預定擔當者，而受分配的擔當者盡速了結其調查，將之報告水產局。

7. 調查之成績於水產局付印每年報告之。

調查之範圍及方法，分成重要水產生物調查、浮游生物調查、海洋及湖川理化學上之調查，以及漁場漁船漁具漁法及漁獲物之變遷、漁場圖之調製等。

首先，重要水產生物之調查：

1. 訂定必要調查的種類。

2. 各種類採捕之際，記載如下事項：

   ⑴採捕之日時、天氣（風向、晴雨）、水之溫度、比重、顏色、海流或潮流（方向、緩急）。

   ⑵供採捕用器具。

   ⑶從採捕之位置、水面之距離並於同位置之水深。

   ⑷種類、性、體長、體重、生殖器之熟否、消化器官內之含有物。

   ⑸其他可參考事項。

   ⑹檢查員之姓名。

3. 各種類採捕之際，前項各號之外，進行浮游生物調查、海洋理化學分類相關之調查。

4. 關於迴游魚，對照屬於浮游生物及海洋理化學分類調查之結果，查察迴游之狀況。

5. 關於底魚、貝類、藻類，調查底質關係，且對照屬於浮游生物及海洋理化學分類的調查結果，查察其育成狀態。

其次，係浮游生物調查的範圍及方法，如下：

1. 採集浮游生物時，記載下列事項：

(1)採集之日時、天氣（風向、晴雨）、水之溫度、比重、顏色、海流或潮流（方向、緩急）。

(2)採集之位置，距水面的距離。

(3)分量之大要、其他可參考的事項。

(4)屬於海洋理化學分類的事項。

(5)採集者之姓名。

2. 浮游生物之調查，首先應於各海斷定特有種類著手，而後進行各海共同發育者或是稀有種類。

3. 種類或屬之查定並查核性質之大要。

4. 對照屬於重要水產生物及海洋理化學分類的調查，闡明於各時期的浮游區域並其變化、變動及與重要水產生物之關係。

　　其三，海洋及湖川理化學調查的範圍及方法，如下：

1. 水溫及比重之觀測，表面、25尋、50尋、百尋之四個地方，但是上記以外各深度進行觀測，由當事者判斷。

2. 進行前項之觀測時，記載事項如下：觀察之日時及位置、月之盈缺及潮候、水色及透明度、觀測時及其之前附近之氣候、觀測者之姓名。

3. 海流及潮流，就其區域（廣及深）調查方向及速度。

4. 於適宜之官廳或學校進行水之定量分析。

　　其四，漁場、漁船、漁具、漁法及漁獲物之變遷調查範圍及方法，如下：

1. 關於各種漁業調查其沿革並現況。

2. 前項之調查於與地方廳及地方水產試驗場等協議之後進行之。

3. 調查之要項按照如下範圍：

(1)現在之漁場、漁船、漁具、漁法、漁獲物及其利用。

(2)漁業之組織及經濟。

(3)歸於廢滅的漁場、漁船、漁具、漁法、漁獲物利用法並其廢滅理由。

⑷新漁場之發現或新漁船、漁具、漁法、漁獲物之創始及其沿革。

⑸漁場、漁船、漁具、漁法及漁獲物利用法之變更並沿革。

4. 前項之調查就有關下列事項進行精細調查。

5. 漁場、漁船、漁具、漁法之創始、變更、廢滅，及於漁獲物及漁獲量的影響。

6. 關於漁場、漁船、漁具、漁法，對照屬於重要水產生物、浮游生物、海洋理化學之分類的調查結果，查察其保護發展或改善之方法。

　　其五，漁場圖之製作的範圍及方法，如下：

1. 依生物及漁具之種類，各別製作，但是因時期變動者，更以時期另行製作。

2. 底魚之漁場圖，記錄水深、底質並生物之種類，其多寡、分布區域、發育狀態、水之溫度、比重、其他可參考事項。

3. 洄游魚之漁場圖，記錄屬於重要水產生物、浮游生物、海洋理化學分類的調查結果，並水深、底質、其他可參考事項。

4. 漁場圖，記錄依據漁業法的免許（核准）漁業漁場區域。

　　作為第一步應調查的重要水族之種類別如下：重要水產生物主要有鯡魚、沙丁魚（鰮）、鰹魚，以及烏賊。按照調查員之方便，區分調查紙為甲乙丙三款，甲以重要水族為主，乙以重要水族之食餌的浮游生物為主，丙以水溫比重之調查為主。然而，調查員根據乙及丙報告時，就重要水族之去來及其漁業應予以特別注意，盡力記入其參考欄內。結合海洋之變化與漁業之關係極為必要。[16]

　　綜上所述，1909年展開之漁業基本調查有幾項特徵。

1. 日本漁業基本調查直接受到歐洲水產海洋學典範影響，從北原多作和岡村金太郎之觀點可見一斑。

2. 從《漁業基本調查準備報》可知日本聚焦於重要水產生物之調查、浮

16　農商務省水產局，《漁業基本調查準備報》（東京：農商務省水產局，1910），頁1-10。

游生物調查、海洋及湖川理化學上之調查，以及漁場、漁船、漁具、漁法及漁獲物之變遷、漁場圖之調製。更進一步說，特別重視海況和漁況之關係。

3. 日本是在1908年歐洲逐漸建立研究典範後，包括研究儀器之改良，掌握海洋知識的方法，以及歷史文獻之累積，日本直接採取該研究典範，同時加以改良、選擇，並聚焦於海況和漁況調查和研究。

4. 首先調查的重要水族有鯡魚、沙丁魚（鰛）、鰹魚，以及烏賊，雖然漁業基本調查執行府縣並不包括殖民地臺灣，但因著鰹魚之調查，意外了提前臺灣總督府水產調查試驗事業之進程。

　　北原多作分別在《漁業基本調查報報告》第一至三冊，介紹了北歐國際漁業基本調查、挪威、英國的漁業基本調查等內容，足見日本欲以一國之力，建立跨國界的水產海洋研究團隊之雄心。而達成此目標的策略，便是透過聯絡調查試驗為之。值得注意的是，臺灣在漁業基本調查的初期，雖然沒有水產試驗場，卻因為各地方水產試驗報告極具重要性，且透過鰹漁業聯絡試驗之故，有幸參與其中。

　　根據北原多作和水產局局員島村滿彥的報告可知，1911年在地方各水產試驗場實施鰹漁業聯絡試驗，將其海洋觀測結果和漁獲狀況綜合考察，足以一窺漁場的海洋狀態，而概述之。實施的地方政府包括青森、岩手、宮城、福島、三重、和歌山、鹿兒島、臺灣，以及小笠原各水產試驗場。尚有來自靜岡、德島、宮崎之各水產試驗場，作為漁業基本調查於鰹漁場的觀測。從上述報告中，有鰹漁獲的時候，或者認出鰹魚群之際的海水溫度和比重，並以月別進行比較。據此得知，鰹漁獲時的水溫最高於臺灣八月29度5分，最低於宮崎四月18度，差距達11度5分，比重亦最高於福島六七月的1.0282，最低於和歌山四月1.0231之間，實際差距有0.0051。[17]由此可知，臺灣鰹漁業試驗結果編纂進海水溫度、比重、月別比較表和水

---

[17] 農商務省水產局編，《漁業基本調查報告》第2冊，（東京：農商務省水產局，1913），頁36-41。

溫、比重、平均數比較表中，作爲日本帝國海洋整體一部分予以分析，掌握漁況和海況之關係。臺灣鰹漁業試驗詳細情形留待後面詳述，然而，此時可見臺灣與日本各地同步進入水產海洋研究的新階段，透過研究海洋和漁獲之關係成爲水產調查試驗的新特徵。

(二)《臺灣水產業視察復命書》

　　臺灣本地長期接受試驗經費的澎湖試驗場製造的柴魚（鰹節），產量不少。臺灣東部沿海潮流，與日本知名鰹魚產地土佐、鹿兒島、沖繩沿海相同，鰹魚之豐富不難想像，製造柴魚應有大好前景。因此，日本政府農商務省派遣專門技師來臺調查，同時也對其他水產進行精密調查。[18]兩位技師於1909年8月10日自東京出發來臺，[19]分別爲農商務省水產局技師下啓助和水產講習所技師妹尾秀實。[20]

　　兩人8月15日才抵達基隆，9月中旬就要返回日本，時間短暫，故採取實地視察多個重要場所之方針。儘管無法在同一處長時間調查，不可能很完整，但整體不會有太大的謬誤。調查經過與地點，依序爲基隆廳的基隆，宜蘭廳的蘇澳，臺東廳的花蓮港到卑南，恆春廳的大板埒，澎湖廳的媽宮、白沙島、漁翁島、八罩島、將軍澳島，臺南廳的臺南，鳳山廳的打狗，阿猴廳的阿猴、東港、烏樹塭，鹽水港廳的布袋嘴，彰化廳的彰化、鹿港、港尾寮，苗栗廳的公司寮，新竹廳的新竹、舊港、香山，桃園廳的桃園，臺北廳的淡水、貴仔坑庄。在踏查過程，兩人計量海中水溫比重，採集浮游生物。浮游生物在未來調查之後，可以與其他南海地區對照表示。來自日本水產局的農商務省技師和水產講習所技師，自然要仰賴臺灣總督府殖產局及各地方廳之協助。同時，搭乘商船會社的須摩丸完成從東

18　〈本島水產調查〉，《臺灣日日新報》，明治四十二（1909）年5月13日，第3309號，3版。

19　〈本島水產調查〉，《臺灣日日新報》，明治四十二（1909）年8月11日，第3385號，3版。

20　〈水產課長渡臺〉，《臺灣日日新報》，明治四十二（1909）年8月12日，第3386號，1版；〈下啓助氏〉、〈妹尾秀實氏〉，《臺灣日日新報》，明治四十二（1909）年8月17日，第3390號，2版。

岸至澎湖的各處巡覽。船長早見悌次郎等船員，不僅航海相伴，更於紅頭
嶼等各地協助採集浮游生物和調查水溫。[21]兩人對臺灣全島水產狀況進行
詳細調查後，殖產局據此決定臺灣漁業方針，以進行各種改善。[22]

三、沿岸調查試驗

㈠凌海丸沿岸漁場調查試驗

　　農商務省水產局技師下啓助和水產講習所技師妹尾秀實兩人對臺灣全
島水產狀況進行詳細調查後，殖產局據該調查決定漁業方針，進行各種改
善。[23]臺灣總督府殖產局1902年到1909年間曾對漁業改良持續獎勵，受限
於經費之故，未能有所效果，欲於1910年計畫進行較大規模的改良獎勵。
下啓助和妹尾秀實調查發現臺灣沿海魚類並不少，漁獲量缺乏係因臺灣漁
民漁獲區僅限於極近海之處。因此，總督府決定僱用專門技師對沿海全體
進行魚道調查，查明魚類種類。[24]換言之，臺灣總督府對臺灣水產調查試
驗的需求，鋪下了日本農商務省技師樫谷政鶴來臺之路。

　　樫谷政鶴自1905年起擔任農商務省技師，曾待過北海道廳尋常師範
學校水產教務囑託（約聘人員）、富山縣水產講習所技手、富山縣水產講
習所長、富山縣水產事務囑託、富山縣技師、富山縣師範學校教授、富山
縣內務部水產講習所技師、農商務技師，致力於水產之改良發展，資歷完
整。[25]同時，樫谷政鶴以長期在臺，畢業於水產講習所製造科的伊藤祐雄
為助手，又採用養殖科畢業的須田義次郎和漁撈科的安達誠三為囑託，並
派遣伊藤前往東京購入調查試驗所需之漁具。[26]職是之故，從樫谷政鶴渡
臺起，他已開始發揮技術專業，為臺灣挑選製造、養殖、漁撈的水產人才

---

[21] 下啓助、妹尾秀實，《臺灣水產業視察復命書》，（東京：臺灣總督府殖產局，1910），頁1-2。

[22] 〈本島漁業改善〉，《臺灣日日新報》，明治四十二（1909）年9月24日，第3413號，3版。

[23] 〈本島漁業改善〉，《臺灣日日新報》，明治四十二（1909）年9月24日，第3413號，3版。

[24] 〈漁業改善方針〉，《臺灣日日新報》，明治四十二（1909）年11月16日，第3466號，3版。

[25] 大園市藏，《臺灣人物誌》（臺北：谷澤書店，1916），頁345。

[26] 〈水產業の獎勵〉，《臺灣日日新報》，明治四十三（1910）年8月19日，第3695號，3版。

來臺。

　　樫谷政鶴5月12日就任後，[27]立刻奉命動身前往臺灣各廳調查漁業，以擬定方針。[28]在凌海丸抵達前，樫谷政鶴根據臺灣地勢及海潮之關係，將臺灣分為第一海區（從淡水經東海岸至安平海面）、第二海區（從淡水至安平的西海岸）、第三海區（澎湖列島周圍海面），並發表〈臺灣之水產業〉一文，內容包括關於技術之傳習及水產業之演講、漁業、製造、養殖等調查試驗。[29]該文指出列舉臺灣漁業不振的原因，包括官方獎勵、漁業者智識、漁業日數、漁港、避難港、氣溫高及魚類處理等問題，唯特別指出漁業資金缺乏的問題，除改良漁船、漁具、漁法外，應鼓勵投資漁業界。[30]

　　隨後，依據其調查進行臺灣水產調查試驗之規畫，可知此時期的調查試驗係以漁業項目為大宗，養殖則集中在臺灣海峽的澎湖和臺灣西海岸。就漁業試驗觀之，幾乎集中在第一海區及第三海區，從淡水經東海岸至安平海面，以及澎湖列島周圍海面，亦即東中國海、臺灣東部太平洋，以及臺灣海峽。西海岸的漁業試驗，扣除漁船改良調查試驗和海洋調查後，只剩下小規模的流網及釣延繩試驗和底曳網漁業試驗，可以說並未受到重視。[31]

　　1910年，凌海丸一抵達臺灣不久，便自11月11日起從事調查試驗，至隔年3月31日。其主要事項有五，包括北部冬季漁業之調查及試驗、淡水海面的「橫桿拖網（ビームトロール）」漁業試驗、澎湖島附近漁業調查、打狗附近漁業調查及小琉球嶼附近鱶延繩試驗、大板埒附近及七星岩

27　〈樫谷政鶴氏〉，《臺灣日日新報》，明治四十三（1910）年5月17日，第3615號，2版。
28　〈樫谷政鶴氏〉，《臺灣日日新報》，明治四十三（1910）年5月20日，第3618號，2版。
29　〈臺灣の水產業㈠〉《臺灣日日新報》，明治四十三（1910）年8月20日，第3696號，3版。
30　〈臺灣の水產業㈡〉，《臺灣日日新報》，明治四十三（1910）年8月23日，第3698號，3版。
31　〈本島の水產試驗と水產業の獎勵〉，《臺灣之水產》第3號（臺北：臺灣總督府民政部殖產局，1915年3月），頁1-2。

圖1　凌海丸周航航跡圖。
資料來源：凌海丸，〈明治四十三年度本島沿岸周航調查試驗報告〉，《臺灣之水產》，
　　　　　第1號（臺北：臺灣總督府民政部殖產局，1914年9月），無頁碼。

附近之漁場調查及紅頭嶼、火燒島鄰近的漁場調查。

　　總督府評價1910年臺灣周航調查試驗時，指出短期內橫渡全島沿岸實施，調查和試驗皆未能充分，僅能訂定次年度調查試驗方針。[32] 從報告內容可知，漁撈試驗、魚類調查、潮流觀察等，係此時其調查試驗重要內容。從其他試驗報告也可看出。

　　根據上述調查及指導，臺灣北部鮪漁業在彭佳嶼及棉花嶼附近的曳繩漁業雖然持續增加，僅僅是漁獲洄游離島沿岸淺灘的鮪魚。1911年9月1日至30日進行鮪流網漁業調查試驗，旨在調查海面是否適合鮪漁業。根據「漁業表」可知9月1日至5日，凌海丸正船內整理中。6日至11日，則在出海捕魚準備中。12日才開始漁業試驗直到30日。漁業試驗時，漁業表要記錄天候風力、漁場符號、漁具使用時間、表面海水溫度、比重、潮流方向速度、餌料種類、捕魚種類、漁獲時之水深、漁獲數量、一尾平均重量、價格，以及摘要等。以12日的記錄為例，天候風力為F.1，漁場符號記為イ，漁具使用時間PM6.30-PM12，表面海水溫度25.5度，比重1.0212，潮流方向速度記為WSW緩，流網沒有使用餌料故未記載，捕魚種類有鮪魚、旗魚、鯊魚，水深沒有記載，漁獲數量分別是鮪魚1尾、旗魚1尾、鯊魚1尾，一尾平均重量未記載，價格26.750圓。

　　根據漁業表可知，實際上成功進行漁業試驗的僅有12日、19日兩天，另有25、26兩日有使用漁具、進行水溫、比重、潮流等記載但未有漁獲。其他天數因曬乾網而停泊，或因為天候不良中途返回，甚至因此不能出海捕魚，顯見即使漁船動力化以後，漁業試驗仍然並不容易；另一方面，即使漁獲不成，透過漁業試驗得知因潮流急且方向不定，以及因為混流而弄亂網列，得以判定該漁法不適合則是其貢獻。[33] 由此可知，凌海丸的調查

---

[32] 凌海丸，〈明治四十三年度本島沿岸周航調查試驗報告〉，《臺灣之水產》，第1號（臺北：臺灣總督府民政部殖產局，1914年9月），頁21-25。

[33] 凌海丸，〈明治四十四年度北部に於ける鮪流網試驗報告〉，《臺灣之水產》，第1號（臺北：臺灣總督府民政部殖產局，1914年9月），頁25-28。

試驗結果，的確起到指導船的作用，減少民間漁船作業因嘗試錯誤所浪費的資源。

(二)鳳丸沿岸漁場調查試驗

　　鳳丸1911年在澎湖島進行土魟魚曳繩漁業試驗，根據該日誌可知，此次漁業試驗從4月8日至5月2日，共實施9回試驗。漁業試驗時，記錄天候、風力、風向、氣溫、漁業時間、漁場（分項記載位置、比重、水溫）、漁獲物（種類、數量、價額），以及摘要等。以4月8日爲例，天候半晴，風力3，風向北，氣溫24度，漁業時間自上午9點5分至下午2點，漁場比重1.039，漁場水溫25.4度，漁獲物種類土魟魚、數重503斤、價額25.740圓。

　　成績表則記載出漁回數、出漁月日、餌料（種類、數量）、漁獲物（種類、數量、價額）、引擎使用時間、石油消費量。以第一回出漁4月8日爲例，記載上午8點媽宮港啓航，同日下午4點歸港，餌料種類梭子魚（鰶かます）、數量9斤，漁獲物種類土魟魚，數量503斤，價額25.740圓，引擎使用時間8小時，石油消費量2.32斗升合。[34]

　　比較漁業試驗日誌和成績表兩者可知，試驗日誌之記錄著重漁場狀況、漁業試驗、漁獲結果之關聯；成績表意在顯示耗費時間、餌料、引擎、油料，與漁獲物之關聯。

　　至1913年，鳳丸再次於南部進行鮪魚鯊魚流網試驗，係因1911年2月凌海丸臺灣周航漁業調查之際確認冬季臺灣南部海面旗魚、鯊魚、鮪魚等洄游不少，自1913年起著手各種準備，從2月4日至4月11日，以打狗港爲根據地，實施漁業試驗，調查魚類洄游狀況及近海海流。然而，2月23日遭遇颶風，流失漁具，搜索修補漁具空費了20日，遺憾未得預想的好成果。

　　值得注意的是使用鰹鮪流網同時，連結鰹流網，一併調查有無眞鰹

---

[34] 鳳丸，〈明治四十四年度澎湖島に於ける鰆曳網試驗報告〉，《臺灣之水產》，第1號（臺北：臺灣總督府民政部殖產局，1914年9月），頁29-30

之迴游。眞鰹迴游狀況，海面的眞鰹於九月以降處於中層，於流網漁獲可知，然而，三月中旬以降再至上層，一、二月左右東北季風強勁連吹，表面海水冷卻水溫低下，不適合該魚類的上層迴游。

　　此次漁業試驗共計67日，出漁日數中，漁獲日數23日，漁獲量少的日數3日，休漁日數中，因爲漁具流失20日，暴風雨及月明因素21日。漁獲物種類及數量，鯊魚（147尾，10,654斤）；鰹魚（172尾，563斤）；旗魚（12尾，1,179斤）；鮪魚（8尾，354斤）；土魠（1尾，71斤）。此次在臺灣南部的冬季鮪魚、旗魚、鯊魚流網之漁獲，以今年爲始，鯊魚漁獲頗多，使一般臺灣人吃驚。鯊魚肉是臺灣人最愛吃的，其價值受到漁獲多寡所左右，足以知道鯊魚業之益加有希望。[35]

　　比較前後記錄的漁業日誌，1913年的漁業試驗日誌表格更加細緻。除了記事外，區分爲漁船、漁場，以及漁獲物三大項。漁船項下，分碇泊（根據地名、時間、記事），出港時間，歸港時間，作業（開始時間、終了時間、回數、漁具數、餌料：名稱、數量及金額）。漁場項下，又分位置和觀測，觀測記錄包括時間、位置、深淺、底質、天候、風向風力、氣溫、水溫（上層、中層、下層）、氣壓、比重（上層、中層、下層）、潮（方向、速度、漲退、色、浪高）。漁獲物項下，分種類、數量、單價，以及金額。[36]在海洋觀測的部分，格式和內容要求更加詳細，愈加符合此時期日本漁業基本調查之精神。

四、近海漁業調查試驗

(一)鰹漁業漁場調查

　　惣田鰹漁業自古就是臺灣漁民主要漁業之一，在北部沿岸以一種稱爲

---

[35] 鳳丸，〈大正元年度南部鮪鱶流網漁業試驗報告〉，《臺灣之水產》，第1號（臺北：臺灣總督府民政部殖產局，1914年9月），頁31-32。

[36] 鳳丸，〈大正元年度南部鮪鱶流網漁業試驗報告〉，《臺灣之水產》，第1號（臺北：臺灣總督府民政部殖產局，1914年9月），頁33-46。

煙仔網的待網，以半定置方式，在沿岸一定場所進行漁獲捕撈。在澎湖島附近使用流網，臺灣南部則使用卷網漁撈。然而，處理方法是以生魚原狀或熟魚販賣。至1904、1905年左右，澎湖島及宜蘭廳下大里簡、臺北廳下卯澳附近，從日本人習得製造法，製造出尚未熟成至發黴程度之柴魚，最後持續移出至日本販售。

　　眞鰹漁業臺人漁民未曾從事，應該是因爲臺人漁民漁法全部局限於沿岸，沒有出海至近海洋面接觸到眞鰹魚群的機會。然而，1908年左右，宮崎縣南那珂郡目井津的漁夫坂元氏聽聞臺灣北部眞鰹洄游頗多，至八重山和與那國島捕漁之際，渡臺試漁，確認其結果頗有希望。1910年，有兩艘沖繩縣船籍的發動機船從八重山渡海來臺。又有基隆漁業家吉井治藤太等人組織基彭興產合資會社，在總督府補助下建造名爲基興丸的西洋型發動機漁船（總噸數19噸），從事眞鰹漁業。基興丸和其他漁船捕撈相當之成績，於此北部鰹漁業漸露曙光，翌年，以眞鰹漁業爲目的之一的臺灣水產株式會社於基隆創立，合併基彭興產合資會社，更建造搭載石油發動機的日本形漁船飛龍丸，於基隆港八尺門建築製造場，並以渡臺的數艘發動機漁船爲客船，負責承擔其漁獲物，鰹節製品達到超過三萬貫之盛況。

　　總督府水產試驗船凌海丸，自1910年11月回航以來，繼續全島周航調查漁場狀況。於1911年度進行鰹漁業試驗，擴張漁場，開始供應餌料鰮，眞鰹漁業的前景受到大資本家矚目。同年底，臺灣海陸產業株式會社於阿猴廳設立，翌年3-5月，以發動機漁船4艘，將南部大板埒當作根據地，6月以降全部航行至北部，以基隆旁的八斗子庄爲根據地，特別加入客船兩艘，從事眞鰹漁業。同年，宜蘭廳蘇澳，長崎縣人小野原氏創始眞鰹漁業，亦有相當之成績。要之，眞鰹漁業的經營方針逐漸確實，一方面政府當局補助鰹節製造業，眞鰹漁業亦間接受惠，鞏固基礎。[37]

---

[37] 凌海丸，〈臺灣の鰹漁業㈠〉，《臺灣之水產》，第2號（臺北：臺灣總督府民政部殖產局，1915年1月），頁5-6。

　　臺灣總督府將眞鰹漁業漁場區分爲四，分別是以基隆和蘇澳爲中心的北部漁場、以火燒島爲中心的東部漁場、以大板埒爲中心的南部漁場，和以打狗安平爲中心的西部漁場。然而，以初期漁業發展觀之，僅有北部漁場進入營利作業的狀態，其他尚處於試驗的時代。[38] 故以下探討時，雖然提及全部漁場狀況，但主要以北部漁場之分析爲主。

　　北部漁場迄至1910年，不僅以基隆爲中心，北到彭佳嶼，東至鼻頭角的狹窄範圍。因爲隔年出海捕魚船隻激增，促使漁場擴張，遂以鼻頭角爲中心，擴張至30浬之圈內，以及蘇澳東方20浬以北的範圍。到了1912年，因爲基隆海面潮流經常不佳，鰹魚迴游少，且餌料鰛漁獲亦減少，遂至以鼻頭角以東海面出海捕魚爲主，前年度之漁場幾乎不見漁船捕魚。然而，1913年，漁民無法滿足向來的漁場範圍，出海至沖繩縣下的尖閣列島及與那國島附近捕魚。1914年，近海漁況比前一年差，漁船皆至尖閣列島及與那國島附近捕魚，僅不堪遠航的小漁船待在近海漁場。因此，凌海丸針對漁場之擴張及漁期之延長，經常進行必要的調查及試驗，以指導漁業者。[39]

　　根據凌海丸之調查，可知詳細的漁場及其海流和魚群迴游狀況。北部漁場可以進一部區分爲近海漁場、與那國島漁場，及尖閣列島漁場。近海漁場是指以鼻頭角爲中心的30浬圈內總稱。鰹魚迴游多時，沿岸的餌料鰛亦多，故北部鰛漁獲之多寡可作爲預測當年鰹魚漁獲豐凶之標準。與那國島漁場的與那國島屬於沖繩縣，漁場全部以漁礁爲主，共有四個。八重山島漁場距離臺灣稍爲過遠，因漁況與其他關係將之納入臺灣北部漁場範圍。尖閣列島漁場包括釣魚臺、黃尾嶼、赤尾嶼、南小島、北小島等岩嶼之總稱。釣魚臺對以臺灣爲根據地的鰹漁船而言，是最重要的漁場之一。[40]

38　凌海丸，〈臺灣の鰹漁業㈠〉，《臺灣之水產》，第2號，頁6-7。

39　凌海丸，〈臺灣の鰹漁業㈠〉，《臺灣之水產》，第2號，頁5。

40　凌海丸，〈臺灣の鰹漁業㈠〉，《臺灣之水產》，第2號，頁13-15。

　　凌海丸鰹漁業調查報告結論指出，臺灣可觀的鰹漁業地僅有北部漁場，其他的漁場因為餌料、其他因素未能從事。就北部漁場，尚需要改善的有餌料之蓄養供給，漁夫之運用，鰹節製造方法之改良等，因此總督府要延長其漁期和擴張漁場；另一方面，要講究培育臺人漁夫之方法。北部漁場之鰹漁期是六到八月盛夏季節，不便直接販賣，全部製造成鰹節。總督府戮力於職工之養成及品質改善，北部漁場的鰹漁業漸次發展。西南部及東部漁場若解決餌料問題，以釣具或網漁法，相信應有鰹漁業成立之時機。[41]

　　從現有的資料，可知凌海丸記錄以基隆為根據地的北部漁場鰹漁業狀況。目前已知1911年5月至8月的鰹釣漁業表，可掌握凌海丸水產試驗之經過。凌海丸鰹釣漁業表之記錄包括日期、天候風力、漁場符號、漁具使用時間表、表面海水溫度、比重、潮流之方向速度、餌料種類、捕魚種類、捕獲時水深、漁獲數量、一尾平均重量、價格，以及摘要。從摘要內容可以知道，餌料鯤供給不足、潮色不佳、引擎故障三者是主要影響凌海丸捕獲鰹魚的因素。

　　從記錄情形觀之，5月分尚處於準備中的凌海丸，僅記錄了日期和天候風力和摘要。6月4日，凌海丸記錄了第一筆漁場完整資料，雖說是完整資料，但嚴格說起來，這份漁業表的記錄並不完整。首先，漁具使用時間並沒有記錄，其次，潮流方向沒有記錄，僅記載了速度。這個「不完整」的特徵，充斥整份漁業表。以6月分漁業表為例，漁獲數量有6筆記錄，卻僅有4日的記錄有漁獲水深。又登記的漁場符號有イロハニホ，記錄漁具使用時間的只有12日的ロ漁場。甚至，發生了13日，ハ漁場的漁獲數量登載「不詳」的情況。[42]漁業表登載不完整，反映出1910年日本開始實施漁

---

[41] 凌海丸，〈臺灣の鰹漁業㈡〉，《臺灣之水產》，第3號（臺北：臺灣總督府民政部殖產局，1915年1月），頁4-17。

[42] 凌海丸，〈臺灣の鰹漁業㈠〉，《臺灣之水產》，第2號，頁17-24。

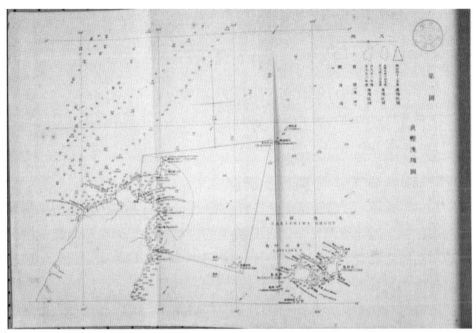

圖2　北部鰹漁場擴張圖。
資料來源：凌海丸，〈臺灣の鰹漁業㈠〉，《臺灣之水產》，第2號（臺北：臺灣總督府
　　　　　民政部殖產局，1915年1月），無頁碼。

業基本調查，對臺灣產生影響，實際上產生執行落差的情況。

　　從圖2北部鰹漁場擴張圖看漁場擴張情形，可視之爲鰹漁業試驗之成果。根據1915年臺灣總督府凌海丸監督安達誠三的報告，可知臺灣北部鰹釣漁業開始以來，因著業者之經驗和1913年以降尖閣列島及與那國島魚場出漁後，鰹釣漁業日益發展。

1. 在凌海丸調查之後，總督府同時仰賴民間漁業者之漁獲報告，並企圖針對漁海況進行分析。唯民間船隻無法進行海洋調查而僅以天候狀況分析之，仍企圖掌握天氣對海洋和漁業造成之影響。

2. 出漁狀況和漁獲量之記載和分析，有助於掌握漁場作業情況，提出未來作業之建議。

3. 鰹節製造和餌料供給是影響鰹漁業兩大因素。鰹節製造對鰹漁業之影

響，從漁船直接專屬於鰹節製造工場可見一斑，確保鰹漁獲能有穩定
銷售對象。

4. 安達誠三推論鰹漁獲量大於鰹節工場可承接量，造成不經濟之結果。[43]

　　整體而言，自1911年至1925年之間，試驗船綠丸及凌海丸從八重山列
島近海至臺灣南部沿海海區，實施鰹漁業試驗，發現臺灣北部八重島列島
及釣魚臺近海是鰹魚好漁場。遂可見以基隆爲根據地鰹漁業之發達。[44]

(二)鯛延繩漁業試驗和鯛漁場調查

　　1913年以降，試驗船鳳丸於臺灣淺堆（Formosa bank）附近實施鯛延
繩漁業試驗，確定臺灣淺堆北部是眞鯛的優良漁場，鯛延繩漁業遂以澎
湖島及高雄爲根據地逐漸發達。[45]澎湖列島的鯛魚延繩漁業之起源，是在
1902年左右從澎湖廳水產試驗員傳習而來，改良內地式漁法。然而，澎
湖列島交通不便，販路狹小，從9月至翌年4月雖是漁期，卻因強烈東北季
風，導致僅於漁翁島、虎井嶼附近天候平穩時從事漁業。4月以降，氣候
風逐漸平靜，海上漸至平穩，各島漁船群集於花嶼及大嶼，以此二島爲根
據地，常向近海出漁。尤其是八罩列島的中式漁船，積載大量食鹽，成群
結隊，經營臺灣淺堆漁業，費時半年左右，漁獲物滿載而歸。

　　臺灣出現石油發動機船後，南部海上也有發動機漁船，唯南部漁業
因漁期關係，不能終年作業。1913年5月上旬，發動機船漁運丸（12馬力
速力6浬半）首先在臺灣淺堆試行鯛延繩漁業，認爲頗有希望，遂以打狗
安平爲根據地努力經營，成果漸入佳境。臺灣漁業會社以發動機船日之出

---

[43] 本文論及鰹漁業時指涉對象主要是海洋捕撈作業，唯該產業的漁撈和製造十分緊密相關，故有部分
會提及製造部門對鰹魚捕撈作業之影響。安達誠三，〈大正四年度本島北部の釣漁業〉，《臺灣水
產協會雜誌》，第1號（臺北：1916年1月），頁15-44。

[44] 〈敕令第一一七六號臺灣總督府水產試驗所官制中改正ノ件〉，《臺灣總督府公文類纂》，昭和
十六年（1941）1月1日，第5卷，原冊號11894，第10457冊，第2件。

[45] 〈敕令第一一七六號臺灣總督府水產試驗所官制中改正ノ件〉，《臺灣總督府公文類纂》，昭和
十六年（1941）1月1日，第5卷，原冊號11894，第10457冊，第2件。

丸（20馬力速力7浬）為母船，以兩艘珊瑚船試行採收珊瑚卻成績不佳，見漁運丸漁獲佳績，便改於臺灣淺堆從事鯛延繩漁業，直至8月西南季風轉強為止，亦得相當成果。此係臺灣淺堆鯛延繩漁業單獨式和母船式之起源。翌年，有新經營者加入，4月中旬起兩艘發動機船各配上日本船四艘以母船式作業，又有8馬力及12馬力的兩艘發動機漁船以單獨式開始本漁業作業。

　　試驗船鳳丸的氣候資料，皆取自澎湖列島測候所之調查，包括氣壓、風、氣溫、濕度、日照時、雨、天氣等。海況資料方面，鳳丸記錄了潮流、潮候時間、因朔望造成的高低潮之緩急及休止時間、漁場、根據地及避難港、餌料、漁具、作業方法，以及在臺灣淺堆捕魚的發動機船成績。鳳丸調查內容豐富，結論卻指出鯛延繩漁業的經濟價值仍然未知，為了解決仍需要充分調查與試驗。[46]

　　1916年，鳳丸再提出澎湖列島鯛魚場調查報告。首先，報告指出澎湖島每年11月至翌年2月中旬為止，鯛魚來襲頗多，澎湖漁船皆有大量漁獲，鯛魚洄游應是為了產卵。此時期的鯛魚體軀肥滿且皆有精卵，三個月後的鯛魚皆無精卵，重量減少三至四成。二月以後的漁獲減少，同時，終年有部分漁獲。產卵後的鯛魚有部分殘留於列島內，島內有棲息場。冬季時，鯛魚頭部外型及色澤多少有差異。臺灣南部的發動機船，在冬季期間為有利漁業，因為春期及夏期沒有適當漁業，近年在此期間嘗試澎湖島鯛漁業，漁場調查和漁具之試驗頗有必要。鳳丸此次的鯛漁業試驗使用漁具為一支釣（一本釣），對調查海之深度及底質有很多方便之處。

　　澎湖列島內的漁場調查委由澎湖水產會試驗船進行，鳳丸專門從事列島近海海區，分成七個不同試驗海區，以臺灣淺堆海底環境為例，指出海底魚類在黑底最深的地方，僅見少少的黑色東洋鱸（クロアラ黑鯇）棲

---

[46] 鳳丸，〈「フォルモサバンク」の鯛延繩漁業〉，《臺灣之水產》，第3號，（臺北：臺灣總督府民政部殖產局，1915年3月），頁41-50。

息，使用一支釣有其困難。列島內從春季直到夏季魚類不僅顯著減少，漁場面積狹小，發動機漁船能力不能充分發揮。列島外漁場僅大嶼西南海面20浬內海域。此海區向來是臺灣漁船出漁之處。過去發動機船唯一的漁場是大嶼海面，如今也漸漸廢退。

另一方面，冬季來襲澎湖島的鯛魚究竟從何處來，若思考其路線，在臺灣淺堆連續的30尋線內，於盛漁期以外仍可見鯛魚類棲息，此處以北逐漸稀少，北島近海的白砂底質海區幾乎沒有魚類。從此以北的臺灣海峽中沒有壕溝，深度最大，海底是粗砂、細沙，血鯛（ちたひ）棲息，根據凌海丸及拖網漁船調查試驗可以明白，至淡水海面爲止不見眞鯛棲息。據此可知，來襲澎湖列島的鯛魚根據地是在偏南海區。

拖網汽船榮丸最初以打狗爲根據地，向打狗近海出漁，重要的漁獲物是眞鯛。此漁場是臺灣淺堆之南偏西至50尋至70尋間的傾斜面。深度達百尋線爲止，配緩勾，百尋線以上配急勾作業，最急300乃至400尋之深海。底質爲粗砂或細沙泥，70尋以上百尋線內咾咕繁殖。此漁場底質最適合鯛族棲息，且無損失漁具之虞。又海區潮流與打狗海面類似。加之以冬季季風於此附近風力減退。其距離打狗直航約75浬，與航行至大嶼海面相同。是故此海區適合南部發動機船展開新的方向。[47]綜上所述，可知鳳丸之調查已經進步至掌握漁場海洋狀態與鯛魚生活史的關聯性，進而判斷是否爲優良漁場。

㈢赤鯮（連子鯛）延繩漁場調查

1920年至1923年，凌海丸執行四年赤鯮延繩漁場調查。由於臺灣北部近海赤鯮漁業近年顯著發達，日人和臺人經營合計漁船數有60餘艘，漁獲量在1920年達60餘萬圓之盛況，上述僅是三至六月分因鯛魚產卵而接近北部近海時期的漁獲，之後，魚類離散移動，只好休漁繫船。凌海丸之調查

---

47 鳳丸，〈澎湖列島鯛漁場調查報告〉，《臺灣水產雜誌》，第4號（臺北：臺灣水產協會，1916年4月），頁29-35。

欲知悉魚類的移動及於季節魚類分布狀態，擴張漁場，一面出漁，在暴風天之際尋求最近的華南近海離島作爲避難港，期使出漁沒有遺憾，助成赤鯮漁業之發展。凌海丸自1920年8月15日至23日，向華南出航觀測海洋，從福建省海面東犬島到北方浙江省海面黑山列島一線，預定調查10浬以東的海區。又爲了方便計，將此海區分爲二區，第一回調查到南岐列島一線以東之概況。

　　調查方法，以調查用漁具推知其地點附近魚類之棲息及多寡，是極其迅速的方法，直接利用凌海丸的立延繩漁具。在試驗地點，停泊凌海丸，從上風或來潮上方投下漁具，約經過10分乃至20分後揚繩，根據釣獲魚類之多寡及種別推知，同時，觀測底質及下層、水溫、比重。得到關於依季節的魚類移動參考資料，重複逐回調查。

　　根據該表格可知，調查狀況記錄了地點、位置、水深、底質、水色、氣溫、水溫（分上下層）、比重（分上下層），以及摘要。使用餌料爲鹽藏烏賊及鹽藏鰮。作爲漁船避難停泊地的華南近海離島地勢、狀況，介紹了東犬島、東引島、臺山列島、南岐山列島。

　　調查結果指出，本季節當西南季風卓越期，特別是暖流北進勢力增強，水溫上升至最高。比較基隆東犬島間各月之海洋觀測結果，發現臺灣北部近海一般底魚伴隨下層水溫上升，會向偏北方離散移動。依本調查結果，彭佳嶼北方70浬乃至90浬附近饒產赤鯮，以4、5、6月左右爲主。

　　同時，也調查了眞鯛棲息於華南近海15尋乃至40尋底質爲泥土的區域一帶，特別是東引島附近，接近陸岸。一般底魚離散於海面深處。凌海丸錨地附近每次釣獲狀況，於春秋季節有相當成果。以上調查僅是9日的短時間航行500餘浬區域內的調查資料，仍確認本季節出海捕魚從事赤鯮漁業，在北方海面（彭佳嶼基點北方70浬以上）有相當漁獲。之後應逐次調查闡明各節期魚類分布狀態。[48]

----

[48] 凌海丸，〈連子鯛漁場調查〉，《臺灣水產雜誌》，第59號（臺北：臺灣水產協會，1920年11月），頁5-10。

　　10月24日，凌海丸為了第二次赤鯮漁業調查從基隆港出航。翌日結束基隆、東犬島間之觀測，直接調查華南近海南岐山列島、黑山列島一線以東之海區，繼續北航。但遭遇東北強風連吹，缺乏航行自由，未能充分調查。調查方法依照前次之例，使用立延繩及橫桁拖網，同時觀測下層水溫比重，推知魚類棲息多寡及種別，一面得到關於依季節的海況變化和魚類移動的參考資料。然而，使用橫桁拖網時，該橫桁因為放置陸地多年乾燥，重量過輕，拖行之際，全網浮揚水面，遺憾未得其效果。

　　根據調查結果，本季節進入東北季風初期，一般伴隨氣溫低下，水溫亦降低，海區內暖流有漸減傾向。比起前一次調查，此時期下層水溫降低，而赤鯮棲息的彭佳嶼北方60至90浬附近區域，更見赤鯮魚群濃厚，且確認60尋以上深部起，群棲於以下區域底質暗砂之部分。該魚類於本海區內夏季水溫上升之季節，向水溫異動比較少的深部或水溫比較低的偏北方離散移動，和水溫低下同時追求漸次適度之水溫，於淺處索餌洄游。[49]

　　同時，為了掌握魚類移動習性以擴張漁場，趁著華南沿岸漁業試驗之際，將漁獲的赤鯮進行標識後放流，並預先通知臺灣及日本各業者前述之放流，捕獲標識魚時送交標識並報告捕獲海面。接獲上述通知的單位包括臺北州、臺灣水產協會基隆支部、日本拖網漁船業者、九州各縣、香川、山口、愛媛、德島各縣，及華南方面日本帝國領事館等。放流時期從本年10月至翌年3月，放流海面從華南沿岸並浙江省下黑山列島至彭佳嶼間，放流尾數預定2,000尾。以赤鯮延繩捕獲之赤鯮，暫時畜養在活魚槽中，將標籤附在背鰭之莿上，在膨脹的氣胞手術後放流。放流後的赤鯮依據延繩和拖網漁法捕獲後，單單剝離標識送交水產課，同時報告漁獲的海面。[50]

---

[49] 凌海丸，〈連子鯛漁場調查〉，《臺灣水產雜誌》，第59號，頁10-15。

[50] 〈連子鯛の移動調查〉，《臺灣水產雜誌》，第58號（臺北：臺灣水產協會，1920年10月），頁47-48。

　　總督府水產試驗船凌海丸經彭佳嶼北方70浬的地點發現赤鯮新漁場，既經通報發現漁場之記事，早就在日本的《水產界》《水產新報》轉載。結果，日本拖網業者見其記事，立刻前往新漁場。臺灣的食品會社之田村丸聽聞發現漁場，早早進行第一次出漁，並有豐收而歸。自第二回起，就有來自日本的拖網漁船5、6艘，臺灣拖船3艘，在同一個漁場衝突。當局雖然預期漁場發現後赤鯛船多數應該會出海捕魚，但卻產生化為拖網漁船之漁場的結果。[51]

　　要之，自1920年至1923年之間，試驗船凌海丸於臺灣北部海面調查赤鯮延繩漁場，判明移動狀況，一時遂見以基隆為根據地的赤鯮延繩漁業之發達。[52]調查漁場海洋狀況和魚類移動情形是本調查之貢獻。

㈣飛魚流網漁業試驗

　　宜蘭廳下蘇澳近海有飛魚流網漁業，每年有40餘艘漁船從北方澳、南方澳及蘇澳出漁，使用漁具規模甚小，漁獲頗少。是故，1911及1912年實施試驗，製作伊豆七島附有鎌網的飛魚流網，特別在1911年的6月16日至7月11日作業。

　　分析關丸的飛魚流網魚業試驗日誌，可知調查方向重點。試驗日誌記載從5月7日至7月11日之經過。記載內容包括時間、天候、風向風力、氣溫、水溫、潮向潮力、水色、投網回數、漁場之位置、漁獲物（含魚名、尾數、斤數、價額），以及摘要。

　　5月7日上午9點從基隆出航，午後10點30分停泊龜山島。翌日凌晨3點30分，從龜山島出航，上午10點40分抵達蘇澳；9日，以蘇澳為根據地開始飛魚流網漁業試驗，當天下雨，吹著北風，氣溫24度，水溫25.5度，潮

51　〈連子鯛漁場の混戰〉，《臺灣水產雜誌》，第59號（臺北：臺灣水產協會，1920年11月），頁5-15。

52　〈敕令第一一七六號臺灣總督府水產試驗所官制中改正ノ件〉，《臺灣總督府公文類纂》，昭和十六年（1941）1月1日，第5卷，原冊號11894，第10457冊，第2件。

流向東北流速1浬，水色清澈，漁場位在烏岩角東邊半浬海面，總共投網3回，漁獲有飛魚（トビ）138尾，80斤，價額1.6圓，以及日本竹筴魚（アヂ）6尾，3斤，價額0.06圓；10日，晾乾漁網未出海捕魚，但仍記錄時間、天候、風向風力、氣溫、水溫、潮向潮力、水色；接下來至6月14日為止，反覆在烏岩角外海半浬至1浬海面進行試驗，中間遇到風雨強烈，天候不穩而歸港有9次，有3天則是直接休漁；14日，為了修繕漁網返回基隆港；停泊於基隆港至27日再度出航，在三貂角西北1浬海面進行試驗；28日停泊龜山島於龜山島北方1浬海面試驗，後以大里簡為根據地，在龜山島附近進行試驗至7月6日；7日，關丸在頭為河畔投錨；8日，在三貂角附近進行試驗至10日；11日返回基隆港。[53]

　　從關丸的漁業試驗日誌記載可知，每一次的漁業試驗地路都很完整，沒有出海捕魚時，也有海況相關記錄。與同一時間凌海丸的鰹釣漁業記錄不完整的情況相較，可以推知漁業試驗記錄因人而異也是水產海洋研究推動初期的困難。[54]

(五)臺灣海峽拖網漁業調查

　　1911年，凌海丸在臺灣海峽進行橫桁拖網漁業調查。臺灣海峽介於臺灣西部和華南福建及廣東省之間，從東經180度至120度，北緯23度至26度的海面，其面積達約4,600餘萬方浬。其海底平坦，深度除了澎湖水道及打狗以南海面部分外，沒有超過5、60尋。底質受到臺灣海面沖積層影響是砂泥，靠近中國沿岸泥土的軟度增加。潮流主要是北流的暖流，同時受到東北季風影響顯著，從而使魚類易受到此二寒暖流支配，結果底魚類棲息自然是頗多。中國廈門地方漁船近年逐漸向臺灣海面擴張漁場，臺灣漁民則尚未在此海區出漁，其漁利全受制於中國漁船。主要原因包括臺灣沿

---

[53] 凌海丸，〈魚飛流網漁業試驗報告〉，《臺灣之水產》，第3號（臺北：臺灣總督府民政部殖產局，1915年3月），頁20-23。

[54] 凌海丸，〈魚飛流網漁業試驗報告〉，《臺灣之水產》，第3號，頁17-20。

岸漁民知識、財力不足，同時，也因臺灣西海岸地勢不便漁船出入，特別是9月以降至翌年4月，受到中國東部高氣壓影響，東北強風連吹，海上浪高，小型漁船出漁困難。

橫椼拖網漁業比較不受天候阻礙，利用汽力或風力，即使是東北季風時期仍可出漁。然而，底棲魚類依照時期有其多寡，雖異於洄游魚類，仍有一定的棲息區域。此海區有較多的底魚類，橫椼拖網漁業可預期成為適當漁業，故有必要進行試驗兼調查漁場狀況。試驗期間從10月至12月三個月時間，以方便緣故區分成三個海區。一海區從北緯24度至25度20分之間；二海區從北緯23度至24度之間；三海區廈門附近。

以下就一海區介紹和說明。本海區是從臺中廳下鹿港海面至富基角海面，根據天候及其他因素，北從福州牛山島海面60浬開始，南迄臺中廳大安港海面，即東經120度以東，距臺灣沿岸15浬，此面積約於1,500方浬區域。鑒於底質之異狀，進行各處投網調查，雖難以一概而論，亦可一窺該海區之狀況。

本區域的新竹廳中港及舊港海面20浬附近，底質是一帶暗黑色細砂，混合少量泥土，其地盤沿著沿岸線延伸往南至後壠海面15浬的地點結束。東西距離比較狹小。水深在40尋內外，以甲烏賊為主，鯛魚、鰈魚類次之，接近沿岸多產雜魚及蝦類。

牛山島海面30浬附近之漁場，底質是軟泥，混合少量暗色細砂，底質極其柔軟，往往鉛錘會下沉。深度一般在40尋，其地盤沿著中國沿岸北進而頗長，南方則短。魚類亦與臺灣沿岸有異，甘鯛、舌比良目、黃花魚為主，富含其他安康魚及星鮫等低溫水族。

大安港海面的漁場，距離太女港西北西約30浬，廣約400方浬，底質是暗黑色硬泥，水深35尋內外，地盤東西長南北短。鯛魚和烏賊特別饒多，被認為是本海區中最有希望的漁場。其他少量看到小魚棲息。要之，本海區靠近中國沿岸從而較淺，底質傾向軟泥，比起臺灣沿岸海水較為低溫混濁，富含魚類。這應是受到寒流影響之故。而臺灣沿岸白色砂質占

大部分，從中港舊港沿岸南下漸變成暗色砂泥。本海區最深的地方是45尋線，位於海峽的中間。本海區最適合魚類棲息的是暗砂泥而有中庸硬度的地盤。往來兩岸一般靠近沿岸較淺，小魚棲息頗多，近海至深處成魚群棲，上述事實在本次調查中明顯且尚稱精確。[55]綜上所述，可知因著新興漁法拖網之出現，有助了解臺灣海峽海底漁場之海洋狀況和魚類生態。

五、遠洋漁業調查試驗之發展
(一)凌海丸改造前的遠洋漁業調查試驗事業

　　大正時期以後，日本掀起一股南進熱潮，正在發展中的臺灣水產亦無法置身事外。1913年，樫谷政鶴便前往華南及香港進行水產試驗之調查；[56]1917年9月總督府殖產局囑託宮上龜七奉命前往中國華南（南支）進行水產調查。[57]調查範圍包括中國廣東省、福建省、浙江省、江蘇省上海及英領香港。[58]

　　宮上龜七所完成的〈復命書〉經出版印刷爲《南支那之水產業》，提供當局者以資參考。該書附上江蘇省立水產學校、廈門漁網、廈門滬漁業、馬窖打瀨網晾乾圖、廣東省肇慶草魚、連魚魚苗池、廈門養蠣場、廈門漁港、曳打瀨網船、廣東省拓林漁港、澳門港、甬江河畔冰廠、沈家門漁港、沈家門製鹽場等照片。全書共分八章，包括華南之地勢與海、中國人的嗜好與水產物、水產行政與教育、漁業、養殖業、地方誌、販賣、今後中國之水產業。由內容觀之，除第六章地方誌外，全書主要是觀察和記

55　凌海丸，〈臺灣海峽に於ける「ビームトロール」漁業調查報告〉，《臺灣水產雜誌》，第7號（臺北：臺灣水產協會，1916年7月），頁19-23。

56　〈樫谷正鶴清國南部及英領香港へ出張ヲ命ス〉，《臺灣總督府公文類纂》，大正二年（1913）1月1日，第1卷，第2174冊，第22件。岡秋介，〈凌海丸を送る〉，《臺灣水產雜誌》，第24號（臺北：臺灣水產會，1917年12月），頁1。

57　〈南支水產調查〉，《臺灣日日新報》，大正六年（1917）11月13日，第6244號，2版。

58　宮上龜七，〈復命書〉，《南支那之水產》，南支那及南洋調查第四十八輯（臺北：臺灣總督府殖產局，1921年3月），無頁碼。

錄華南地區水產的一般情況，對漁具、漁法則以繪圖記錄附上說明，並詳述其使用地點、漁期與方法。第六章地方誌雖較詳細記載福建省、廣東省、舟山群島的內容，包括其地理、漁船、漁具、漁法、魚體、販賣等情形。唯該內容乃抄譯《農商公報》併其見聞爲經緯編纂而成，所述魚體等內容則依據《農商公報》之記載。[59]因此，整體而言，該調查內容雖然詳實，但對華南各地區而言，仍屬於概略性調查並非第一手調查結果。

　　儘管如此，宮上龜七的華南水產調查成果仍足以對該地區提出整體的觀察與建議。

1. 華南沿海乃寒暖流交會地，又有河川出海，魚類極爲豐富。
2. 中國人的漁具漁法仰賴風力、人力，尚未機械化，漁獲量不大。
3. 因交通發達之結果，中國反而仰賴外國水產輸入近兩千萬圓。
4. 中國漁業之不振實與販賣制度與指導獎勵機關不發達有關。
5. 華南水產業極有潛力者包括全區沿岸的黃花魚，汕頭、廈門、興化、三沙灣近海的大刀魚、鱧、馬膠魚漁業，福州以北的勒魚漁業，廈門近海的眞鯛，浙江省沿海的赤鯼漁業，汕頭、汕尾、澳門近海的絲撚鯛族漁業、福建省沿岸的牡蠣養殖業等。
6. 應與漁業共同發展的事業，如使用搭載動力的漁船、敷網及曳網類漁業、代替麻絲網的棉絲網、改良鮮魚貯藏、搬運與輸送。[60]

　　至於臺灣在華南水產事業應扮演何種角色，宮上龜七首先定義一國海岸三海里外即公海，其海面不屬於何國所有，其水產物乃世界共有。其次，指出臺灣海峽幅員不大，臺灣距華南漁場極近，與西歐各國最好的北海漁場相較，不到一半。其三，拖網漁船與發動機漁船業者間之衝突，勢必引起漁場擴張之需求，臺灣西部、北部海面是漁業最有希望之處。最後，認爲如能由臺灣與中國國民共同提攜開發漁場，並導入資金、技術與

59　宮上龜七，《南支那之水產》，南支那及南洋調查第四十八輯（臺北：臺灣總督府殖產局，1921年3月），頁74。

60　宮上龜七，《南支那之水產》，頁127-129。

機械實為日中兩國均蒙其利之法。[61]日本將明治維新以來的漁業近代化經驗導入臺灣後，臺灣邁入水產業的中興期，該經驗係建立在導入技術、機械動力化，以及引進資金之上。由宮上龜七的看法可知，臺灣亦可成為將漁業近代化經驗導入中國華南的重要媒介。

　　如前所述，臺灣水產調查試驗在中興時期擁有專門的水產技師、水產試驗船凌海丸，始具備全島沿岸、近海的水產調查能力。隨後，兩度派遣水產技術人員樫谷政鶴、宮上龜七前往華南地區進行水產調查，並將成果印刷出版。臺灣已具備全臺沿岸、近海水產調查試驗之能力，但對於遠洋水產調查則未有經驗。首先是東南亞水產調查。臺灣周邊與華南同樣重要的南洋海域，總督府尚未派人調查，又幾乎沒有參考書，無法指導臺灣水產企業，亦不能啟發臺灣水產業。因此，南洋調查係要緊之事。以海洋狀態、生物種類、適種漁業之選擇等項物作為調查主軸，若不利用船隻、器具、機械等相當設備，難得其真髓。此故，有必要使專門技術者乘船與船員進行諸般調查。[62]凌海丸作為水產業先驅，當然親自前往東南亞進行南洋水產調查試驗任務。而專門技術者自是樫谷政鶴技師所率領的團隊。

　　1917年組成的南洋調查團，包括負責水產一般調查的樫谷政鶴、船長兼漁業調查的越智章、生物及海洋調查的青木赳雄、養殖及製造調查的小林彥四郎。船員方面，包括凌海丸監督樫谷政鶴兼任、船長越智章、機關長田中與四郎、事務員小林彥四郎兼任、水手長（水夫長）田村清藏、水手（水夫）益村駒次郎、森村共正、森永安市、山實源、前泊福三擔任潛水伕、張聖沐兼廚夫，漁夫山口三吉、山本丈太郎，機關手（火夫）森永等、寺井保唯、荻野忠作，以及民間人士臺灣海陸產業株式會社技術員後藤廣吉、臺灣漁業株式會社技術員如月良藏。其中，船長越智章從事漁撈調查，船長實質由水手長田村清藏代行，水手長則由水手益村駒次郎代行

[61]　宮上龜七，《南支那之水產》，頁129-130。

[62]　〈凌海丸の南洋行〉，《臺灣水產雜誌》，第23號（臺北：臺灣水產會，1917年11月），頁28。

事務。

　　1917年12月17日，凌海丸從基隆港出航，前往打狗。樫谷政鶴等人則於18日從臺北車站出發，19日抵打狗。20日，一切準備就緒，始邁向遠征赤道海上之途。[63]預計以120天，前往菲律賓群島、英屬婆羅洲島、蘭領東印度諸島等地，先至馬尼拉，其次經婆羅洲、東印度群島，返回呂宋，於1918年4月22日歸打狗。[64]

　　樫谷政鶴在南洋調查途中不斷與總督府通信報告，回航後立即發表〈論南洋水產之開拓為吾人之使命〉（南洋の水產開拓は所詮吾人の使命なり）一文在《臺灣水產雜誌》上，根據調查所得指出南洋水產的特色數點：1.論氣候，婆羅洲較菲律賓為佳；2.魚類量相當豐富；3.東南亞居民食魚者眾多；4.魚類供給不足，換言之，即漁業不振；5.經營漁業手續與其他陸地產業相較較為容易。同時，指出歐美人雖有企業能力及資本，但漁夫難得。中國人雖擅長商業，漁業卻不拿手。其代表性漁業僅有兩艘曳打瀨網及其他中式帆船漁業，唯該南洋一帶適合該漁船的漁業地不多。因此，南洋水產開拓者除日人之外無他。[65]

　　1919年8月1日，樫谷政鶴、小林彥四郎、青木赳雄、越智章將東南亞水產調查試驗過程製成〈復命書〉。1920年，該〈復命書〉經出版印刷為《南洋ノ水產》，提供當局者以資參考。該書附上巴旦島、漁船、馬尼拉魚菜市場、海流浮瓶、珍珠採集船、竹筏四手網、海底調查漁獲物等照片。全書內容共分五章，包括凌海丸航跡、菲律賓群島、婆羅洲島、西里伯斯島、海流調查等。從內容觀之，詳細記載了各地的地理、氣候、漁業、養殖業、製造業、魚市場、以及凌海丸漁業試驗、海流調查、水溫及

---

[63] 甫山漁史，〈南洋見聞錄(一)〉，《臺灣水產雜誌》，第29號（臺北：臺灣水產會，1918年5月），頁63-67。

[64] 〈南洋の水產開拓は所詮吾人の使命なり〉，《臺灣水產雜誌》，第29號（臺北：臺灣水產會，1918年5月），頁1-2。

[65] 〈南洋の水產開拓は所詮吾人の使命なり〉，《臺灣水產雜誌》，第29號，頁1-5。

比重觀測。[66]

　　綜上可知，樫谷政鶴在臺期間主持水產調查試驗，不僅規畫臺灣水產調查，更參與南洋水產調查，開闢臺灣水產調查試驗、水產業發展的新方向。該次航行的成功，為未來凌海丸對遠洋漁業調查奠下基礎。臺灣水產調查事業發展至1910年進入「中興期」後，在臺灣水產調查的基礎上，先後展開華南與東南亞水產調查。

㈡凌海丸專門從事遠洋漁業調查後

　　凌海丸在1919年改造為總噸數123噸，專門從事遠洋漁業試驗調查。另外，1921年為了近海漁業試驗調查，建造了試驗船綠丸（和洋折衷型搭載發動機補助引擎的帆船40噸40馬力）；[67]1919年8月，樫谷政鶴轉任朝鮮總督府；[68]同年11月，宮上龜七升任臺灣總督府技師。宮上龜七曾就讀臺灣總督府中學校畢業，東京帝國大學農科大學水產學科畢業後；1916年起開始在臺灣總督府工作，經歷雇、殖產局、商工課勤務；1918年成為臺灣總督府技手；1919年5月任臺北廳技師，隨後升任臺灣總督府技師，在臺資歷完整。[69]過去樫谷政鶴時期可視為日本經驗引進的時期，此後可以視之為臺灣經驗發揮的時期，接下來的華南水產調查即在宮上龜七主持下展開。

　　一九二〇年代初期的兩次華南水產調查，一次是1922年2至4月的華南、法屬中南半島水產業調查，一次是同年5月開始的中國江蘇省浙江省

---

[66] 臺灣總督府殖產局商工課，《南洋ノ水產》，南支那及南洋調查第四十三輯（臺北：臺灣總督府殖產局，1920年3月）。

[67] 臺灣總督府水產試驗場，《臺灣總督府水產試驗場要覽》（臺北：臺灣總督府水產試驗場，1935年），頁1。

[68] 〈〔技師〕樫谷政鶴任朝鮮總督府技師〉，《臺灣總督府公文類纂》，大正八年（1919）8月1日，第6卷，第2977冊，第20件。

[69] 〈〔府技手兼臺北廳技師〕宮上龜七任府技師〉，《臺灣總督府公文類纂》，大正八年（1919）10月1日，第8卷，第2979冊，第34件。

水產調查，皆由技師安達誠三與水產調查試驗船凌海丸完成。1921年，安達誠三任總督府技師。[70]安達誠三自1904年成為水產講習所漁撈科後，歷經農商務省遠洋漁業科練習生、漁業實習畢業後，隨即於1909年隨樫谷政鶴加入臺灣總督府的水產調查試驗事業，在臺資歷完整。

　　1922年2月，技師安達誠三、技手兒玉政治、後藤廣吉奉命前往英領香港、中國海南島、法屬中南半島調查水產業。一行24名，其中技師安達誠三負責有關漁業的試驗調查、技手後藤廣吉負責有關養殖業及生物的調查、技手兒玉政治負責有關製造業試驗調查及水產一般調查、雇吉田助作負責寫真攝影及庶務會計、雇丹野金右工門負責輔助漁業調查。除船員外，凌海丸上還搭載了臺灣各州的水產技術員，包括臺北州技手有馬桂、臺中州技手落合幸夫、臺南州技手吉越義秀、高雄州技手平林愛民。[71]

　　16日上午4點，凌海丸展開繼東南亞水產調查後的再次遠征。17日，抵達香港，26日前往海南島，3月4日抵東京灣，10日至海防，隨後前往沂山以及中南半島沿岸各島、群島，4月初抵海南島經香港，27日回到高雄。[72]

　　1923年3月，安達誠三、兒玉政治、後藤廣吉將調查試驗報告製成〈復命書〉，經印刷出版成《南支那佛領印度支那之水產業》。該書附有圖片如水產試驗船凌海丸、香港島漁港、成群的海豚、廣東禺山市場、海南島海口製鹽業、潿洲島南灣、北海灣漁船、凌海丸調查隊、法屬東京河流中的魚柵、海防魚菜市場、合內貝殼雕刻細工、製造鹽魚、法屬安南沂山漁船、製造魚醬油、漁獲物船內處理試驗等。該書內容共分十章，包括

---

[70] 〈安達誠三任府技師〉，《臺灣總督府公文類纂》，大正十年（1921）10月1日，第7卷，第3197冊，第30件。〈〔府技手〕安達誠三任府技師、免官〉，《臺灣總督府公文類纂》，大正六年（1917）12月1日，第7卷，第2749冊，第22件。

[71] 臺灣總督府殖產局商工課，《南支那佛領印度支那之水產業》，殖產局水產課調查第十九號、南支那及南洋調查第七十三號（臺北：臺灣總督府殖產局商工課，1923年3月），頁2-4。

[72] 臺灣總督府殖產局商工課，《南支那佛領印度支那之水產業》，頁4-29。

凌海丸航跡、英領香港、廣東及其附近、海南島、潿洲島、北海、南丁格
爾島（ナイチンゲール）、法屬中南半島、西沙群島（パラセル）、試驗
調查。從內容觀之，各地漁業、養殖、製造業、海產物貿易、魚菜市場情
況是主要內容，第八章法屬中南半島部分還包括該地漁業法規、與食鹽相
關諸法規及其勸業博覽會，第十章則有華南、法屬中南半島主要魚貝類、
凌海丸橫桿拖網試驗、鯛延繩漁業試驗、漁獲物船內處理試驗等內容。[73]

　　1922年5月，技師安達誠三、技手金村正己、小林彥四郎、青木赴雄
奉命搭乘凌海丸，前往中國江蘇省、浙江省進行水產業調查；[74]27日，凌
海丸由基隆出航；31日抵上海，與領事館及中國官員協商調查行程等事
宜，調查上海魚市場、魚行、鮮魚輸入狀況、蘇州養殖業等；6月5日，從
上海出發向舟山群島，在沈家門、石浦、岱山、寧波、定海各地調查水產
業，並在舟山島及黑山列島間距岸50浬30餘尋的海區進行橫桿拖網的投網
試驗；21日從定海拔錨；25日歸返基隆。[75]

　　1922年7月，安達誠三、金村正己、小林彥四郎、青木赴雄將其調查
結果製成〈復命書〉，1923年經印刷出版為《江蘇省浙江省水產業調查報
告》。該書附有圖片包括沈家門、石浦、定海、浙江省立製造水產品模範
工廠、舟山島北部大魚花漁場對船群集、石浦冰廠、石浦鹽田蒸發池等。
內容共分十二章，包括總說、漁業、製造業、製鹽、冰廠、養殖業、魚市
及魚行、上海海產物市況、上海鮮魚輸入商、水產關係團體及學校、漁業
試驗、水產貿易概況，並附有基隆上海間水溫比重分布圖、漁業相關法規
等內容。

　　比較一九二〇年代初期的華南水產調查與一九一〇年代的華南水產調

---

[73] 臺灣總督府殖產局商工課，《南支那佛領印度支那之水產業》。

[74] 安達誠三、金村正己、小林彥四郎、青木赴雄，〈復命書〉，《江蘇省浙江省水產業調查報告
書》，南支那及南洋調查第七五號、水產課調查第十八號（臺北：臺灣總督府殖產局商工課，1923
年）。

[75] 臺灣總督府殖產局商工課，《江蘇省浙江省水產業調查報告書》，頁2。

查可知，內容更為深入詳細，同時，更增加了凌海丸水產調查試驗、海水溫比重分布等內容，這樣的結果正是建立在深化落實水產海洋研究之上。值得注意的是，當一九二○年代中期，中日兩國因漁業糾紛產生領海3海里的國際法爭議時，[76]凌海丸乃在舟山群島距岸50浬外的海區進行調查試驗，與中日漁業糾紛無涉；另一方面，參與華南水產調查的水產技術官員的臺灣經驗值得重視。安達誠三在臺經歷長達十三年，小林彥四郎、青木赳雄皆有參與樫谷政鶴主持的東南亞水產調查之經驗，後藤廣吉則曾於樫谷政鶴主持的東南亞水產調查以臺灣海陸產業株式會社技術員的身分參與其中。

綜上所述，無論是專業技術人才、水產調查試驗船、調查成果出版品、以技術與資金開拓海洋資源的思想等方面，皆反映出一九二○年代初期臺灣總督府華南水產調查成果係臺灣水產調查發展之結果。

六、結論

1909年，日本受歐洲水產海洋學發展之影響，決定實施漁業基本調查，一改過去地理學式的水產調查事業，採水產海洋學研究為基礎，以提升產能、發展漁業作目標。臺灣雖未在漁業基本調查實施範圍內，仍受到影響並新增人力和設備，始有專業水產技師樫谷政鶴自日本來臺並建造動力水產試驗船凌海丸。

1909-1916年是臺灣沿岸和近海漁業調查試驗開展時期，從起初日本關注的鰹漁業之發展，到其他魚種如鯛漁業、土魠漁業、飛魚漁業等，以及其他漁法如鯛延繩漁業、拖網漁業等。起初的調查試驗事業並沒有徹底落實日本漁業基本調查的理念，隨時間發展，透過不同漁業、漁法，臺灣海洋漁業調查試驗事業顯示越來越能掌握漁場海洋狀況與魚群洄游狀況、魚

---

[76] Micah S. Muscolino, *Fishing Wars and Environmental Change in Late Imperial and Modern China*, Cambridge (Massachusetts): Harvard Univ. Asia Center, 2008, pp. 106-109

類生活史、移動、生態之關聯，意味著水產海洋學在臺灣的深化，同時，可以預見漁海況論逐漸成爲海洋調查試驗的主要典範。

　　1917年，凌海丸首次遠航東南亞，成功進行遠洋漁業調查試驗，打開臺灣經營南洋漁業之門；1919年，樫谷政鶴轉任朝鮮總督府，後由技手宮上龜七升任臺灣總督府技師，凌海丸大改造成專門從事遠洋漁業的試驗調查，從此進入遠洋漁業調查試驗之階段；1922年，在宮上龜七率領下分別完成華南和法屬中南半島，以及中國江蘇省浙江省水產調查。1909-1922年，臺灣的漁業調查試驗事業可分成兩階段，首先是1919年以前樫谷政鶴以動力漁船凌海丸主持沿岸近海漁業調查事業，並首次打開南洋漁業新方向。其次是1919以後由宮上龜七以改造後的凌海丸遠洋漁業調查事業，確立臺灣遠洋漁業調查事業之方向。前一階段來自日本漁業基本調查政策、水產講習所人才與水產海洋學之影響明顯，到了一九二〇年代以後臺灣總督府本身發展之趨勢逐漸呈現出經營南洋遠洋漁業的特色。

從臺島之酒到帝國之酒：日治時期樹林酒工場的紅酒改良與行銷

林佩欣*

摘要

　　本文旨在探討日治時期專賣制度實施之後，樹林酒工場進行的紅酒改良及行銷宣傳，探究紅酒如何從臺灣在地人的嗜好酒品，在專賣局的操作及包裝下，成為日本帝國內普及酒品的過程。為增加產量及穩定品質，專賣局自接收樹林酒工場起即著手興建紅麴製造場，讓樹林酒工場成為紅麴獨家製造場，再配給到其他工場。在技術改良方面，技師神谷俊一在樹林酒工場率先進行阿米羅法實驗，穩定米酒的產量並降低生產成本。酒工場長野本只勝研發利用根黴菌製造紅酒，讓向來只能低溫製造的紅酒，不再受限於氣候，從此得以四季釀造。

　　再則，於紅酒的宣傳行銷上，技師祝彥熊將臺灣民謠「老酒之歌」與日本的象徵「旭日」結合，設計出「金雞」及「黃雞」的酒標，從此「金雞」成為老紅酒的代名詞。1935年之後，專賣局以「蘭英」及「玉友」為品牌名稱，在代理商明治屋的行銷下，順利將老紅酒銷往日本。中日戰爭爆發之後，隨著日軍占領地的擴大，專賣局亦對中國市場產生企圖心，先是成立南興公司代理中國市場的酒品銷售；之後南興公司亦在廈門成立酒工場，專賣局派遣甫卸任樹林酒工場長的野本只勝前去中國指導造酒，企

---

* 國立臺北大學海山學研究中心研究員

圖複製專賣局經驗，臺灣產紅酒的銷售版圖又擴及中國。用是，原為臺灣在地酒品的紅酒，一躍成為日本帝國之酒，在帝國財政收入、對外擴張及人民嗜好品的消費中，占有舉足輕重之角色，亦使樹林酒工場擁有「臺灣造酒界的聖地」之美名。

關鍵詞：樹林酒工場、紅酒、神谷俊一、野本只勝、金雞、阿米羅法、米酒

From the Liquor of Taiwan to the Liquor of the Empire: Red Rice Wine Improvement and Marketing at Shulin Liquor Factory during the Japanese Colonial Period

Pei-hsin Lin*

Abstract

The purpose of this article is to explore the improvement and marketing of red rice wine carried out by Shulin Liquor Factory after the implementation of the monopoly system during the Japanese colonial period, and to explore how red rice wine became popular in the Japanese Empire from the local people's hobby in Taiwan under the operation and packaging of the monopoly bureau. In order to increase output and stabilize quality, the Monopoly Bureau began to build a red yeast rice production plant after taking over Shulin Liquor Factory, making Shulin Liquor Factory the exclusive red yeast yeast production plant and then distributing it to other factories. In terms of technological improvement, technician Kamiya Shunichi took the lead in conducting experiments on the Amiro method at the Shulin Liquor Factory to stabilize the output of rice wine and reduce production costs. The director of the winery, Nomoto Tadakatsu, developed the use of Rhizopus to produce red rice wine, so that red rice wine, which had always only been produced at low temperatures, was no longer restricted by the climate and could be brewed in all seasons.

* Research Fellow, Center for Haishan Research, NTPU

　　Furthermore, in the promotion and marketing of red wine, technician Iwai Hikokuma combined the Taiwanese folk song "Song of Old red rice Wine" with the Japanese symbol "rising sun" to design the wine labels of "Golden Rooster" and "Yellow Rooster". From then on, "Golden Rooster" became the symbol of old red rice wine synonymous with. After 1935, the Monopoly Bureau used "Lanying" and "Yamayou" as the brand names, and under the marketing agency Meijiya, the old red wine was successfully sold to Japan. After the outbreak of the Sino-Japanese War, as the territory occupied by the Japanese army expanded, the Monopoly Bureau also became interested in the Chinese market. First, it established Nanxing Company to act as an agent for the sales of wine in the Chinese market. Later, Nanxing Company also established a liquor factory and Monopoly Bureau in Xiamen. Nomoto Tadakatsu, who had just resigned as the director of Shulin Liquor Factory, was sent to China to guide winemaking in an attempt to copy the experience of the Monopoly Bureau, and the sales territory of Taiwanese red wine was expanded to China. As a result, red rice wine, which was originally a local liquor in Taiwan, suddenly became the liquor of the Japanese Empire. It played a decisive role in the empire's fiscal revenue, external expansion, and the consumption of people's favorite goods. It also made Shulin Liquor Factory the "holy land of liquor maker" in Taiwan.

Key Words: Shulin Liquor Factory, red rice wine, Kamiya Shunichi, Nomoto Tadakatsu, Golden Rooster, Amilo, rice wine

一、前言

　　紅酒是以糯米、紅麴及米酒為原料，經過發酵後製成的再製酒，外觀色調鮮豔紅潤，極具喜慶，不僅是喜慶場合時的絕佳飲料，也是重要敬神酒品。紅酒剛製造完成時為深紅色，放一年後逐漸褪色，稱為老紅酒，口感更為溫潤香醇，也更為珍貴。

　　樹林酒工場位於臺北州海山郡鶯歌庄，前身是黃純青創設的樹林紅酒株式會社，該場生產的紅酒，口味甘醇、品質優良，全臺聞名。日治時期，海山地區的產業相當興盛，除了造酒工廠，還有製茶工廠、製材工廠及米粉製造廠等，但唯獨造酒業為一枝獨秀之存在，在民營時期就為業者帶來巨富，專賣後不僅為總督府帶來可觀收入，也為當地住民帶來了大量就業機會。[1]專賣實施之後，鶯歌庄原來的民間製麴業者透過指定投標取得紅麴原料米的採購權，鶯歌庄民在樹林酒工場工作者占47%，海山郡居民在酒工場工作者更高達76%。不僅如此，在地的養豬業者使用樹林酒工場的酒粕作為養豬飼料，所飼養豬隻肉質肥美，數目亦是逐年攀升，使得鶯歌庄成為畜牧重鎮，被稱為日本帝國的丹麥。要言之，日治時期的樹林酒工場說是鶯歌庄，甚至海山郡的經濟命脈也不為過。[2]

　　樹林酒工場優越的造酒成績及市場需求，使它得以養育鶯歌庄甚至海山郡的廣大人口，而成為樹林的代名詞，《臺灣日日新報》更稱讚樹林酒工場為臺灣造酒界的聖地。[3]究竟臺灣造酒界的聖地如何形成？在總督府的酒專賣事業上扮演怎樣的角色？專賣局如何藉由樹林酒工場改良、推廣及行銷紅酒？在日本帝國的酒類市場中有何特殊性？本文以樹林酒工場的

---

[1] 王世慶，〈海山史話（上）〉，《臺北文獻》，直字期37（1976年9月），頁111-112。

[2] 林佩欣，〈床頭遍列樹林紅：日治時期鶯歌庄的紅酒產業〉，《文協百年：近代東亞跨域比較的觀點》（臺北：國立臺北大學海山學研究中心、新北市立圖書館，2022），頁35-56。

[3] 〈躍進する鶯歌街勢　風光明媚物資も豐富で　島都臺北近郊の寶庫〉，《臺灣日日新報》，1940年6月19日，4版。

紅酒改良及行銷為中心，探討專賣局在樹林酒工場的製酒政策，探究樹林紅酒在臺灣酒專賣史中的意義，以及從臺島之酒邁向帝國之酒的過程。

二、專賣制度的實施與樹林酒工場的設立

　　樹林地區很早就開始製酒，早期的漢移民利用高粱、米、麥、麴等原料，製造具有故鄉風味的飲酒，光緒年間，開始有小型的民間製酒場。至日治初期，即使酒種已較清朝時期多樣，紅酒在臺灣人心中的地位依舊無法動搖，仍占有一定市場。鑑於臺灣的酒市場日漸多元，為增加稅收並進行管理，1907年8月，總督府發布「臺灣酒造稅則」，制訂造酒規範並徵收「酒造稅」。為符合法規，許多小型酒工廠紛紛轉型，或增加資本額，擴大場地設備等，臺灣的造酒業遂從過往的農家副業轉變為新興產業。此時的樹林地區有樹林造酒公司、潭底製酒場、釀泉製酒公司及龍津製酒公司四間造酒公司成立。

　　一九二○年代之後，紅酒成為臺灣地酒的代名詞，只要是從日本內地來到臺灣的訪客，都會被帶到江山樓、春風得意樓、東薈芳等著名的臺灣料理店，品嚐美味的佳餚，一邊喝著香醇的紅酒。紅酒因此奇貨可居，甚至因需求量太，導致原料紅麴短缺。原本紅酒只是臺灣人的酒品，因為日本人開始對紅酒產生興趣，此時亦有日本人近藤喜衛門創立新高釀酒株式會社，開始開發適合日本人飲用的紅酒風味，企圖將紅酒打進日本市場。亦在此時，黃純青看好紅酒的商機，遂於1920年4月，宣布改組樹林紅酒公司，更名為「樹林紅酒株式會社」，亦同時改善設備，新建倉庫，改良製造技術，並在基隆等地設置經銷處，銷路由原來的北臺灣擴張至全臺。然而，就在紅酒產業前景看好之際，總督府卻宣布酒產業納入專賣制度。[4]

---

[4]　〈紅酒需要增加〉，《臺灣日日新報》，1919年12月15日，5版。〈酒の專賣を見越て　急に殖えた酒造業　本島人が殊に機敏だ〉，《臺灣日日新報》，1921年12月22日，7版。〈臺北廳酒造狀況　製成步合の向上〉，《臺灣日日新報》，1920年4月12日，2版。〈樹林紅酒會社總會〉，《臺

　　為達到改革經濟、實現殖民地財政獨立之目的，日本領有臺灣之後，將實施專賣制度納入統治政策之一環，分別於1896年3月、1897年1月及1899年4月，將鴉片、食鹽及樟腦等三項產業納入專賣事業之中。[5]原本三大專賣品係各自為政，彼此互不相屬，後為有效管理起見，總督府乃向日本中央提出「臺灣總督府專賣所官制」案，提出擴展專賣事業，增加編制員額，並新設輔助機關，一舉擴大專賣效益的想法。此案獲得中央支持和裁可，總督府遂於1901年6月合併製藥所、鹽務局及樟腦局，發布「臺灣總督府專賣局分課規程」，成立臺灣總督府專賣局，[6]於專賣局下設局長官房、經理課、檢定課、製藥課、腦務課、鹽務課及監查課，[7]繼之又於1905年4月，公布「臺灣煙草專賣規則」，亦將煙草納入專賣。[8]

　　1914年時，專賣局長賀來佐賀太郎建議將酒類列入專賣，待田健治郎上任總督之後，得到其支持。1922年4月，總督府以保健國民飲酒衛生，管制酒品質，提高生產技術，改進製酒的衛生習慣；統一管理製酒業，避免私人製酒業惡性競爭，為了營利賣出劣質酒；增加財政收入，補充財源不足等理由，頒布「臺灣酒專賣令」及施行細則，宣布於同年7月實施酒專賣制度，[9]紅麴、白麴和酒母因為是造酒所需重要原料，亦被劃入專賣

　　灣日日新報》，1920年4月30日，2版。

[5]　「臺灣總督府製藥所官制」，國史館臺灣文獻館藏，《臺灣總督府檔案》，典藏號：00000002014，1896年1月1日；「臺灣食鹽專賣規則」，《臺灣總督府府報》，507號，國史館臺灣文獻館藏，典藏號：0071010507a001，1899年4月26日；「臺灣樟腦及樟腦油專賣規則」，《臺灣總督府府報》，555號，國史館臺灣文獻館藏，典藏號：0071010555a001，1899年7月8日。

[6]　「臺灣總督府專賣局官制」，國史館臺灣文獻館藏，《臺灣總督府府報》，966號，典藏號：0071010966a010，1901年6月1日。

[7]　「臺灣總督府專賣局分課規程」，國史館臺灣文獻館藏，《臺灣總督府府報》，966號，典藏號：0071010966a003，1901年6月1日。

[8]　「臺灣煙草專賣規則發布ノ件」，國史館臺灣文獻館藏，《臺灣總督府檔案》，典藏號：00001100006，1905年3月20日。

[9]　杉本良，《專賣制度前の臺灣の酒》（臺北：臺灣總督府專賣局，1932），頁476。

的範圍。因應煙草及酒類加入專賣事業，1924年12月，總督府再度改正
「臺灣總督府專賣局分課規程」，在專賣局下設立庶務、製造、腦務、鹽
務、煙草及酒等6課，除庶務及製造課綜合各項事務，其他各課分別掌管
各項專賣事宜。[10]

　　決定實施入酒專賣之後，專賣局隨即展開民間製酒工場的調查作業，
在眾多民間製酒工場中，最後決定徵收宜蘭製酒株式會社、臺南製酒株式
會社、旗山釀造株式會社、恆春芳釀株式會社、中部製酒公司、埔里酒造
株式會社、樹林紅酒株式會社、大正製酒株式會社臺中工場、大正製酒株
式會社嘉義工場、增水三吉工場、大正製酒株式會社斗六工場等11間造酒
工場，改名成為專賣局的造酒工場。在專賣局的評估中，樹林紅酒株式會
社的工場雖然形式傳統，設備也不盡完善，但紅酒的貯藏庫齊全。此外，
樹林位於臺北市周邊，地勢多水田，將來廠房尚有擴充空間。附近水利發
達，加以向來行銷有道，所謂「樹林紅酒」已經聞名全臺，考量樹林紅酒
的發展潛力，決定加以徵收。[11]並另徵收龍津製酒公司工場作為樹林酒工
場的分場。[12]

　　專賣局接收樹林紅酒株式會社的廠房之後，1922年4月將其改名為
「樹林製酒工場」，直屬總督府專賣局，於7月開始製酒；[13]11月，再改稱
為「臺灣總督府專賣局樹林造酒工場」。[14]1924年6月，為運送所產製酒

---

[10] 「臺灣酒類專賣令」，國史館臺灣文獻館藏，《臺灣總督府府報》，2646號，典藏號：0071022646a001，
　　 1922年5月5日。

[11] 林佩欣，〈床頭遍列樹林紅：日治時期鶯歌庄的紅酒產業〉，頁41。

[12] 「使用工場（十一工場）正式契約締結ニ付各工場主卜協議方決議（大正十一年九月三十日附）附
　　 初年度酒類製造計畫理由書」，《臺灣總督府專賣局檔案》，典藏號：00102535001，1922年11月9
　　 日。

[13] 「昭和十六年五月事業概況書樹林酒工場」，國史館臺灣文獻館藏，《臺灣總督府專賣局檔案》，
　　 典藏號：00107140003，1941年5月。

[14] 「臺灣總督府專賣局／支局、出張所及工場／名稱位置中改正」，國史館臺灣文獻館藏，《臺灣總
　　 督府府報》2769號，典藏號：0071022769a001，1922年10月7日。

品，與鐵道部協商在酒工場廠區鋪設連接到樹林車站的輕便鐵路。[15]同年12月，又改名爲「臺灣總督府專賣局樹林酒工場」，再度擴充廠房規模，組織設有庶務係、倉庫係、經理係、米酒係、紅酒係、包裝係、機械係及試驗係，從事製造米酒、紅酒製造等，此外也從事酒類、紅麴的製造及試驗等工作。[16]新工場於1929年6月歷時七年竣工落成，除增設紅麴製造室外，消毒、裝瓶、包裝等設備。[17]

　　首任的樹林酒工場長爲佐藤喜吉。佐藤喜吉1896年6月出生於福島縣，畢業於福島縣立會津中學校及東京帝國大學農學部農藝化學科。1921年5月大學畢業，7月便渡海來臺，任職於總督府財務局，[18]不久，隨即兼任中央研究所技手，在工業部釀造科部門，從事釀造之研究調查工作。[19]1922年4月，專賣局開始進行酒專賣事宜，佐藤亦於此時兼任總督府專賣局技師，[20]並參與了民間造酒公司的調查工作，隨後徵收民間酒場的選定，以及造酒工場配置計畫書亦出自其手。

　　佐藤喜吉於1935年1月離職，2月之後由加藤宣次郎接任工場長。加藤宣次郎1894年10月出生於和歌山縣，1920年7月畢業於東京帝國大學農學部農藝化學科，1922年5月擔任總督府專賣局技師，在酒專賣制度的建立

---

[15] 「樹林停車場ヨリ工場內ヘ輕鐵レール敷設」，《臺灣總督府專賣局檔案》，國史館臺灣文獻館藏，典藏號：00100397009，1924年06月21日。

[16] 「樹林酒工場事務分掌規程」，國史館臺灣文獻館藏，《臺灣總督府專賣局檔案》，典藏號：00100637003，1928年4月7日。

[17] 〈專賣局自慢の樹林酒工場完成　七年の歲月と百萬圓の工費をかけたもの〉，《臺灣日日新報》，1929年11月8日，1版。

[18] 「佐藤喜吉（任府技手）」，國史館臺灣文獻館藏，《臺灣總督府檔案》，典藏號：00003210049，1921年7月20日。

[19] 「〔府技手〕佐藤喜吉（兼任府中央研究所技手）」，國史館臺灣文獻館藏，《臺灣總督府檔案》，典藏號：00003210037，1921年8月20日。

[20] 「〔府技手兼府中央研究所技手〕佐藤喜吉（任府專賣局技師）」，國史館臺灣文獻館藏，《臺灣總督府檔案》，典藏號：0000344608X006，1922年4月25日。

過程亦立有功勞，主要負責酒課及工業部釀酵工業科業務，曾短暫轉任中央研究所及臺中支局。[21]

　　1937年10月，再由野本只勝接任工場場長。野本只勝1898年12月出生於愛媛縣，1925年3月畢業於東京帝國大學農學部農藝化學科，隔年6月來臺任職於臺北酒工場，負責酒類釀造、製造及白麴製造等工作，對於米酒及白麴的研發頗有心得，曾代理過臺北酒工場場長及兼任中央研究所技師等。[22]之後，野本只勝去職，1940年6月由村田吉熊接任工場場長。村田吉熊1921年3月畢業於鹿兒島高等農林學校農學科，隔年8月進入總督府專賣局擔任技手，負責酒類研發，隨後轉任臺中支局及宜蘭出張所、宜蘭支局等地，1940年6月18日奉派爲樹林酒工場場長，至戰爭結束爲止。[23]

三、阿米羅法的使用及紅酒製法改良

　　樹林酒工場所生產的酒有米酒及紅酒，米酒有甕裝及瓶裝，前者稱爲米酒赤標，後者有米酒金標、銀標及特製銀標三種；紅酒則有老紅酒黃雞及老紅酒金雞兩種，黃雞多配銷臺灣中南部，金雞則多配銷北臺灣。[24]就紅酒而言，生產紅酒的酒工場除了樹林之外，還有臺北、宜蘭、花蓮、豐原及臺中，1924年樹林酒工場剛成立時，紅酒的年產量僅3,208公石，1928年時產量已達20,612公石，與同一時期其他酒工場相較高居第一。[25]至1941年時，所生產的紅酒在全臺的市占率已經達52%。[26]這樣高的紅酒

---

[21] 「加藤宣次郎」，國史館臺灣文獻館藏，《臺灣總督府檔案》，典藏號：00112614147，1937年1月。

[22] 「技手野本只勝中研技師昇格兼官ノ件」，國史館臺灣文獻館藏，《臺灣總督府檔案》，典藏號：00112492014，1936年7月1日。

[23] 「技手村田吉熊任技師」，國史館臺灣文獻館藏，《臺灣總督府檔案》，典藏號：00112513015，1940年6月15日。

[24] 張福壽，《樹林鄉土誌》（臺北：鶯歌庄役場，1934），頁105-106。

[25] 〈專賣局自慢の樹林酒工場完成　七年の歲月と百萬圓の工費をかけたもの／紅酒〉。

[26] 「昭和十六年五月事業概況書 樹林酒工場」，國史館臺灣文獻館藏，《臺灣總督府專賣局檔案》，1941年，典藏號：001-07140。

產量，樹林酒工場是如何辦到的呢？以下以阿米羅法的實施及紅酒改良兩點分別介紹。

(一)阿米羅法的實施

　　總督府的酒專賣事業涉及製作及銷售兩部分，由專賣局自產自銷的酒類種類有：清酒（瑞光、福祿、萬壽）、糖蜜酒（金標、赤標）、泡盛、燒酎、老紅酒（黃雞、金雞）、藥酒（五加皮、玫瑰露酒、虎骨酒等）、糯米酒、米酒（金標、赤標及銀標）、味淋、酒精及洋酒（橘酒、生葡萄酒、紅葡萄酒、白葡萄酒），1928年之後加入啤酒。此外，也進口來自日本內地、滿州及歐洲等地的輸入酒，在島內販賣，例如清酒、藥酒、味淋、葡萄酒、白蘭地、威士忌、利口酒、啤酒、雪莉及香檳等。最受歡迎的輸入酒，當屬月桂冠、菊正宗及白鶴等清酒，以及惠比壽、麒麟等啤酒。1935年之後，亦將自產酒輸入日本內地及滿州、南支南洋等地。[27]

　　在專賣局眾多的自製酒中，產值最高者當屬米酒。因臺灣的居民有九成是漢人，米酒又是漢人的主要嗜好品，故而米酒的製造量和生產費占專賣局所有酒類的六成，專賣收入的五成。因市占率第一，具一定市場，又是紅酒、藥酒及糯米酒等再製酒的基底酒，使用量大，專賣局對米酒的製法改良相當重視。唯專賣初期技術還無法突破，不管是造酒槽的型制、白麴的使用或是原料米的採用等，米酒的製造法仍然遵照臺灣向來的傳統沒有變化。[28]傳統的米酒製法粗糙，加上臺灣是高溫環境，製酒過程難免酸敗，造成成本的損失，即使各酒工場設法對米酒進行製法改良，但效果依然有限，直到阿米羅製造法實驗成功，才克服產量及品質的問題。

　　成功實驗阿米羅製造法的功臣，為總督府專賣局技師神谷俊一。神谷俊一1892年10月出生於靜岡縣，1913年7月畢業於鹿兒島高等農學校農學科，隔年3月渡海來臺，進入總督府中央研究所擔任技手，負責進行酒類

---

[27] 宮川次郎，《酒專賣の話》（臺北：臺灣實業社，1936），頁19-22。

[28] 樹林TU生，〈アミロマンダン〉，《專賣通信》，期191（1931年1月15日），頁96。

釀造試驗。[29]1922年5月，神谷俊一在東京與主導酒專賣事業的重要人物杉本良、中澤亮治等人會談之後，決定協助專賣局推展酒專賣制度，後由中央研究所轉任專賣局。[30]任職之後，負責酒專賣制度的規畫，籌備初期先是協助調查及評估民營製酒工場的狀況，決定收購的酒工場；專賣實施之後負責管理各酒工場、整頓製酒設備，以及建置酒類包裝器械等事務。[31]

　　1927年12月時，神谷俊一為了尋找更適合當米酒的原料米及調查爪哇地區的糖蜜，出差到越南、泰國、印度及爪哇等地。[32]1928年1月間，他滯留在越南西貢時，聽一位三井物產越南分公司的M先生提起，當地也有造酒工場。據M先生指出，當地有間稱為Distillerie'的酒工場，同時兼營精米所，使用精米工場的碎米製酒，不知什麼原因還排列著許多大型的密閉槽。還有一間酒工場稱為Mazaet'，專營製酒，沒有精米所，兩間酒工場的共同點為製酒的過程中使用大量的鹽酸。

　　神谷俊一聽了M先生的描述，十分地好奇，強烈要求前往參觀，遂在三井另一位T先生的帶領下，前往位於西貢郊外查隆（Chalon）的印度支那蒸餾酒工場（Societe des Distilleries de S'indo Chine）參訪。神谷俊一抵達後，對該酒場之規模大感訝異，據其回憶，在占地6萬7,000多坪的廠房中，精米所和酒工場各半，發酵用密閉槽有20個之多，使用神谷向來只有在文獻中閱讀過的阿米羅法（Amylo Process），製造一種名為Sim-Sim的酒（當地人飲用的蒸餾酒）。神谷試喝了成品，發現雖然味道稍淡，但風味與臺灣的米酒相當類似，而決定將此套方法引進臺灣。[33]

---

[29] 「神谷俊一（研究所技手任用ノ件）」，國史館臺灣文獻館藏，《臺灣總督府檔案》，典藏號：00002319024，1914年9月1日。

[30] 「〔府中央研究所技手〕神谷俊一（任府專賣局技師）」，國史館臺灣文獻館藏，《臺灣總督府檔案》，典藏號：00003446080X007，1922年5月1日。

[31] 中澤亮志編，《神谷俊一君》（臺北：出版單位不詳，1937），頁11-14。

[32] 「技師神谷俊一海外出張ノ件」，國史館臺灣文獻館藏，《臺灣總督府專賣局檔案》，典藏號：00112456009，1928年4月1日。

[33] 神谷生，〈アミロ法が成功する迄〉，《專賣通信》，期178（1932年1月5日），頁33-34。

　　旅途結束之後，神谷俊一將印度支那蒸餾酒工場生產的酒帶回臺灣，與專賣局生產的米酒進行比較鑑定，並開始著手實驗事宜。不過，神谷俊一雖然到現場參觀，但因涉及商業機密，無法從酒工場主人得到更多配方的資料，只能憑藉參訪的記憶，以及過往在文獻中閱讀到的概念，在樹林酒工場利用一個500公石容量的密閉造酒槽，並額外採購一臺蒸煮機，於1929年2月13日開始進行工業試驗，同時在中央研究所進行化學試驗。[34]此亦被認為是臺灣酒工場使用阿米羅製造法的濫觴。[35]

　　據參與樹林酒工場阿米羅法實驗的TU生回憶，阿米羅法最關鍵的是不含雜菌的新鮮空氣，每個晚上11點到早上6點以前，要按時攪拌發酵米及送入新鮮空氣。當時酒工場裡一位守衛人員A君，為了在時間內攪拌發酵米，不僅晚上睡在密閉槽旁，夜晚每隔一小時巡邏一次。後來因工作量太大，而將此工作分配給其他三人，共有四位守衛人員擔任照顧密閉槽的工作。在實驗過程中，細菌學專業的工場長佐藤喜吉亦扮演重要角色。[36]

　　阿米羅法的特色在於，將原料米在適當的條件下置入密閉造酒槽中蒸煮，並且確保無菌環境的前提下放入黴和酵母使其發酵，過程完全科學化和機械化。因使用大型密閉槽發酵之故，相當適合大量生產，又能防止雜菌感染，不僅提高發酵率，又能大幅降低生產成本。「只要打開開關，拉下把手，從洗米、浸米到蒸煮、糖化、發酵、蒸餾皆可完成，不用再像以前那樣需要數百個製造甕，只需要一個密閉槽就夠，作業空間只需以往的四分之一。」[37]經過數次實驗失敗，阿米羅法最終在1930年左右試驗成功，不但使用於樹林酒工場，1931年之後被推廣運用到臺北、宜蘭、臺中、屏東及花蓮港等其他酒工場，甚至是日本、朝鮮、滿州。[38]酒

---

[34] 神谷生，〈アミロ法が成功する迄〉，頁36-37。

[35] 臺灣總督府專賣局，《臺灣酒專賣史 上》（臺北：臺灣總督府專賣局，1941），頁1292。

[36] 樹林TU生，〈アミロマンダン〉，頁99-100。

[37] 江口操，〈臺灣の酒〉，《臺灣之專賣》，期216（1941年7月1日），頁14。

[38] 佐藤喜吉，〈臺灣の酒專賣に就て特にアミロ法の應用〉，《工政 臺灣產業大觀》（東京：工政會，1933.7），頁23-24。

工場的產量增加的同時，設備費10年間節約13萬1,000圓，原料費1年節約30萬圓，製造工具1年節約3萬圓（參「表1 樹林酒工場米酒及紅酒歷年產量」）。[39]

表1 樹林酒工場米酒及紅酒歷年產量（單位：公石）

年度	米酒			紅酒	
1924	5,404			3,208	
1925	6,558			4,260	
1926	9,836			6,762	
1927	20,925			16,573	
1928	24,702			20,612	
1929	19,931			15,883	
1930	30,372			16,309	
1931	29,033			15,310	
1932	28,166			17,451	
1933	31,378			16,791	
1934	35,254			15,460	
1935	39,867			16,977	
1936	41,857			15,746	
	赤標	金標	銀標	黃雞	金雞
1937	16,224	3,801	8,447	9,032	1,861
1938	11,120	7,858	7,529	16,598	2,808
1942	6,700	13,328	4,570	21,878	12,331

資料來源：臺灣總督府專賣局，《臺灣總督府專賣局事業年報》，1924-1938年度、1942年度。

---

[39] 「元技師神谷俊一特旨敘勳ニ關スル件不詮議完結」，國史館臺灣文獻館藏，《臺灣總督府專賣局檔案》，典藏號：00112491077，1936年5月26日。

㈡紅麴及紅酒改良

　　紅麴是製造紅酒最重要的原料，由白米加入麴種和米酒發酵後製成。傳統紅麴的作法是先將白米洗淨，蒸熟成飯，之後接種麴公，再置入麴公槽待其發酵完成，使其變成麴種，接著放進麴種槽中再度發酵，過程中需多次補充米酒，以免麴菌生長不足。[40]1907年酒造稅實施後，紅麴的製造受到嚴格規範，當時全臺總共有35家製作白麴及紅麴的業者。[41]「臺灣酒類專賣令」實施之後，紅麴因是製造紅酒的重要原料，亦被納入控管，民間不能私自製作。[42]不過，製麴是臺灣傳統的技術，專賣初期樹林酒工場並沒有製麴能力，為維持紅酒的產量，只能提供製麴器材，委託原來樹林在地的製麴業者金醴源製麴所、志恆製麴所及樹發紅麴公司三間協助製麴。[43]不過，樹林酒工場積極添設製麴設備，設法獨立製麴，1926年8月，紅麴製造場建造完成，專賣局同時宣布自該年10月起，紅麴全部交由樹林酒工場製造，除供自家工場所用，再統一配給宜蘭、臺北、花蓮等有製作紅酒的酒工場。[44]

　　酒專賣制度實施之後，紅麴和紅酒的改良研究持續推進，以期提高產量。在製麴方面，製作紅麴須有麴公作為菌種，專賣制度實施之前，臺灣民間的製麴業者皆是從中國大陸進口麴公，樹林酒工場有能力製作紅麴後，最初也是仿效民間製麴業者的方式，一年花2,000圓從中國大陸購買麴公製作紅麴。不過進口麴公不但耗時且耗錢，更無法穩定原料來源。為

---

[40] 鈴木義直、森康宏，〈紅糟製造法調查書〉，《臺灣稅務月報》，期87（1917年3月），頁37-44。

[41] 「大正十三年度紅糟製造追加命令書」，國史館臺灣文獻館藏，《臺灣總督府專賣局檔案》，典藏號：00100434005，1925年1月30日。

[42] 〈酒專賣制度說明／第七　白糟、紅糟、酒母及醪之製造及販賣〉，《臺灣日日新報》，1922年5月6日，第5版。

[43] 「紅糟製造納付命令書」，國史館臺灣文獻館藏，《臺灣總督府專賣局檔案》，典藏號：00100434005，1924年11月12日。

[44] 〈大正十五年度造酒用紅糟樹林酒工場ニ於テ製造決并本件樹林酒工場長へ通牒〉，國史館臺灣文獻館藏，《臺灣總督府專賣局檔案》，典藏號：00100569005，1926年8月21日。

確保紅麴產量，樹林酒工場研發了科學製麴法，不再使用傳統的麴公發酵造麴，改培育紅麴菌作為紅麴的原料。而紅麴向來只使用陸稻梗米，為了使原料供應無虞，亦研發讓水稻米也能成為紅麴的材料（參「表2 樹林酒工場紅麴歷年產量」）。[45]

表2　樹林酒工場紅麴歷年產量（單位：公斤）

年度	產量
1931	88,460
1932	77,399
1933	78,929
1934	69,410
1935	102,429
1936	131,625
1937	114,855
1938	141,781
1939	160,949
1940	178,800
1941	206,000

資料來源：「昭和十六年五月事業概況書 樹林酒工場」，國史館臺灣文獻館藏，《臺灣總督府專賣局檔案》，典藏號：00107140003，1941年。

　　在改良紅酒製造法方面，傳統紅酒製造期在10月開始到隔年4月為止，夏天製作較為困難。但這樣的造酒限制亦有了突破。先是1925年，中央研究所技師中澤亮治及神谷俊一確立了酒工場的化學管理及製造法；繼之1929年，神谷俊一將釀造紅酒的容器從石甕改良為大型鐵製密閉槽；

---

[45]　村田吉熊，〈酒專賣二十年技術の跡を顧みて〉，《臺灣之專賣》，期216（1941年7月），頁68-69。

1931年時，樹林酒工場長佐藤喜吉又進行了紅酒醪[46]中乳酸菌及酵母的研究。1934年時，在專賣局技師中澤亮治的帶領下，專賣局人員研究了樹林、臺北及宜蘭等三個酒工場的紅酒製造法，確定了依照傳統法製造紅酒的製酒法。1936年起，技師武田義人研究工業化紅酒製作法，分別在樹林及宜蘭兩個酒工場進行實驗成功。[47]

　　最驚人的進展是在1938年，接任樹林酒工場場長的野本只勝與專賣局技師兒玉正共同研究，使用根黴（Rhizopus）製造紅酒，從此確立了工業化製造紅酒的技術。此種製造法比起傳統製法，製造時間可以縮短一週，設備亦操作簡單，不但產量大增，使紅酒生產不再受到氣候限制，一年四季皆可製造。尤其是在完全科學化的管理下，製造的紅酒品質穩定，完全不殘留糖分，酸度適當，能產生優質的琥珀酸，原料米及紅麴又可節約20%，做成老紅酒風味尤為芳醇。因此法實驗成功，專賣局遂宣布傳統紅酒製造法全面廢止。[48]

四、紅酒的行銷與推廣

(一)旭日金雞

　　總督府最初即看準紅酒市場的潛力，專賣前對紅酒的市況即頗多觀察，特別是日本來臺旅客對紅酒的喜好及關注。日人認為紅酒如同其名，外觀呈現薄紅色，喝起來略甜，含在口中時，口感略似威士忌和鹿兒島燒酎，雖然酒精濃度頗高，卻口感溫順好入喉。剛製成的成品稱為紅酒，久放之後則稱為老紅酒，更具滋養功效，放入藥品則變成藥酒，是絕佳的滋補聖品，適合營養不良者飲用。甚至有，「只要是臺灣人，沒有人沒喝過老紅酒」的說法。「老紅酒芬芳甘醇，喝來與法國特殊的葡萄酒口感極為

---

[46] 酒醪是穀物發酵後，但尚未進入蒸餾程序之前所產生的一種濁酒，與酒釀極為類似。

[47] 臺灣總督府專賣局，《臺灣酒專賣史 上》，頁1167。

[48] 〈昭和十六年五月事業概況書 樹林酒工場〉，國史館臺灣文獻館藏，《臺灣總督府專賣局檔案》，典藏號：00107140003，1941年。

類似，尤其是臺灣料理口味偏重，特別適合佐紅酒食用。」[49]

　　專賣時期老紅酒的暢銷，除了紅酒本身，行銷亦爲一大學問。民營時期，各家紅酒公司的酒標幾與製造原料的稻穗，或是代表漢人傳統文化的金龍有關，專賣初期，老紅酒的酒標是專賣局的標誌搭配夏日花卉，不僅突顯專賣特色，也彰顯臺灣的南國特色。自1927年起，老紅酒第二號的酒標設計成黃色底圖的正方形紙面中央，站立著一隻金雞，周圍則圍繞著紅底夏日花卉，上頭再以粗體字寫著「老紅酒」。酒標的設計者爲專賣局技師祝彥熊，據說靈感來自於流傳在臺灣民間的「老酒之歌」。這首歌以一月到十二月孕婦害喜，該如何減輕症狀，如何調配飲食爲主題，其中有一段寫著：「十月算來人收冬，娘子病子心頭空，向今問娘愛食麼，愛吃老酒燉雞公。」祝彥熊爲了刺激老紅酒的買氣，將老紅酒跟雞做結合，設計出了金雞的商標。之後，更高級的老紅酒第三號問世，酒標設計將金雞搭配上旭日，營造雞鳴報喜，旭日東昇充滿的希望景象，也與日本帝國的象徵結合（參「圖1 專賣局老紅酒二號及老紅酒三號的酒標」）。[50]這個發想與設計，也讓金雞從此成爲老紅酒的代名詞。

(二)前進日本

　　總督府設計酒專賣制度時，即有將臺灣的酒推廣到日本本土的想法，特別是受到日本觀光客歡迎的紅酒，「如果變成專賣品一定可以更穩定品質，製造出可以銷售到內地的產品。」[51]不過，想將臺灣酒銷往日本，首先要面對的強敵就是性質相似的中國酒。當時，中國酒在日本以老酒（紹興酒）、糯米酒及五加皮酒三種爲主，因中國料理在日本盛行，中國酒向

---

[49]　〈臺灣人に愛飲される　芳醇な風味をもつ紅酒　佛國特殊の葡萄酒によく似て居る〉，《臺灣日日新報》，1925年9月29日，5版。

[50]　杉本良，《專賣制度前の臺灣の酒》，頁304。

[51]　〈臺灣の酒　其名も響の好い　紅酒　滋養に富み經濟的で年產實に二千萬圓〉，《臺灣日日新報》，1922年1月23日，第4版。

（定制年二和昭）　用詰壜號二第酒紅老　　　　　（定制月七年五和昭）（改號三第酒紅老）用詰壜鷄金酒紅老

圖1　專賣局老紅酒二號及老紅酒三號的酒標。
資料來源：臺灣總督府專賣局，《臺灣酒專賣史（下）》（臺北：該局，1941），附錄。

來有一定市場。1934年之後，日本本土對中國用品的需求增強，1935年2月，專賣局酒課長清水七郎爲了調查中國酒的需求狀況前往東京。回臺之後指出，在日本的中國酒業者都是中國人，因經營中國料理餐廳的需求而附帶銷售，尤其是位於東京目黑的雅敍園及日比谷的山水樓兩間餐廳，經營規模甚大。從中國輸入日本的酒每年入關時的報價金額是7萬5,000圓，但實際的買賣價格卻是10萬圓以上，尤其是這些輸入日本的酒品中，糯米酒和五加皮酒的品質和風味與專賣局的產品幾乎相同，老酒（紹興酒）的風味也與臺灣的老紅酒雷同。因此，清水有信心，臺灣酒應可滿足日本市場所需，取代中國酒。[52]

　　爲順利將專賣局製造的酒輸到日本，1935年12月，總督府公布「臺灣酒類出港稅令」，與大藏省專賣局協定輸出日本的酒類，限定爲對日

---

[52] 〈臺灣酒類出港稅と臺灣酒　その初荷の內地仕向け近し〉，《臺灣日日新報》，1935年2月5日，第2版。

本酒的市場沒有威脅的老紅酒、五加皮酒、糯米酒等三種。[53]其中，老紅酒分為老酒「蘭英」及老酒「玉友」兩種品牌，前者口味較辣，後者口味較甜，包裝則有罈裝及壺裝兩種（參「圖2 老酒蘭英及老酒玉友的酒標」）。

圖2　老酒蘭英及老酒玉友的酒標。
資料來源：臺灣總督府專賣局，《臺灣酒專賣史（下）》（臺北：該局，1941），附錄。

　　專賣局選定素來合作愉快的株式會社明治屋，作為臺灣酒的經銷商，明治屋則將臺灣業務委由近藤商會的近藤勝次郎代為處理。[54]明治屋1885年9月創立於橫濱，創立者是磯野計，初期從事西洋酒、食品、菸及餐具等的輸入及中盤、零售生意。一八八〇年代之後，日本本土大規模的啤酒工廠相繼成立，當時啤酒還是高級品，只有少部分人有能力飲用，磯野

---

[53] 〈臺灣酒類出港稅と臺灣酒　その初荷の內地仕向け近し〉。

[54] 「昭和十年度移出酒類賣買契約決議書（酒課）」，國史館臺灣文獻館藏，《臺灣總督府專賣局檔案》，典藏號：00103569001，1935年4月16日。

計希望如同推廣洋食一般，啤酒也能在國內普及，而於1888年5月與日本啤酒廠（麒麟啤酒的前身）簽訂代理契約，成為該公司的總代理商，從此踏上酒類的販賣事業。[55]明治屋代理日本啤酒後行銷即頗為積極，除了刊登報刊雜誌的廣告外，在博覽會、街頭宣傳、馬車宣傳，乃至店面或車站看板、立版、海報、團扇的製作等頗有巧思，讓日本啤酒的銷售量直線上升。

　　明治屋在當時的日本領土內共有18處分店及出張所，通路完整。1907年2月日本啤酒改組為麒麟啤酒，仍然選擇與明治屋合作，而在此時接手明治屋經營的磯野長藏，更以其獨特的行銷手法，讓麒麟啤酒的銷售量再度站上高峰。[56]專賣局亦是看中明治屋優越的行銷能力及多條通路，[57]在尚未正式開賣之前，明治屋先於1935年2月在東京舉辦利酒會，邀請東京人品嚐酒老紅酒，試探日本人的口味。據報載，東京人品嚐過後反應，老酒「玉友」口感滑順，比中國酒還要更好入喉。[58]1935年5月起，專賣局的臺灣酒首波在橫濱總店、東京、大阪、神戶、門司、福岡、名古屋、大連等據點鋪貨發賣，[59]正式代理之後，明治屋不僅製作文宣、店頭看板及海報，也盡可能在每個都市辦宣傳會或是試飲會，用心行銷和宣傳（參圖3、圖4及圖5）。

---

[55] 生島淳，〈明治・大正期における麒麟麥酒と明治屋の關係について：磯野計と磯野長蔵の企業家活動を中心に〉，《イノベーション・マネジメント》，1卷（2004），頁125-126。

[56] 生島淳，〈明治・大正期における麒麟麥酒と明治屋の關係について：磯野計と磯野長蔵の企業家活動を中心に〉，頁127-128。

[57] 臺灣總督府專賣局，《臺灣酒專賣史（下）》，頁611。

[58] 〈支那酒に代る　臺灣酒好評　值段も約半額　月末頃より積出開始〉，《臺灣日日新報》，1935年2月26日，9版。

[59] 〈内地各都市に向けて　臺灣酒の初移出　明治屋の手で約一萬三千圓　支那酒驅逐が目的〉，《臺灣日日新報》，1935年5月17日，5版。

圖3　株式會社明治屋大阪分店的宣傳海報。　圖4　大阪南海高島屋的臺灣酒陳列場。
資料來源：臺灣總督府專賣局，《臺灣酒專賣史（下）》（臺北：該局，1941），附錄。

圖5　1935年9月新世界赤垣屋的臺灣酒宣傳試飲會。
資料來源：臺灣總督府專賣局，《臺灣酒專賣史（下）》（臺北：該局，1941），附錄。

　　總督府原來輸出到日本的酒類爲老紅酒、五加皮酒及糯米酒三種，因爲銷售成績不錯，1936年之後與明治屋續約，除原來的酒類之外，又將橘酒投入內地的酒類市場中（參「表3 總督府專賣局內地移出紅酒製造量」）。[60]

表3　總督府專賣局內地移出紅酒製造量（單位：公石）

	老酒蘭英	老酒玉友
1934	45	45
1935	111	93
1936	14	14
1937	296	168
1938	145	246

資料來源：臺灣總督府專賣局，《臺灣總督府專賣局事業年報》，1934-1938年度。

　　之後，隨著中日兩國戰火升溫，日本內地的中國酒庫存逐漸消耗，臺灣的移出酒從1939年起顯著增加，至1940年時更是創上新高。據專賣局神戶出張所長山上貞治於該年5月回報所示，從臺灣輸出日本的酒品需求量大增，往往一鋪貨即瞬間秒殺，時常供不應求。不過，太平洋戰爭爆發之後，臺日之間的運輸大受影響，導致移出酒的數量開始下滑，到1943年起，只能將剩餘的酒轉由南興公司接收，銷往香港、廈門及上海等華南地區。[61]

(三)移植南方

　　1937年之後，中日戰爭激化，日本在中國的占領區逐步擴大，專賣

---

[60] 橘酒係以臺灣特產的椪柑製成的水果酒。「ポンカノ一內地移出ニ關スル件」，國史館臺灣文獻館藏，《臺灣總督府專賣局檔案》，典藏號：00103666003，1934年12月15日。

[61] 「支那酒類ノ移出停止並現存酒類ノ處置ニ關スル件」，國史館臺灣文獻館藏，《臺灣總督府專賣局檔案》，典藏號：00106887002，1942年10月21日。

局亦趁此開拓中國市場。1938年5月，專賣局召開「專賣品販賣會社創立發起人會」，會中決議創立南興公司。同年6月南興公司成立，總部設於臺北，目的在負責總督府各種專賣品及原料、副產品的海外販賣，各種專賣品原料的輸入、事業用品的採購，以及工場經營或出資，所涉及產業包括鹽、阿片、樟腦、煙草及酒，可說是總督府專賣事業的南支南洋代行機關。[62]

在酒類的銷售方面，專賣局以特別價格將包括清酒（瑞光、福祿）、米酒（金標）、五加皮酒、玫瑰露酒、橘酒、啤酒及老紅酒金雞等酒品賣給南興公司，使其經營上海以南及南支南洋的市場，特別是供應當地日本軍所用。不僅如此，亦秉持「酒專賣也應前往南方執行技術轉移與人才培育」的想法，[63]1938年7月時日軍占領廈門，南興公司隨即設立廈門營業所，更在總督府支持下，於當地建設煙草工場及酒工場。

1939年7月廈門酒工場落成，開始製造清酒「萬歲」、老紅酒「水仙」、五加皮酒「長樂」、燒酒、玫瑰露酒等酒品。廈門酒工場強調衛生及保健，標榜酒品與臺灣隸屬同一系統，以臺灣的酒類研發經驗為基礎，致力於精益求精。[64]為穩定造酒技術，1940年11月，南興公司社長加藤恭平特地發文到臺灣，請求總督府專賣局派遣技術員來廈門，協助指導廈門酒工場紅酒製造。野本只勝卸任樹林酒工場場長不久後即前往廈門，以其在樹林酒工場任職之經驗，指導廈門酒工場製酒事宜。[65]

---

[62] 「事業概況並ニ事業計畫書」，國史館臺灣文獻館藏，《臺灣拓殖株式會社檔案》，典藏號：00202586015，1942年4月2日。

[63] 佐治孝德，〈臺灣酒專賣の新使命〉，《臺灣の專賣》，卷20，期7（1941年7月），頁6-13。

[64] 「事業概況並ニ事業計畫書」，國史館臺灣文獻館藏，《臺灣拓殖株式會社檔案》，典藏號：00202586015，1942年4月2日。

[65] 「紅酒製造指導ノ為」，國史館臺灣文獻館藏，《臺灣總督府專賣局檔案》，典藏號：00106478112，1940年11月7日。

五、結論

　　總督府專賣局自1922年接收民間的酒工場之後，爲達到增加財政收益之目的，根據各酒工場的特性賦予不同任務，在專賣局積極經營下，至1935年酒專賣制度實施15週年時，酒類的營收已經突破2,000萬圓，與煙草成爲五大專賣品中的雙璧，成爲總督府財源的重要根本，[66]而其中最重要之產品當屬米酒及紅酒。就樹林酒工場而言，在事先調查中，專賣局確定了優良的民間紅麴製造業者多集中在海山地區，「樹林紅酒」已經富有盛名。爲承接此成績，乃將樹林酒工場定位爲紅麴及紅酒之專門製造工場。

　　爲增加產量及穩定品質，專賣局著手興建紅麴製造場，讓樹林酒工場成爲全臺灣的獨家紅麴製造工場。在技術改良方面，先是神谷俊一帶領實驗阿米羅法成功，穩定米酒的產量並降低成本。後又研發利用科學的紅麴菌製麴，取代傳統的麴公；緊接著，酒工場長野本只勝研發根黴菌製造紅酒，使向來只能低溫製造的紅酒，不再受限於氣候，從此得以四季釀造，樹林酒工場亦從此擺脫傳統的紅酒製造法。

　　在宣傳及行銷上，爲將臺灣的在地酒品與日本結合，技師祝彥熊將臺灣民謠「老酒之歌」與日本的象徵「旭日」結合，設計「金雞」及「黃雞」的酒標，從此「金雞」成爲老紅酒的代名詞。1935年之後，專賣局以「蘭英」及「玉友」爲品牌名稱，在代理商明治屋的行銷下輸出日本。繼之，中日戰爭爆發之後，隨著日軍占領地的擴大，專賣局亦對中國市場產生企圖心，先是成立南興公司代理中國市場的酒品銷售；之後南興公司亦在廈門成立酒工場，專賣局派遣野本只勝前去指導造酒，複製專賣局經驗，將臺灣紅酒的影響力擴及中國。於是，原爲臺灣在地酒品的紅酒，一躍成爲日本帝國之酒，在帝國財政收入、對外擴張及人民嗜好品的消費中，占有舉足輕重之角色。

---

[66] 中瀨拙夫，〈酒專賣の偉大なる成功〉，《專賣通信》，期230（1936年7月1日），頁37。

基礎工程的建構與
經營

有線到無線 —— 對外無線電報系統在臺灣的建立與發展（1928-1949）[*]

曾立維[**]

摘要

　　日本人統治臺灣後，基於政軍及經濟之需求，先後鋪設了三條連接臺日間的海底電報線，但因拖網漁業在1919年以來突然蓬勃發展，造成海底線屢屢故障，在一九二〇年代前半出現兩次三線全故障的狀況，故臺日間電報傳送停滯問題的討論，在此時期常常出現。然而，自1917年後至1945年，就未有新的臺日間海底線鋪設，這是因為官方朝向建立無線電報局以應付逐漸擴大的臺日通信數量。

　　就臺灣海外電報通訊史來說，1928年臺北的無線固定局完工後，正式展開與日本國內無線電報通訊，實為一個重要分界點。先前因海底電報線故障所導致的通訊中斷，電報收發延遲、阻塞、停滯問題，可說解決了不少。然而在無線電報開始當時，臺日間電報在海底電報線正常運作下，大體依賴海底電報線得以疏通，無線電報不過是被運用為海底線的輔助設施。

[*] 本文完成感謝政治大學歷史所博士班楊光同學在資料上的協助，以及研討會與談人李娵蓉老師及審查委員對本文的建議，都使本文的錯誤得以減少。

[**] 國立政治大學歷史學研究所博士，目前任教於臺北市健康國小。

　　在1931年，隨著臺北電信局送受信所的短波送受信設備的改裝及增設，使得無線電報系統疏通臺日間電報的能力有顯著地進展。1931年後更進一步進行送信機的增設，在臺日間海底線全線不通頻發的一九三〇年代，要將全部臺日間電報疏通亦不會感到任何困難。臺日間電報通信變為以無線為主，可說是徹底解決臺日間電報傳遞的問題。

　　之後隨著臺日間電報量的增加，再加上在1935年日臺定期航空開始後，對航空通信以及氣象通信設施上的需求越來越大，在1937年為推動南進政策的本島航空事業進展，確保航路之航空安全的目標下，1940年8月，位於桃園的八塊送信所及桃園受信所作為航空無線專用局開始運作。

　　事實上，比起有線的海底電報線，至終戰時功能全面停擺，1928年起建立起的無線電報系統，在終戰時仍保有與島外地區通訊的功能，也因此擔負著戰後初期與中國方面通訊聯絡的主要角色。

關鍵詞：電報、有線電報、無線電報、短波通信、海外通信

From Wire Telegraphy to Wireless Telegraphy--Establishment and Development of Wireless Telegraph System for Overseas Communications in Taiwan (1928-1949)

Li-Wei Tseng[*]

Abstract

After the Japanese ruled Taiwan, based on political, military andeconomic needs, three submarine communication cables connecting Taiwan and Japan were laid successively.In the first half of the 1920s, there was a complete failure of three telegraph lines, which led to a stagnation in telegraph transmission between Taiwan and Japan.

However, from 1917 to 1945, new Taiwan-Japan submarine communication cable were no longer laid, as officials moved toward the establishment of the wireless telegraph agency to cope with the expanding volume of communications between Taiwan and Japan.

As far as the history of Taiwan's overseas telegraph communications is concerned, after the completion of the Taipei Wireless Telecommunications Bureau in 1928, it officially launched wireless telegraph communications with Japan, which was actually an important dividing point.In fact, all submarine

[*] Ph. D., Hisotory, National Chengchi University

communication cables were completely shut down and inoperable by 1945. The wireless telegraph system, which was established in 1928, still functioned as acommunication with overseas regions in 1945, and thus played a major role in communication with China in the early postwar period.

Key Words: Telegraph, Wire Telegraphy, Wireless Telegraphy, Shortwave Communication, Overseas Communication

一、前言

　　自十九世紀以來，電氣通信的發展，可分爲有線電通信與無線電通信兩種。有線電通信方面較先發展，與不同島嶼間的聯繫仰賴著海底電纜[1]的連結。然而，海底電纜卻容易因漁船漁撈作業而受到損壞，使得通信連結受到阻礙。其後隨著無線電通信技術的研發，無線電設備廣泛地應用於郵政、軍事、漁業、氣象和民用等各方面，使電氣通信的發展邁入新的里程碑。[2]

　　無論是清帝國或日本帝國，臺灣作爲帝國的邊區再加上遠隔海洋，在近代海底電纜技術引入後，乃分別於1887年鋪設「淡水─川石山線」、1897年「鹿兒島─那霸線、那霸─基隆線」水線，以作爲與帝國政治中心的聯絡用（圖1）。[3]而「淡水─川石山線」在1895年清帝國割讓臺灣給日本後，於1898年12月由日本政府向清帝國購買，成爲當時中、臺間訊息傳遞的主要途徑。[4]日本政府爲了回應日益增加的日臺間電報需求，故在之後陸續增加海底電纜及無線電報的設施，像是1910年10月的淡水長崎一號線、1917年7月的淡水長崎二號線，及1928年則開設臺北對東京、大阪、鹿兒島的無線電報。[5]

---

[1]　本文所稱海底電纜、海底電線、海線以及水線，皆與海底電報線同義。在早期稱海底電纜為水線，它只是把電報的陸線於過水時外加簡單馬來膠保護層而已，因此可靠度甚低。林於威，〈閩臺海底電線與中日交涉之研究（1895-1904）〉（臺北：國立政治大學臺灣史研究所碩士論文，2010年），頁10；楊振興，《話筒裡的臺灣：從摩斯電報到智慧型手機》（臺北：獨立作家，2016），頁168。

[2]　顧超光計畫主持，《高雄縣國定古蹟「原日本海軍鳳山無線電信所」原日本官舍建築調查研究與修復計畫》（高雄縣：高雄縣文化局，2010），頁2-2。

[3]　林於威，〈閩臺海底電線與中日交涉之研究〉，頁21-29；《遞信志：通信編》（臺北：臺灣總督府交通局遞信部，1928），頁158-159

[4]　貴志俊彥，〈植民地初期の日本──臺灣間における海底電信線の買收・敷設・所有權の移轉〉，《東洋史研究》，70：2（京都，2011年9月），頁108-121。

[5]　《臺灣の通信》（臺北：臺灣總督府交通局遞信部，1935），頁33。

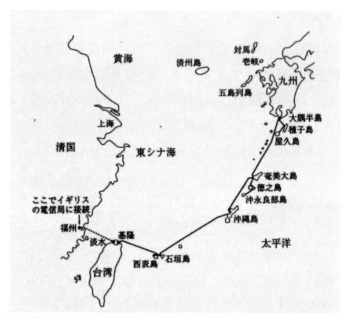

圖1　「淡水—川石山線」、「鹿兒島—那霸線、那霸—基隆線」電報線連接圖。
資料來源：石原藤夫，《國際通信の日本史：植民地化解消へ苦闘の九十九年》（東京：
　　　　　東海大學出版會，1999），頁132。

　　在1937年日本發動對中國侵略戰爭前，臺灣對中國的電報聯絡一直是
僅靠「淡水—川石山線」而已。事實上，海底電纜「淡水—川石山線」的
功能除了作為臺灣和中國之間訊息傳達的管道外，當「鹿兒島—那霸—淡
水線」、「長崎—淡水一號線」、「長崎—淡水二號線」這些海底電纜都
不通時，日本本土和臺灣間的聯絡，就只好利用「長崎—上海線」（屬於
大北電信會社線）、「上海—福州線」（屬於大東電信會社線）和「淡水
—川石山線」的連接，透過這迂迴到上海的通信管道來傳遞電報。[6]

　　關於臺日海底電纜，吳政憲2018年出版的《帝國之弦：日治時期臺日
海底電纜之研究》一書，解決不少長期被忽略的問題。該書對於三條臺日

---

[6]　貴志俊彥，〈植民地初期の日本——臺灣間における海底電信線の買收・敷設・所有權の移轉〉，
　　頁132。

間海底電報線的規畫過程與其特色，及敷設後的營運情況及維護過程，依年份順序有十分詳細的說明及介紹。特別如書內緒論有提到的，日治時期臺灣海底電報線，就是一部經常故障、維修的歷史，因此對於故障的原因及為何修不好的原因，都能透過本書有深刻且清楚的了解。[7]

　　吳政憲指出在一九二〇年代初期，特別是1921-1923年的二、三線故障，社會醞釀設置長淡三號線，顯示日治前期的電報需求強勁，但因寬頻不足、穩定性待強化，若干程度抑制了電報數的成長，間接減少潛在收益。日治後期，因為有前期的經驗累積，嚴重故障減少，整體電報數負成長比率也降低，基本上穩定性得到改善。頻寬部分的擴充，不再以增加海底電纜數的方式，而在增加無線電訊、增派人力、延長營業時間，及提升既有頻寬下的配套措施等，讓1939年達到電報數500萬通以上的水準。[8]然而這樣的分析，雖有提到日治後期的無線電訊，但並無法清楚指出1928年開始使用的無線電報系統，在一九三〇年代後臺日間電報疏通的重要性。事實上，所謂的「整體電報數負成長比率也降低」、「穩定性得到改善」，是與無線電報系統的使用及其設備改善擴張關係更大。

　　換言之，即使透過吳政憲的書已解決不少關於日治前半的臺日海底電報線的疑問，但關於1917年第三條臺日海底電報線鋪設完畢後，臺日電報發送產生的時間延誤、通信能力不足等問題，特別是對於當時正在蓬勃發展的無線電報技術，在臺灣的引入及建設過程，以及無線電報與海底電報線組成一個較完整且可靠的通訊管道，則尚未有較全面性的討論，這些也是本文希望能加以說明的。最後，本文亦將說明1937年因戰爭的情勢，對外無線電報系統聯絡地區的增加，及無線電報系統在戰後初期對外聯絡的重要性。

---

[7]　吳政憲，《帝國之弦：日治時期臺日海底電纜之研究》（臺北：稻鄉，2018），頁9。

[8]　吳政憲，《帝國之弦：日治時期臺日海底電纜之研究》，頁267。

二、解決臺日間電報傳送量能不足的無線電報系統

(一)故障頻頻的一九二〇年代前半

　　1920年左右，島外的臺日間電報通訊，出現了設備無法趕上民眾需求的問題。1910年後半起，至1928年臺日無線電報通訊系統運作前，以三條海底電報線為基礎下，臺日間電報通訊運作面臨著傳輸能力不足的困境。[9]

　　在日本國內，無線電報先用於船舶電報局和海岸電報局時，臺灣也開設了這樣功能的電報局，這就成為日後臺日間海底電報線發生故障不通時，在傳傳送電報的需求下，除了利用淡水—川石山—上海—長崎這條迂迴的線路來傳送電報外，還可利用的一個臨時緊急通信管道。其中作為海底線中斷時的臨時通信管道，主要為富貴角無線電信支局（1910年）及繼承它的基隆無線電信局（1921年）。[10]

　　實際運作上，在1928年臺北無線電報局（固定局）未完成前，當全部海底線完全不通或故障導致電報通信停滯時，臺日間電報傳遞並非只能利用臺閩海底線迂迴到上海再發送至長崎的路徑，在與日本中央遞信省或軍方交涉同意下，官方和緊急者還可以利用富貴角無線電信局、基隆無線電信局、鵝鑾鼻無線電信局，或軍用的鳳山海軍無線電信所，而普通電報則可利用定期船郵送的方式來處理。[11]

　　因造成海底線故障主要原因的拖網漁業，是在1919年以來突然蓬勃發展，再加上在一九二〇年代前半，出現兩次的三線全故障的狀況，故關於

---

[9]　曾立維，〈近代通訊與殖民地臺灣——以電報、電話為中心〉（臺北：國立政治大學歷史系博士論文，2018），頁83。

[10]　曾立維，〈近代通訊與殖民地臺灣——以電報、電話為中心〉，頁98-101。

[11]　田中一二編輯，《臺灣年鑑》（1924年版上）（臺北：臺灣通信社出版部，1924），頁162；武內貞義，《臺灣（改訂版）》（臺北：新高堂書店，1928），頁207。

臺日間電報問題的討論，亦在此時期常常出現。

　　針對臺日間電報通信的問題，此時有人認爲以三條海底線是足以疏通臺日間電報量，故要解決的是延遲過久的問題。但事實上延遲有一部分原因，亦是因有海底線故障才引起的，再加上隨著臺日間電報數量在可預期未來會呈現增加趨勢，三條海底線將來亦不足以應付日常通信量。而考慮到延遲和故障基本上是一體兩面且常一起發生的，所以在討論最好的處理方式時，要思考的條件有下面三點，一方面一定要增加設備以有能力處理之後幾年預期增加的電報量；另一方面增加設備又不能像三條海底線那麼常故障，最後則是在預算金額上不能太高。[12]

　　在臺日電報以三條海底線爲傳送主力時，若以1922年一日達4,500通的程度，就海底線的電報標準疏通數來看，長崎淡水線兩線一日平均各爲1,800通至2,000通，再加上那霸線的300通，則要在三線完全正常運行時才得以疏通所有的電報；另一方面，大正初年以降逐漸蓬勃發達的拖網漁業，在海底線鋪設附近的漁撈越來越踴躍，這是海底線故障頻繁發生的主要原因。爲了防止拖網漁業所造成的故障，日本當局不只在海底線附近訂立法律禁止漁撈，又農商務省所屬的監視船亦不斷地進行監視巡邏。但要以一隻監視船來監視散在大洋的200餘隻拖網船，並非易事，故防止的效果並不明顯。[13]

　　需特別注意的是，當時臺日間電報線由故障至恢復時間實在算是太曠日廢時。如長崎淡水一號線1922年11月22日遭逢不通的厄運，停泊在五島的維修船沖繩丸要到隔年3月初才開始修復工事，接著又因天氣因素無法作業而延遲，後直至1923年3月23日才修復完成，[14]整整花費了4個月之

12 曾立維，〈近代通訊與殖民地臺灣──以電報、電話爲中心〉，頁108。

13 日本無線史編纂委員會，《日本無線史》（第12卷，外地無線史）（東京：電波監理委員會，1951），頁11-12。

14 田健治郎日記3月23日記載，「賀來長官致電報云，淡水、長崎一番海底線修理成，開通信云云。月初以來，内地、臺灣間三條海底線皆不通，僅因無線電信通消息，其不便不可言。遞信省分派沖

久。而當年2月26日故障的鹿兒島那霸線，也要到4月17日才修復完成。此時因正值東宮行啓[15]要開始的重要時刻，故遞信省可說是全力配合，修理船全出之下，修復仍需要花費如此多時間。[16]因此，即使實際上有三條海底線，但每年海底線故障時間加總起來，幾乎可看作有一條回線整年呈現不通狀況（如1923年度總故障日數共為396天），實際僅剩兩條的通信能力來傳送而已。[17]

　　由表1可看出，1919年至1923年這5年間故障情形，三回線的1年間平均故障日數總合為302日，也可說在1年中大概呈現一條回線不通狀態。以此時日臺收發電報數量來看，在三回線全通時還可負荷，但若是一條回線持續不通，則會造成其他兩條回線超過負擔。更何況是在二條回線或是全部回線都故障時，則對需與日本密切聯絡的臺灣政治經濟帶來極為不良的影響。

繩丸、小笠原丸及南洋丸三修理船，努回復。今見一線開通，可喜也。」吳文星等主編，《臺灣總督田健治郎日記》（下）（1922-1923）（臺北：中研院臺史所，2009），頁345。

[15] 指1923年東宮太子裕仁（後來的昭和天皇）來臺灣視察一事。

[16] 事實上，總督府對於修繕船並無指揮命令的權力。因海底線為日本國內遞信省所管，所以修繕方面亦為遞信省來處理，一九二〇年代，遞信省所屬的修繕船有南洋丸、沖繩丸、小笠原丸三艘，需處理日本國內各方面海底線故障的維修，所以對於臺日電報線的故障，要立即派遣這些修繕船就變成有所困難。所以作為救濟策略來說，則臺灣當局需建設自己的修繕船，以備萬一發生障礙時可用才是上策。不過修繕船建造不僅要價百萬圓，且乘組員其他經常費用一年至少要15萬圓，但投入如此巨額若每年只不過2、3回障礙修理，就預算看來或實際運用上來看，臺灣遞信當局很難有斷然實行的勇氣。〈內臺通信機關完備の急務㈠：臺北商工會の提案〉，《臺灣日日新報》，第9733號，1927年6月3日，3版；〈內臺通信機關完備の急務㈡：臺北商工會の提案〉，《臺灣日日新報》，第9734號，1927年6月4日，3版；〈內臺通信機關完備の急務㈢：臺北商工會の提案〉，《臺灣日日新報》，第9735號，1927年6月5日，3版。

[17] 臺灣總督府編，《臺灣總督府事務成績提要（二十九編）》（1923年度）（臺北：成文，1985年），頁416-417。

表1　臺日間海底線故障狀況（1919年至1923年）

線名	故障回數(A)	故障日數總合(B)	一回故障平均日數(B)/(A)	一年平均故障日數(B)/5年
長崎淡水一號線	9	665	74	133
長崎淡水二號線	4	204	51	41
那霸鹿兒島線	3	390	130	78
那霸淡水線	4	251	63	50

資料來源：日本無線史編纂委員會，《日本無線史》（第12卷外地無線史），頁12。

　　在另一份由臺北商工會在1927年的報告，調查時間則更長，爲1920年至1927年5月（表2），如同上表一樣，淡水長崎一號線故障的次數及一年平均故障日數都是最多的，這是因淡水長崎一號線其鋪設位置的關係而導致障礙頻頻發生。[18]另外，在三回線合計一年故障的平均日數方面，加起來則有292天，雖比上表1略少，但每年故障日數仍可說是非常久。[19]

表2　臺日間海底線故障狀況（1920年至1927年5月）

線名	故障回數(A)	故障日數總合(B)	一回故障平均日數(B)/(A)	一年平均故障日數(B)/8年
長崎淡水一號線	17	825	49	103
長崎淡水二號線	8	372	47	47
那霸鹿兒島線	7	675	96	84
那霸淡水線	9	466	52	58

資料來源：〈內臺通信機關完備の急務㈠：臺北商工會の提案〉，《臺灣日日新報》，3版。

---

[18]　臺灣總督府交通局遞信部，《遞信志：通信編》，頁187。

[19]　〈內臺通信機關完備の急務㈠：臺北商工會の提案〉，《臺灣日日新報》，3版。在障礙發生原因方面，這段期間長崎—淡水兩條海底線共有25次故障發生，最主要的是拖網漁撈有15次、漁船的錨有3次、自然磨損有1次、人為切斷有2次、雷放電有1次、蟲害有1次、不明原因有2次。

　　為了解決這時臺日間電報傳送量能的不足，最終採用的方法，就是建設日本和臺灣間的無線電固定局，來當作海底電報線之輔助設施。總督府採取此種解決方式有下述原因，首先，無線電報局建設經費比較低廉，以1921年時估計，要建設臺北至東京、大阪的無線電報受送局共7局，在平均每局花費為25萬圓以下，以臺灣3局及東京、大阪各2局的話，僅需要175萬圓，比起將淡水長崎海底線，延長鋪設至東京直通線的600萬，或大阪直通線的450萬來說，是便宜、容易許多。[20]其次，無線電報局在通信故障情形也極為少，而且不像海底線只限定於兩局之間，臺灣與東京、大阪間可各自連接、聯絡，如此一來，大半日臺間電報可直接送達東京、大阪，也不會有占用長崎東京及長崎大阪間有線電報線的情況，是極為有效能的便利方法。因此，最終在配合日本本土無線電報局的整頓下，就採用此方案。[21]

　　總之，在技術層面沒問題後，無線電報不但可以解決因拖網漁撈作業造成海底電報線常常故障難題，且能與日本本土主要收發地東京、大阪直接傳送，又解決了電報發送延遲過慢之麻煩。更重要的是，在整個建設費用上，也比再建立一條臺灣與東京或大阪的海底直通線或延長線都來得便宜許多。

㈡1928年臺北電信局的建設及成立

　　如前所述，在一九二〇年代初期，因海底電報線屢屢發生故障，海底電報線的增設也屢次被提出，但因需要高額經費，故以日本政府的預算

---

[20] 齋藤愛二（遞信局長），〈內臺間電信問題：無線電信利用に就て〉，《臺灣日日新報》，17版。

[21] 日本無線史編纂委員會，《日本無線史》（第12卷外地無線史），頁13；齋藤愛二（遞信局長），〈內臺間電信問題：無線電信利用に就て〉，《臺灣日日新報》，第7389號，1921年1月1日，17版；田中一二編，《臺灣年鑑》（1924年版上）（臺北：臺灣通信社出版部，1924），頁159；田中一二編，《臺灣年鑑》（1929年版）（臺北：臺灣通信社出版部，1929），頁171；田中一二編，《臺灣年鑑》（1930年版）（臺北：臺灣通信社出版部，1930），頁302-303。

現況，要實現乃無可能性；此時又因無線電通信逐漸發達，在各地用來進行長途通信的發展趨勢下，臺灣官民間轉而期望於實施臺日間無線電報聯絡。1921年在嘉義市主辦的臺灣各都市商業會議所會議席上，依臺北商業會議所會頭三好德三郎及日本郵船會社基隆支店店長青池諭等人提倡，滿場一致決議設立內地臺灣間無線電信設置期成同盟會，來向臺灣總督府當局進言。臺灣總督府爲了回應這個期望，在1923年度預算中列入70多萬圓，作爲內地臺灣間無線電信設施費。這個計畫最初單單僅是建設爲海底電報線的一個輔助機關，故只是提出1923-1924年度兩年的無線電信局建設預算，此預算不論是在財務局和大藏省，還是在議會都順利通過。但在進行此計畫期間，日本國內遞信省方面，1923年度無線設施亦因獲得對歐無線局及殖民地無線局的預算，正處於整備擴增時期，總督府方面因此進一步對於此計畫加以修正，改爲以臺灣的無線局爲主要通信機關之計畫。原來計畫預算爲1923-1924年度兩年的工事，僅是臺北無線電信局及鵝鑾鼻無線局兩局新設費70多萬圓，1924年度追加預算再增加爲 139 萬 8,000 圓，整個計畫變更成爲1923年以降的五年的事業，總經費高達210萬 8,749 圓。在經費增額下除了臺日間無線設施外，島內聯絡的無線設施也有被考慮進去（表3）。[22]

表3　臺灣無線電信局計畫及設施經費表

局名	位置	方式	經費（圓）	開局日期
鵝鑾鼻無線電信局（新設）	鵝鑾鼻	真空管式	215,000	1925/12/16
基隆無線電信局（改裝）	基隆	真空管式	55,000	1926/06/2

---

[22] 小原一二著，《臺灣における電氣通信》（町田：小原國芳，1971），頁63；日本無線史編纂委員伝，《日本無線史》（第12卷外地無線史），頁6、13、37。

局名	位置	方式	經費（圓）	開局日期
宜蘭無線電信局（新設）	宜蘭	真空管式	81,540	1928/01/16
臺東無線電信局（新設）	臺東	真空管式	15,000	1928/01/16
花蓮港無線電信局（新設）	花蓮港	真空管式	15,000	1928/04/15
臺北無線電信局（新設）	送信所：板橋 受信所：淡水	真空管式	1,316,300 212,700	1928/10/22

資料來源：日本無線史編纂委員會，《日本無線史》（第12卷外地無線史），頁38。

　　實際上，在日本國內，1924年9月15日起船橋無線局的事務移轉至東京，改稱東京無線電信局，設置在東京中央電信局舍內。此時為了擴張對殖民地的通信與日本國內聯絡通信，由1923年度進行三年的計畫，新設送信所於千葉縣檢見川，受信所於埼玉縣岩槻，於1926年3月竣工，由東京無線電信局對這兩處實施操作。[23]

　　而在臺灣無線設施的工事，如前所述，最初在1923-1924年度以70多萬圓的預算進行，在進行途中時因有設施擴張的必要，於1924年度追加預算改為經費高達210餘萬圓的五年計畫。[24]不過，在五年建設期間，無線技術進步十分快速，使得最初的計畫不得不有所變更。特別是計畫當初設置的大電力送信機，專門使用電弧式及高周波電機式，真空式送信機尚未

---

[23] 日本無線史編纂委員會，《日本無線史》（第4卷無線事業史）（東京：電波監理委員會，1951），頁234-235。

[24] 日本無線史編纂委員會，《日本無線史》（第12卷外地無線史），頁12。最後1923-1928年無線電信施設費共花費為210萬8千餘圓，其中1923年為81,204圓，1924年180,773圓，1925年365,731圓，1926年278,041圓，1927年733,129圓，1928年469,562圓；臺灣總督府官房調查課，《臺灣總督府第二十七統計書》（1923年）（臺北：臺灣總督府官房調查課，1925），頁576；臺灣總督府官房調查課，《臺灣總督府第三十二統計書》（1928年）（臺北：臺灣總督府官房調查課，1930），頁648。

十分發達，之後逐漸變為採取以數十個小電力真空管並列的使用方式。此外，在本計畫實施的末期，短波長送信方式頓時變為發達，這個趨勢下，對於是否裝設短波長送信機的裝設也需加以考慮。在考慮這些之下，臺日聯絡用的送信機決定採用真空管式。1928年10月臺北電信局板橋送信所開局時，分別設置20千瓦長波送信機和5千瓦短波送信機。[25]

　　此位於臺北近郊的板橋無線送信所（圖2），約高百公尺的鐵塔在四基聳立下，若從由臺北南下汽車之窗戶眺望時，不失為一壯觀之景色。而受信所則設於臺北西北15哩（27.78公里）的淡水，都是由位於臺北市內的臺北電信局進行遠距離操控。[26]

圖2　板橋無線送信所局舍。
資料來源：出處為臺灣大學圖書館-特藏資源-臺灣研究資源-日治時期繪葉書（http://cdm.lib.ntu.edu.tw/cdm/compoundobject/collection/card/id/12509/rec/1）（2020/09/01點閱）。出版者為板橋光畫寫真館

---

[25]　日本無線史編纂委員會，《日本無線史》（第12卷外地無線史），頁14。

[26]　臺灣總督府交通局遞信部，《臺灣總督府遞信統計要覽》（1928年度）（臺北：臺灣總督府交通局遞信部，1930），頁13-14。板橋無線送信所在設立之後，就成為板橋地區主要的名勝地之一。淀川喜代治，《板橋街誌》（臺北州：臺北州海山郡板橋街役場，1933），頁10-11。

　　這個含括臺灣島內外的五年無線電設施建設計畫,包括臺北無線局,其是以作為日臺聯絡為目的,採取中央集中方式的無線設施,在臺北市內設置中央局,另外於板橋設置送信所和淡水設置受信所;還有宜蘭無線局,開始是以日臺間聯絡用主要局來計畫,後因計畫修改,變成臺北無線局的送信所來使用;最後還有基隆無線局的改裝、鵝鑾鼻無線局的新設、臺東和花蓮港兩局無線設備的新設等。[27]其中工程實施的順序,首先是由鵝鑾鼻無線電信局開始,其次為基隆無線電信局、宜蘭無線電信局、淡水受信所,臺北電信局中央通信所,最後則為板橋送信所相次進行施工建設,到了1928年9月全部工事才竣工完成。[28]

　　事實上,於全部工事完成之前,已在1927-1928年起,陸續與日本國內的無線電局所通信聯絡。如在1927年9月,因海底線纜故障,遞信部以與東京、大阪、鹿兒島短波試驗,試驗結果一如長波不受空電(atmospherics,指大氣放電現象引起之電磁波干擾)妨礙,成績極好。於當月11日宜蘭無線電信局就有送受信450餘通,一日送受信時間有14小時。到了該年11月11日,遞信部以作為海底線故障的應急之策,利用試驗中的宜蘭無線電與東京、大阪通信,希望減輕電報發送遲緩問題。[29]1928年10月22日將臺北無線局合併於臺北電信局,而以臺北電信局設置為契機,與這些日本國內各局間的正式固定業務乃開始,大大的緩和臺日通信的輻輳現象。在1930年4月時報紙就指出,臺北與東京、鹿兒島間無線聯絡完成後,向來依海底電纜來傳送的半數電報,藉此依無線通信來傳送。[30]

---

[27] 小原一二著,《臺灣における電氣通信》,頁63。

[28] 日本無線史編纂委員會,《日本無線史》(第12卷外地無線史),頁14。

[29] 〈宜蘭無電　成績頗る良好〉,《臺灣日日新報》,第9835號,1927年9月13日,2版;〈宜蘭無電昨日から通信〉,《臺灣日日新報》,第9895號,1927年11月12日,2版。

[30] 〈內地臺灣間　無線電話　六月中試驗〉,《臺灣日日新報》,第17170號,1930年4月11日,8版。

　　總之，關於臺灣與日本間無線電報通信發展的開端，乃由於臺灣與日本間的三條海底電報線常常故障中斷，對臺日間電報通信造成極大困擾，因此隨著無線電報技術的進展，於1928年10月開局的臺北無線局，則與原先三條臺日間海底電報線，一同擔任臺日間通信聯絡的重要角色。對臺灣來說，無線設施的完成可說是劃時代的發展，依靠無線電報設施的協助，大體上達到所期望的臺日電報通順之目的，因此在之後海底線不通時，所謂延遲停滯的現象可說就化爲昔日故事。[31]

三、由臺日電報傳送的輔助設施到主要設施的過程 —— 一九三〇年代無線電信局設備的擴張

　　1928年10月22日臺北電信局開局後，無線電報系統成爲臺日間電報發送另一有力管道，而且其重要性在日後逐漸超越海底電報線系統。然而，即使是在臺北的無線電報設施快要建設完畢時，仍有對無線電疏通能力有所疑問，而想要鋪設新的海底線的提議。1927年臺北商工會於全島實業大會提出了「內臺間通信機關完備之件」的議案。在議案中指出，若以1927年來看，臺日間電報量一日平均約5,200通，而僅以當年3月至5月1日來看，每日平均最大值可達6,400通，可說是三條海底線無法負擔的數量。

　　就此時臺日間傳送電報設備的疏通能力（表4），臺北商工會認爲，雖宜蘭無線局、臺北無線局將分別於1927年9月、1928年9月完成，在海底線一線不通時雖可補充海底電報線的疏通能力。然而，若在三線同時不通的情形時，僅利用無線電報系統，不免再次陷入大延遲大停滯之處境。特別是臺灣附近是在世界中屈指可數的空電激烈地區，因此勢必對無線電通信產生的障礙。這樣雖然臺北及宜蘭無線局完成，還是不能達到工商業者其所期望的穩定疏通能力。[32]

---

[31] 日本無線史編纂委員會，《日本無線史》（第12卷外地無線史），頁14-15。

[32] 〈內臺通信機關完備の急務㈢：臺北商工會の提案〉，《臺灣日日新報》，3版。

表4　1927年臺日間電報設備疏通能力（一日標準數）

設備名稱	通數
海底線—長淡一號線(672浬)	1,800通
海底線—長淡二號線(700浬)	2,000通
海底線—那霸線	300通
有線合計	4,100通
無線電報—臺北（預定1928年9月竣工）	2,500通
無線電報—宜蘭（預定1927年9月竣工）	1,000通
無線電報—基隆	船舶通信用
無線電報—鵝鑾鼻	船舶通信用
無線電報—鳳山	海軍專用
無線電報—花蓮港（未完成）	沿岸船舶通信用
無線電報—臺東（未完成）	沿岸船舶通信用
無線合計	3,500通

資料來源：〈內臺通信機關完備の急務㈠：臺北商工會の提案〉，《臺灣日日新報》，3版。

　　在上述看法下，臺北商工會因此還是建議儘速增設一條新的海底線，來解決可能面臨的疏通能力不足。不過，臺北商工會這樣對無線電通信的疑慮，過了幾年透過短波通信設備的增加就已被解決。

　　事實上，若以1931年1月至10月臺日間電報通數來看（表5），海底電纜有三條，臺北—長崎線年平均負擔32%電報量，淡水—長崎線負擔30%，最早建立的那霸線僅有3%，若換算為每天電報平均通數，則長淡一號線1,618通，長淡二號線為1,563通，沖繩線降低到175通。臺灣最早敷設的沖繩線，與另外兩條海底電纜數據落差達9-10倍。[33]另外，無線電報共達54萬餘通，每月平均54,055通，平均每日1,777通，占總電報量

---

[33] 吳政憲，《帝國之弦：日治時期臺日海底電纜之研究》（臺北：稻鄉，2018），頁219。

的35%。但35%只是個平均值，在1-3月大氣條件穩定時，占比可達46-50%；6-7月較不穩定時，可低到25-27%，也就是無線電報每季受限於大氣條件影響很大，固然可以不斷調整波長來通訊，但難以成為電報運作的基載平臺。相對海底電纜，除非是故障，平均能負擔臺日間65%的電報量，最高達75%，最低50%，相對是穩定的長距離通訊平臺。[34]

表5　臺灣海底電纜與無線電報通數（1931年1月-10月）

時間	無線	比例	長崎臺北線（一號線）	比例	長崎淡水線（二號線）	比例	那霸線	比例	總計
一月	67,686	46%	40,309	27%	32,571	22%	6,161	4%	146,728
二月	69,891	50%	34,429	24%	31,040	22%	5,481	4%	140,842
三月	88,471	50%	39,833	22%	40,311	23%	9,238	5%	177,854
四月	61,542	37%	55,926	33%	39,893	24%	9,610	6%	166,972
五月	42,642	27%	57,624	36%	52,663	33%	7,059	4%	159,989
六月	37,206	25%	53,825	36%	51,233	35%	5,543	4%	147,808
七月	43,849	27%	58,772	37%	52,573	33%	4,663	3%	159,858
八月	44,220	28%	49,643	32%	60,134	39%	2,154	1%	156,152
九月	41,667	28%	47,606	32%	55,922	38%	1,834	1%	147,030
十月	43,376	27%	54,029	34%	59,049	37%	1,439	1%	157,894
總計	540,550	35%	491,996	32%	475,389	30%	53,182	3%	1,561,127
平均	54,055	35%	49,200	32%	47,539	30%	5,318	3%	156,113

資料來源：辻與策，〈內臺間海底線の臺北集中〉，《臺灣遞信協會雜誌》，第119號（1931年12月），頁3-4。

註：7月29日因那淡線不通故與那霸無線通信開始，所以7月的4,663通中有115通是採取無線方式；而8-10月的那霸線內數字皆採用與那霸無線通信的方式。

---

[34] 吳政憲，《帝國之弦：日治時期臺日海底電纜之研究》，頁218-219。

　　若就在1931年這個時間點，確實依海底電報線傳送的臺日電報比例，是高於無線電報。然而，無線電報雖受到空電會影響收發效率，但藉由後日後比起海底電報線更容易的設備擴張，未必不會取代在1928年後，仍屢屢發生故障的海底電報線在臺日電報傳送上的主要地位。

　　像在1930年4月30日長淡二號線不能通信，此一線不通情形下，報紙指出日臺電報所依無線電應不會遲延。[35]但到7月則三線海底線全部不通，遞信部極力藉無線電報系統來疏通臺日電報，臺北無線與東京、大阪、鹿兒島間；基隆無線與大瀨崎；花蓮港與那霸，各處聯絡，徹夜進行。然因為此時遇到空電期通信不能如意，再加上與水災慰問有關電報往來輻輳，在7月29日時辦理收發信約有4,500通，其他尚剩約1,500通，延至翌日30日上午10點則一掃前日滯留電報。除了緊急電報外，傳送時間都會有所延遲。[36]當時臺日電報每日平均約6,000通，正常情況下，緊急電報約要一小時，普通電報約要兩小時，可送達收信人之手。然而三線全部不通後，緊急電報約要5-10小時，普通電報約要15-25小時，新聞電報則延遲一日，且因遞信省已沒有預算所以無法派出修繕船。[37]（如圖3）

　　自從海底線故障以來，「臺北電信局無線係多忙，極見疲弊」，在東京電信局的好意下，自8月23日起派交換手五名來相助應援無線電報的收發工作。[38]到了11月4日三條海底線又再度全部不通，只能依賴無線電來通信，在此年末因霧社事件電報十分輻輳，在連日突破6,000通的情形下僅

---

[35] 〈地氣障害のため　海底線不通となる　故障箇所は淡水の沖〉，《臺灣日日新報》，第10791號，1930年5月2日，2版。

[36] 〈内臺間の海底電信全部不通　暫らくは無線電信のみ　至急電報以外遲延〉，《臺灣日日新報》，第10880號，1930年7月30日，7版；〈海底線の不通で　無電が大活動　ケーブル修理船は二十九日出動〉，《臺灣日日新報》，第10881號，1930年7月31日，2版。

[37] 〈海底線全部不通で　大支障の内地電報　豫算がないとて修理船も出ず　復舊の見當も附かぬ〉，《臺灣日日新報》，第10895號，1930年8月14日，2版。

[38] 〈海底線復半地氣障害〉，《臺灣日日新報》，第10906號，1930年8月25日，8版。

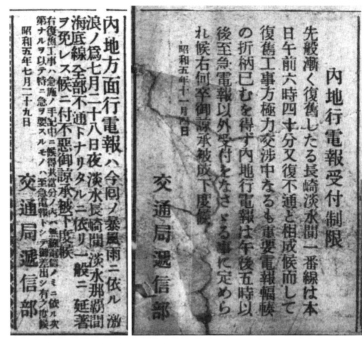

圖3　1930年交通部遞信部臺日電報處理受限制廣告。
資料來源：〈內臺間の海底電信全部不通　暫らくは無線電信のみ　至急電報以外遲
　　　　延〉，《臺灣日日新報》，第10880號，1930年7月30日，7版；〈內臺海底線
　　　　不通となる　無線通信に依るのみ〉，《臺灣日日新報》，第10977號，1930
　　　　年11月5日，2版。

靠無線電到底不能消化。[39]

　　到1931年12月底，海底電報線一線不通，「電信局與無線電信協力活動，然電報亦不免多少遲著」。[40]到了1932年10月時三條海底線全部不通，所以由臺北無線電與東京大阪無線電來收發日臺電報，「然有幾分遲

---

[39]　〈內臺海底線　不通となる　無線通信に依るのみ〉，《臺灣日日新報》，第10977號，1930年11
　　　月5日，2版。

[40]　〈海底線　一線不通〉，《臺灣日日新報》，第11395號，1931年12月31日，4版。

著」。[41]隔年1933年10月14日時，三條海底線全滅不通，遞信部除一面向遞信省申請「至急復舊」，一面使無線電發揮全部能力，「東京、大阪送受各增加一口，從業員以不眠不休精神，繼續活動，送受六千通左右電信，從而有些遲延」，但無滯留至翌日才能收發的情形。[42]到了1935年時3月5日，三條臺日海底線全部不通，臺北電信局依無線電送受電信，極為忙碌，比起平時約遲2至4小時。後來長淡一號線修復，報導指出在利用長淡一號線和無線電來收發電報下，若收發電報量不要增加則「可免遲到」。[43]

若以1929年時日臺收發電報總數一日平均約為5,000通，當海底線一回線故障時，大概至翌日早上；即使是兩回線同時不通場合，到翌日中午亦能收發完全部電報。然而，一方面電報數仍然在持續增加；另一方面依靠長波無線，通信則由於空電混信之妨礙，故要在高速度記錄通信的困難頗多，改善設備依短波完成高速度記錄通信為急務。因此，從1931年，隨著臺北電信局送受信所短波送受信設備的改裝並增設，和空中線亦建設性能優秀的指向性空中線，使得日臺間電報的疏通能力有顯著地進展。[44]而伴隨著短波通信設施的整備，高速度通信有明顯的提升，在開始當初作為臺日間無線聯絡第一裝置而十分活躍的長波送信機，逐漸不被重視。[45]像是宜蘭無線電信局於1928年開局時設置有長波送信機一臺和短波送信機兩臺，在海底線不通須無線電發揮全部能力進行臺日間送受信時，會以少數

[41] 〈內臺海底線　全部不通　由無電送受信〉，《臺灣日日新報》，第11695號，1932年10月29日，4版。

[42] 〈殘る一線も不通　海底線遂に全滅　無線の全能力を發揮〉、〈殘餘一線又復不通　海底線遂至全滅　無線發揮全能力〉，《臺灣日日新報》，第12045號，1933年10月17日，2、8版。

[43] 〈內臺間海底線　全部不通となる　發受信とも數時間遲延〉，《臺灣日日新報》，第12547號，1935年3月7日，2版；〈臺北長崎間海電破壞〉，《臺灣日日新報》，第12559號，1935年3月19日，8版。

[44] 日本無線史編纂委員會，《日本無線史》（第12卷外地無線史），頁14-15。

[45] 日本無線史編纂委員會，《日本無線史》（第12卷外地無線史），頁57-58。

人員晝夜兼行來處理，貢獻臺灣電信界不少，而在1934年則增設夜用短波機一臺，以增加無線電通信的能力。[46]

這裡稍微說明一下短波通信設備在當時的優勢。電磁波的頻率和波長是成反比的關係，頻率越低即是波長越長。長波的發射需要大型的天線及大型的基地範圍。長波通信的優點是比較穩定可靠，適用在遠距離的水下通信、防電離層騷擾的備用通信及地下通信等，因而主要運用在遠洋通信、對水下潛艇通信、地下通信及導航等，但是缺點是發信設備及天線系統龐大，因而造價高。相對於長波通信，短波通信的優點是能用較小的發射功率和適中的設備費用，來實現遠距離通信，同時短波通信的電路建立和拆卸容易，機動性好。[47]

所以，在1931年，隨著臺北電信局送受信所的短波送受信設備的改裝並增設，使得日臺間電報的通信能力、通報疏通有顯著地進展，即使是1932年時三條海底線完全不通的情況下，臺日間電報傳送在僅利用無線電報之下，也無任何障礙發生之虞。[48]

如在1932年10月27日起的六日間，接著11月17日起的八日間，長崎—臺北海底線全線不通，不過依靠無線電設備就將全部電報疏通完成。雖因臨近年末時交易、匯款變動、時局新聞電報等通數增加下，每日辦理總通數到達7,000通。但此回在*沒有電報受理時間的限制、借用海岸局的援助*等情形下，連日至晚上12點，或是至翌曉就得以處理完所有停滯的電報，如此正可看出無線電通信，已漸次超越輔助海底線之角色。[49]

事實上，本來無線回線的標準負擔通數各回路爲一日一千通，隨著無

---

[46] 〈宜蘭無電局の構造と能力〉，《臺灣日日新報》，第9961號，1928年1月17日，2版；〈宜蘭無電局に　夜間用短波機　近く工事に著手〉，《臺灣日日新報》，第12139號，194年1月20日，3版。

[47] 林秦立計畫主持，《桃園日治時期電信設施調查研究計畫》（桃園市政府文化局委託；秦立設計有限公司提案，2018年4月），頁28-29。

[48] 日本無線史編纂委員會，《日本無線史》（第12卷，外地無線史），頁14-16。

[49] 電話掛同人，〈昭和7年の電信を顧みて〉，《臺灣遞信協會雜誌》，第132號（1933年1月），頁99。

線科學不斷發達和技術進步，無線通信的能率逐年改善下，已可能每分鐘傳達400至500字高速度二重記錄。1931年後更進一步進行送信機的增設，在頻發臺日間海底線全線不通的一九三〇年代，因開設對東京及大阪各二回線，及對福岡一回線，要在海底線故障時將全部臺日間電報疏通亦不會感到任何困難。[50]

　　總之，在無線電報開始當時，臺日間電報通數一日約有6,000通，臺日間電報在海底電報線正常運作下，大體依賴海底電報線得以疏通，無線回路當初不過作爲海底電報線的輔助設施。但隨著臺灣的產業、文化的進展下，臺日間電報走向增加一途，到了日治後期的1940、1941年時，增加到一日有8,000通以上程度。但此時海底電報線仍發生故障不通情形，不過隨著無線電報系統中，***短波通信設備的增加，通信的能率因此向上***，臺日間電報傳送已改善到不見些許停滯之情形，結果日臺間電報通信管道變爲以無線電報系統爲主。[51]

　　最後，若就1935年左右臺灣對外電報通信來看，除與日本以外的海外電報是以中國華南及南洋爲主，其線路大抵藉臺北、福州間之海底電報線，和臺北、香港間的無線電臺及臺北、馬尼拉間的無線電臺來進行收發，其他與外國各地的收發電報都是經由日本國內來處理。其中臺北、福州間的海底電報線一日辦理數量約60通左右，其中至廈門、福州、汕頭、廣東的通信占大部分。臺北、香港間之無線電報則是1930年10月開始，除了可與中國南方的香港、澳門兩地接發電報外，與南洋地區的菲律賓、英領北婆羅洲、法領中南半島、荷領印尼、泰國、緬甸、馬來半島、印度、澳洲各地的電報收發亦利用此無線電來處理，通信辦理時間爲上午8點至下午9點。依此無線電每日公眾電報平均約40通，但若扣掉與中國南方的香港、澳門的收發數量的話，一日約僅有5通而已，經由此線電報內容大

---

[50] 日本無線史編纂委員會，《日本無線史》（第12卷，外地無線史），頁14-15、25。

[51] 日本無線史編纂委員會，《日本無線史》（第12卷，外地無線史），頁25；日本無線史編纂委員會，《日本無線史》（第4卷，無線事業史），頁72、76、78-80、184、195。

多僅限於商業用途，其中銀行業、船舶業占絕大多數。至於臺北、馬尼拉間之無線電報是於1932年3月開始，每日公眾電報不過4通左右及由馬尼拉來的氣象電報3通，電報內容則限於船舶業及商業方面。[52]

四、航空及戰時需求下的設施擴張

(一)航空無線的需求

　　就飛機的發展史來看，無線電導航應用在飛機的航行上是近代空運上的一大進步，使它能與鐵路運輸相競爭。就航空飛行來說，除了本身是否為一流的飛機外，最大影響因素是氣候，其次為導航的效能，因此飛機及航空場站設備的有效運用，極大影響了飛行的安全性及起降的準時性。[53]

　　在1931年後，臺北電信局伴隨著每年增設通信回線，擴充送受信機和空中線的設備，至1938年時，在板橋送信所和淡水受信所中，已無給於機器及空中線增設的餘裕空間，加上此時航空事業有顯著發展，在航空通信以及氣象通信設施上有緊急的需求。[54]

　　早先，在1935年日臺定期航空開始後，1936年1月在臺北飛行場內設置通信所，為臺北電信局的松山分室，送信機設於板橋送信所，受信機設於淡水受信所，各自增設相關設備以辦理基地聯絡及對飛機聯絡。[55]

---

[52] 井出季和太，《臺灣治績志》（臺北：臺灣日日新報社，1937），頁835-836；臺灣總督府交通局遞信部，《臺灣の通信》，頁35-41。臺灣與南洋地區的聯絡除了利用臺北、香港間無線電及臺北、馬尼拉間之無線電收發外，在上述兩個無線電聯絡處理時間外，有極少數是經由長崎至上海再通往香港的海底電纜（英國屬籍大東電信會社線），再轉往南洋各地，不過一個月不過一至二通而已。

[53] 林秦立計畫主持，《桃園日治時期電信設施調查研究計畫》，頁29。

[54] 小原一二著，《臺灣における電氣通信》，頁73-74、85；日本無線史編纂委員會，《日本無線史》（第12卷，外地無線史），頁14-16、19-20、25-29、57-58、67。

[55] 林秦立計畫主持，《桃園日治時期電信設施調查研究計畫》，頁72-73；小原一二著，《臺灣における電氣通信》，頁73-74、85；日本無線史編纂委員會，《日本無線史》（第12卷，外地無線史），頁14-16、19-20、25-29、57-58、67。關於日治後期臺灣民航發展及其在日本市帝國航空圈的意義，可參考曾令毅，〈殖民地臺灣在日本帝國航空圈的位置與意義：以民航發展為例（1936～1945）〉，《臺灣文獻》，第63卷，第3期（2012年9月），頁41-89。

　　事實上，1937年為推動南進政策的本島航空事業的進展，確保航路之航空安全，於是日臺航空路線以臺北電信局為對象籌設臺北航空無線電信局，初期航空之通信設施尚為缺乏，在航空事業進展的趨勢下，必須加速成立航空無線專用局的設置。於是在1937年以降，編列連續三年總工事費共48萬餘元，作為航空無線專用局的設置費用，進行新竹州桃園郡八塊庄之送信所及桃園街埔子之受信所、臺北飛行場通信所之籌建經費，並於1940年3月照預定時程完成設置。1940年8月位於桃園的八塊送信所及桃園受信所，即與位於臺北飛行場內的臺北電信局飛行場分室[56]擔負起氣象通信、飛行狀況、飛行導航的功能（圖4、圖5、圖6）。而且除了飛航的用途，桃園的八塊送信所及桃園受信所亦作為一般公眾通信及廣播訊息之傳遞。自1940年於臺北南方的桃園臺地上建設新的八塊送信所和埔子受信所，其後相關無線設備的增設則都是在於桃園的送受信所。[57]

　　至此，臺北電信局把板橋、宜蘭、八塊三個送信所和淡水、埔子兩個受信所收於傘下，在固定通信聯絡方面，與日本國內有東京以及大阪的各二回線、福岡、鹿兒島和那霸各一回線；與中國方面則有與大連、上海、福州、廈門、汕頭、香港、廣東和海口有所聯絡；與南方方面則和馬尼拉為通信對手；而航空通信方面，在與基地聯絡方面除了與日本國內福岡、鹿兒島和那霸，與國外的河內、曼谷、西貢等外，也與每日於臺北起降達數十班次的飛機有所聯絡；最後，在氣象通信方面，臺灣與東京氣象臺和島內間氣象的聯絡，都使用此無線電報設施。在戰爭後期，臺北電信局可說是擔任著日本帝國南端通信基地的重要使命。[58]

---

[56]　此臺北飛行場內的臺北電信局飛行場分室的辦理事務，在1943年6月起由臺北航空無線電信取扱所繼承。臺灣總督府，《臺灣總督府官報》，第359號，1943年6月16日，頁82。

[57]　林秦立計畫主持，《桃園日治時期電信設施調查研究計畫》，頁72-73；小原一二著，《臺灣における電氣通信》，頁73-74、85；日本無線史編纂委員會，《日本無線史》（第12卷，外地無線史），頁14-16、19-20、25-29、57-58、67。

[58]　小原一二著，《臺灣における電氣通信》，頁73-74、85；日本無線史編纂委員會，《日本無線史》（第12卷，外地無線史），頁57-58。

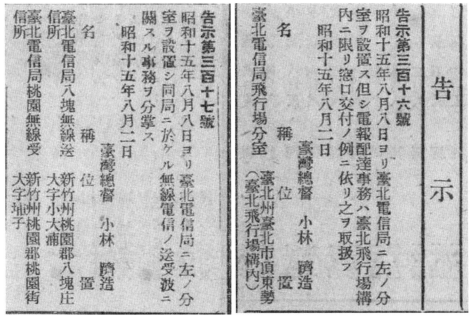

圖4　臺北電信局飛行場分室、八塊無線送信所及桃園無線受信所設立告示。
資料來源：臺灣總督府，《府報》，第3954號，1940年8月2日，頁5。

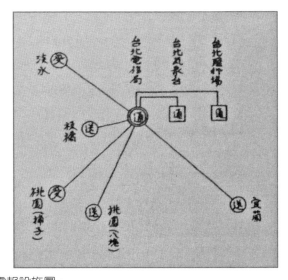

圖5　臺北無線電報設施圖。
資料來源：小原一二著，《臺灣における電氣通信》，頁106。

圖6　1940年桃園航空無線送受信所開所式報導。
資料來源：〈航空臺灣の進展　桃園航空送受信所竣成　けふ開所式を舉行〉，《臺灣日
　　　　日新報》，第14515號，1940年8月9日，2版。

　　在桃園建立的航空無線送受信所，乃是爲了達到飛機飛行時能與飛行基地保持暢通聯絡，這也代表了這個無線送受信所即是因應臺灣規畫爲「南進航空基地」所設立的航空輔助設施，而爲何要在桃園地區設立這麼密集的無線電網，很明確的原因是因爲鄰近日治時期的臺北飛行場。[59]

(二)對外無線電報聯絡地區的增加

　　在1937年後，因爲中日戰爭戰時的需求，臺灣增加了不少島外的電報傳送回線。其中大部分是無線電報回線，但也有少數的海底電報線。在此先對爲數不多的海底電報線進行介紹，再說明無線電報回線增加的情形。

---

[59]　林秦立計畫主持，《桃園日治時期電信設施調查研究計畫》，頁69。

　　在日治時期臺灣和中國間的電報聯繫，1937年前僅是依賴清末鋪設的淡水─川石山線，並無新設任何海底電報線。然因戰事關係，1937年後中、臺間有線電報線的增加頓時有所需要。事實上，從1937年日中戰爭發生後至1945年，在日本陸海軍軍事的要求下，日方於東海及東南亞鋪設了許多軍用海底電纜。像是為了增加臺灣與華南占領區間的資訊聯絡，在1938年6月，開始鋪設由臺灣澎湖群島至福建廈門間（176.2公里）的海底電報線；另外，同年12月也開始鋪設高雄至廣東間（795.2公里）的海底電報線。[60]上述這兩線因是軍事用途，並無開放民間使用。而為何此時有鋪設海底電報線的需求呢？主因是在當時雖然無線通信已很發達，但無線通信不可避免會有受到敵方監聽的疑慮，因此海底線鋪設在軍事上仍有其必要性。[61]

　　至於主要增加的無線電報回線方面，在臺灣與日本本土方面，於1941年12月1日開始與福岡無線電報的聯絡。[62]對外通信方面，戰前已建立的臺北、香港間及臺北、馬尼拉間之無線電報，因太平洋戰爭爆發後，於1941年12月均曾告斷絕，其後1942年2月1日和香港；8月1日和馬尼拉才恢復通信。[63]

　　而臺北與上海間在1937年日中戰爭爆發前就有相當的通信數量，戰爭爆發後則有顯著增加，一日到達600乃至於700通的程度，在與華中電氣通信株式會社間的協定基礎上，由1941年7月10日開始以上海無線電信局為

[60] 日本電信電話公社海底線施設事務所主編，《海底線百年の步み》（東京：電氣通信協會，1971），頁581、961。

[61] 有山輝雄，《情報霸權と帝國日本II》（通信技術の擴大と宣傳戰）（東京：吉川弘文館，2013），頁69、461。

[62] 日本無線史編纂委員會，《日本無線史》（第4卷，無線事業史），頁184、195。

[63] 臺灣總督府，《臺灣統治概要》，頁200；日本電信電話公社電信電話事業史編集委員會編，《電信電話事業史》（第6卷）（東京：電氣通信協會，1959年），頁576-577。

對手局,進行直接電報聯絡。[64]

　　此外,中國華南地區因與臺灣地理位置關係密切,這些隨著日軍占領或勢力所及地區,除了上述提到澎湖—廈門、高雄—廣東這兩條海底電報線新增外,因應軍方需求,臺灣與廈門、廣東、海口、汕頭間也建立了無線電報之聯絡。特別要注意的是,這些於中國新建立的電報機關,乃是由臺灣總督府交通局遞信部協助建立,故在行政上是隸屬於臺灣總督府交通局遞信部。因此在《臺灣總督府遞信統計要覽》中廈門、廣東、海口、汕頭等地是和五州三廳同列於各地方別統計表中。事實上,在日本軍政下華南地區(廣東、廈門、汕頭、海南島)的電報、電話,不同於日軍在華北、華中組織統一公司來經營的方式,而是各自局部的經營,因此經營主體也各自有所差異。但是,就人員和機械設備,除了利用原有美國商社的設施外,大概就是臺灣總督府遞信部派遣而來的。[65]

　　在廈門方面,1938年5月當日軍攻占廈門,在海軍的希望下,為幫助日軍在當地的作戰行動,由總督府協助建立在行政運作上所需的通信設備,及派遣所需人員。在利用原本廈門電話公司的無線電信臨時設備下,與臺北取得無線通信的聯絡,同時臺北方面亦於遞信部監理課設立臨時設備與廈門聯絡。之後在當地設立了廈門電氣通信株式會社以經營電氣通信事業。至1940年11月11日,廈門及鼓浪嶼之相關通信事業就移由該社接

---

[64] 日本電信電話公社電信電話事業史編集委員會編,《電信電話事業史》(第6卷),頁27-28;日本無線史編纂委員會,《日本無線史》(第12卷,外地無線史),頁27。

[65] 日本無線史編纂委員會,《日本無線史》(第12卷,外地無線史),頁20、22;日本電信電話公社電信電話事業史編集委員會編,《電信電話事業史》第6卷,頁302;村松一郎、天澤不二郎編,《日本現代日本產業發達史》(第22卷,陸運・通信)(東京:交詢社出版局,1965年),頁420-421。在華北、華中地區,於1938年起透過日本系的通信國策會社設立來作為經營主體,如華北電政總局(後來改組為華北電信電話株式會社)、華中電氣通信株式會社、蒙疆電氣通信設備株式會社。貴志俊彥,〈通信メディアの展開と國際關係〉,收入飯島涉、村田雄二郎、久保亨編,《シリーズ二十世紀中國史》(第2卷)(東京:東京大學出版會,2009),頁203。《日本無線史》將這裡電報局列為華南占領地派遣的電報局。

管。[66]

　　接著，在廣東方面，因南方派遣軍對總督府提出通信人員及機器派遣的要求，1938年11月29日於當地的工事完成後，在無妨礙軍用通信範圍下，12月8日開始辦理廣東與臺灣間的一般公眾電報通訊。[67]

　　之後到了1939年2月日軍對海南島攻略完成，在南方派遣軍委託下，總督府派遣人員及架設該島與臺灣、廣東間無線通信所需要之設備，在工事完成後，亦於4月8日開始辦理軍用及一般民眾之電報通訊。其後，汕頭也在日軍占領後，在南方派遣軍希望下，為了當地與臺灣、廣東的通信聯絡，由總督府馬上設置了75瓦特的短波無線裝置，在該年7月28日將通信員6名、技術員5名及器材送達汕頭，隔月18日開設電報局，開始辦理軍用及一般民眾電報通訊。[68] 到了1943年4月1日，原由臺灣總督府直營的海口無線通信設施，移交給日本國際電氣通信公司，由該公司繼承了相關無線通信設施。[69]

　　這些由總督府管轄的華南電報機關，在通信數量上是以廣東為最多。這是因為廣東不僅是華南的政治、經濟、軍事、交通、文化等要衝，再加上接近香港，所以為日本軍方特別重視。對日方來說，廣東當地通信設備的整頓，乃是促進東亞新秩序建設上十分要緊的事，因此除了與臺灣的聯繫外，1938年後擴充設備，建立了廣東與東京、上海間的無線電報聯繫，及船舶、氣象、航空等聯繫設施，故在電報通訊數量上遠多於其他地方。[70]

---

[66] 臺灣總督府外事部，《支那事變中東亞戰爭ニ伴フ對南方施策狀況（1943年1月）》（臺北：臺灣總督府外事部，1943），頁129；〈廈門、本島間電報取扱開始〉，《臺灣日報》，第13103號，1938年6月17日，夕版2；日本無線史編纂委員會，《日本無線史》（第12卷，外地無線史），頁22。

[67] 臺灣總督府外事部，《支那事變中東亞戰爭ニ伴フ對南方施策狀況（1943年1月）》，頁188。

[68] 臺灣總督府外事部，《支那事變中東亞戰爭ニ伴フ對南方施策狀況（1943年1月）》，頁154-155、222-223。

[69] 日本電信電話公社電信電話事業史編集委員會編，《電信電話事業史》第6卷，頁302、479。

[70] 臺灣總督府外事部，《支那事變中東亞戰爭ニ伴フ對南方施策狀況（1943年1月）》，頁188。

(三)僅剩無線系統下的島外聯繫

隨著戰爭情勢對日本的不利，臺灣通信相關設備也遭受到空襲的破壞。除了島內通訊設備的破壞，臺灣對外的電報設施在戰爭結束時其命運又是如何呢？其中與日本連接的三條海底電報線，皆在太平洋戰爭中因海底線障礙，於1942-1943年時呈現不通的情形，雖然遞信省有出動南洋丸致力於修復工事，但由於以臺灣為中心的海域遭受美軍潛水艇頻繁地襲擊，遇難的船舶無數，而修繕船南洋丸亦在1945年2月受到襲擊而遇難，因此到終戰時仍呈現不通情況。而與中國的海底電報線，臺北—川石山線於1938年5月即因海底線障礙而不通，直至終戰亦呈現此情形；1938年6月完成的澎湖—廈門線則在1942年8月因海底線的障礙而不通，因此改為臺北—澎湖線，亦至終戰時無法全通；而1938年鋪設的高雄—廣東線也在1942年1月因海底線的障礙而不通，之後直至終戰也仍是不通情況。[71] 總之，在戰爭結束時，所有對外的海底電報線都因海底線路有所障礙而不通，對外聯繫只能依賴無線電設備。

1945年由臺灣總督府所編纂，作為統治現況報告的《臺灣統治概要》中提到，無線電報通信方面，在終戰時刻，與日本間之聯絡除東京、福岡以外，亦因臺灣這邊及日本那邊設備一部分之故障而呈現停止中；對外電報方面，1942年恢復與香港、馬尼拉的電報通信，在終戰時也再度呈現不通狀態；與中國方面，因中國方面的緣故，終戰當時與廣東、上海乃呈現不通。[72]

事實上，無線電報或無線電話設施損害情形，若與猛烈的空襲相較來說實較為輕微，關於無線電報方面除臺北電信局外，另三個無線電信局和它們八個分室，以及花蓮港、臺東、臺南、澎湖各郵局內附屬設施等，主要損害的有淡水受信所廳舍有中等程度的破損，基隆無線電信局空中線和

---

[71]　小原一二著，《臺灣における電氣通信》，頁52-56。

[72]　臺灣總督府，《臺灣統治概要》（臺北：臺灣總督府，1945），頁200；郵政省編輯，《續遞信事業史》（第5卷，電信電話下 國際電信電話）（東京：前島會，1961），頁504。

臺東郵局送受信機有嚴重毀壞，臺北電信局和桃園送受信所間連線用電纜則被斷線，而無線電話方面則幾乎沒有受到損害。[73]

　　綜合來看，由表6可得知，不論是與日本或中國聯絡的海底電報線，都因在戰爭中損壞而呈現在海底障礙無法使用的情形。而作爲臺灣與島外

表6　戰爭結束時臺灣對外電報聯絡設備及損害

線路名稱	線數	戰爭中損害
海底電報線　　單位：條		
臺北—福州間	1	在海底障礙
臺北—長崎間	2	同上
臺北—八重山—那霸間	1	同上
澎湖—廈門間	1	同上
臺南—香港—廣東間	1	同上
無線電報　　單位：回路		
臺北——上海間	1	無
臺北——廣東間	1	休止中
臺北——汕頭間	1	休止中
臺北——海口間	1	休止中
臺北——廈門間	1	休止中
臺北——香港間	1	休止中
臺北——馬尼拉間	1	休止中
臺北——東京間	1	無
臺北——福岡間	1	無
臺北——大阪間	1	無
臺北——鹿兒島間	1	有

資料來源：臺灣省行政長官公署交通處，《臺灣交通彙報》（臺北：臺灣省行政長官公署交通處，1947年1月），頁150。

---

[73] 小原一二著，《臺灣における電氣通信》，頁42。

聯繫的海底電報線上陸地點的淡水海底線中繼所，在1944年10月遭遇空襲，局舍和設施方面遭到極大的損害，因此直至終戰時仍呈現完全不能通信的狀態。[74]至於無線電報方面損害則較少，與中國上海仍可聯絡，而與廣東、汕頭、海口、廈門間則呈現休止狀態；與南洋地區聯絡的香港、馬尼拉亦呈現休止狀態；至於與日本方面，除與鹿兒島間的無線電報有所損壞外，其他和東京、福岡、大阪間的都仍可聯絡運作。不過即使與日本仍可依無線電報電話來聯絡，但因臺灣所屬情勢變化，從1946年1月起，與東京、大阪、福岡和鹿兒島等日本本國的無線通信乃全部被關閉。[75]

五、結論：延續至戰後臺灣對外聯絡主力

在二十世紀初期，電氣通信的發展中，無線電信有著頗為異常地進步，以無線電信的方式，於大西洋高速傳送的跨洋通信成為可能，且發送電報速度比起陸上電報或海底電報毫無遜色。[76]

日本人統治臺灣後，基於政軍及經濟之需求，先後鋪設了三條連接臺日間的海底電報線，分別是鹿兒島—那霸線、那霸—基隆線於1897年5月、淡水長崎一號線於1910年10月、淡水長崎二號線於1917年7月完成。而自1917年後至1945年，就未有新的海底電報線鋪設，而朝向建立無線電報局以應付逐漸擴大的臺日通信數量。[77]

因此，就臺灣海外電報通訊史來說，1928年臺北的無線固定局完工後，正式展開與日本國內無線電報通訊，實為一個重要分界點，先前因有

---

[74] 日本方面，在1945年連接臺灣和日本本土的海底電纜之上岸室，因為為盟軍攻擊的標的而受害，在戰爭末期日本對外的海底電纜，除了經由朝鮮半島的無裝荷電纜之外，幾乎機能都呈現停止狀態。日本電信電話公社海底線施設事務所主編，《海底線百年の步み》，頁393；貴志俊彥，〈通信メディアの展開と國際關係〉，頁205。

[75] 小原一二著，《臺灣における電氣通信》，頁22。

[76] 齋藤愛二（遞信局局長），〈內臺間電信問題：無線電信利用—に就て〉，17版。

[77] 曾立維，〈由擴張至中斷——戰爭下臺灣、中國間電報通訊的關係之研究（1937-1949）〉，《臺灣史料研究》，第43期（2014年6月），頁102。

線海底電報線故障所導致的通訊中斷、阻塞問題，可說逐漸獲得改善。

　　然而，此時臺日間無線系統主要依靠長波無線，通信由於空電混信的妨礙，故要在高速度記錄通信的困難頗多，因此改善設備依短波完成高速度記錄通信為急務。在臺灣和日本透過無線電報開始傳送電報的1928年，日臺間電報在海底電報線正常運作下，大體依賴海底電報線得以疏通，無線電報當初不過是被當作海底線輔助設施的角色。

　　然而，到了1931年，隨著臺北電信局送受信所的短波送受信設備的改裝、增設，和空中線亦建設性能優秀的指向性空中線，使得無線電報系統疏通臺日間電報的能力有顯著地進展。隔年，在沒有電報受理時間的限制、借用海岸局的援助等情形下，連日至晚上12點，或是至隔日早上就得以處理完所有停滯的電報，如此正可看出無線電報系統，已漸次超越海底線輔助設施的角色。

　　1931年後更進一步進行無線送信機的增設，在臺日間海底線全線不通仍有發生一九三○年代，因開設對東京及大阪各二回線，及對福岡一回線，要將全部臺日間電報疏通亦不會感到任何困難。臺日間電報通信變為以無線系統為主，可說是解決了臺日間電報傳遞的問題。

　　隨著臺日間電報量的增加，再加上在1935年日臺定期航空開始後，對航空通信及氣象通信設施上的需求越來越大，再加上在1937年為推動南進政策的本島航空事業進展，確保航路之航空安全的目標下，必須加速設置航空無線專用局。在此想法下，1940年8月位於桃園的八塊送信所及桃園受信所開始運作，在臺北飛行場之臺北航空無線電信局下擔負氣象通信、飛行狀況、飛行導航的功能，而且除了飛航的用途，也作為一般公眾通信及放送廣播訊息之傳遞。

　　另一方面，1937年日中戰爭爆發後，一向不被理會的臺灣對中國的電報系統也因戰爭需求而有增設，由此看出在戰爭影響下使中國、臺灣兩地電報通訊更為密切。之後，隨著日軍於太平洋戰場的節節敗退，在美軍的轟炸下，不論是與日本或中國聯絡的海底電報線，都因在戰爭中損壞而呈

現在海底障礙無法使用的情形；相對來說，無線電報系統則仍可聯絡運作或呈現休止狀態。

　　戰後，雖然沒有了戰爭因素，但臺灣被國民黨領導下的中華民國接收，因此與中國的聯絡當然成為相當重要的事物。所以，在利用日治時期臺北電信局的無線電設施，至1946年年底時，已有臺北跟上海、福州、廈門、汕頭、永嘉、南京、天津和香港等8路的島外無線電報聯絡。關於臺灣與中國間的三條海底電纜，在交通部1946年所提的「中國沿海水線之設置及修復計畫」中全都被列入修復行列，而且還要增設與首都鄰近最大商港上海間的海底電纜，可見在和中國重新成為同一統治圈下時，彼此間電報聯繫設施的增加是被十分看重的。相對的，和日本連接的三條海底電纜，因為政治情勢的轉變被交通部認為已無需要，希望當作新建及修復電纜的材料。不過，因為海底電纜的產權牽涉國與國間和約問題，非中華民國政府單方面可作決定，這些由二次世界大戰末期即因故障問題而停用的海底電纜，其被修復的可能性也因1949年後中國、臺灣兩方電信的禁止而化為烏有。[78]

　　事實上，比起有線的海底電報線，至終戰時功能全面停擺，這些1928年起建立起的無線電報系統，在終戰時仍保有與島外地區的通訊功能，也因此擔負著戰後初期與中國方面通訊聯絡的主要角色。

---

[78] 曾立維，〈由擴張至中斷—戰爭下臺灣、中國間電報通訊的關係之研究（1937-1949）〉，頁126。

由森林鐵路到觀光鐵路 —— 日治時期阿里山鐵路經營策略之轉變（1896-1945）[*]

蔡龍保[**]

摘要

　　阿里山為國際觀光旅遊景點，日治時期與太平山、八仙山並稱臺灣三大林場。自1906年5月日本藤田組開始施工算起，至今已有116年的歷史。今日，已經和當地的林業成為重要的文化資產，也是該地發展文創、觀光、商旅等產業的重要底蘊。然而，這長達116年的歷史過程，吾人對於阿里山鐵路的性質、經營策略的變遷等基本認識仍然不足，值得再做深入而明確的定位，以利日後相關研究之參考。本研究先究明日治時期阿里山鐵路的敷設目的與經營策略，分析一九三〇年代前後大環境成熟的條件下，阿里山作為觀光地的發展對鐵路經營的影響，檢證其由產業鐵路邁向觀光鐵路的過程，指出1931年起客運收入屢屢高於貨運，呈顯日治時期營林局所採「觀光鐵路」、「強化客運」的經營政策已有明顯成果。

關鍵字：森林鐵路、觀光鐵路、阿里山、經營、日治時期

---

[*] 本文在蒐集資料期間，獲國立臺北藝術大學黃士娟副教授及陳柏良先生協助，在「檔案裡的軌道顯影——阿里山林業暨鐵路圖書文獻」、「東亞近現代史中的變遷、對抗、融合——從歷史、教育、產業、經濟的視角」兩研討會上，獲李文良教授、鄭麗玲教授獲得重要修正建議，投稿期間獲兩位匿名審查人以及主編惠賜諸多寶貴意見，在此一併誌謝。本文為國科會專題研究計畫「日治時期阿里山鐵路的經營・山林開發・空間塑造例」（NSTC 112-2410-H-305-043-MY2）成果之一部分。

[**] 國立臺北大學歷史系教授

From Forest Railway to Tourist Train: Focus on Changes in the Management Strategy of the Alishan Railway (1896-1945)

Lung-Pao Tsai[*]

Abstract

Alishan is an international tourist attraction. During the Japanese-ruled period, it was also known as the three major forest farms in Taiwan along with Taiping Mountain and Baxian Mountain. It has been 116 years since the Japanese Fujita Group started construction in May 1906. Today, it has become an important cultural asset with the local forestry, and it is also an important foundation for the development of cultural and creative, tourism, hotel and other industries in the region. However, in this 116-year historical process, our basic understanding of the nature of the Alishan Railway and the changes in business strategies is still insufficient. This research first studies the laying purpose and business strategy of the Alishan Railway before WWII, analyzes the influence of the development of Alishan as a tourist destination on the railway operation under the conditions of mature environment around the 1930s, and verifies that it has moved from industrial railway to tourist train. In the process, it is pointed out that since 1931, the revenue of passenger transportation has repeatedly exceeded that of freight transportation. It shows that business strategies of "tourist railway" and "strengthening passenger transport" adopted by the Forestry Bureau have achieved obvious results.

Keywords: forest railway, tourist train, Alishan, management, Japanese-ruled period

[*] Professor, Department of History, National Taipei University.

一、前言

　　阿里山目前為國際觀光旅遊景點，日治時期與太平山、八仙山並稱臺灣三大林場。為了開發阿里山林場檜木資源而興築阿里山鐵路。1906年5月，日本藤田組開始築造工程，至今已有116年的歷史。今日，已經和當地的林業成為重要的文化資產，也是該地發展文創、觀光、商旅等產業的重要底蘊。然而，這長達116年的歷史過程，吾人對於阿里山鐵路的性質、經營策略的變遷等基本認識仍然不足，基本的發展分期亦值得商榷。例如林務局嘉義林區管理處《阿里山森林鐵路之沿革概要表》，將發展分為伐木運輸的採運機具時期（1906-1963）、客貨運並重之交通工具時期（1963-1982）、觀光旅遊為主的運輸工具與邁向文化資產時期（1982-今）。[1]然而，日治時期阿里山鐵路的發展，實難以「伐木運輸的採運機具時期」一筆帶過，其何時、如何、為何轉向觀光鐵路，由貨物轉為旅客為主的經營及其成果，值得再做深入而明確的定位，以利日後相關研究之參考。

　　關於日治時期阿里山森林鐵路的相關研究，最初是被置於林業發展史的研究脈絡下附帶論及，大體和臺灣總督府的理蕃政策脫離不了關係。李文良〈帝國的山林——日治時期臺灣山林政策史研究〉為最重要的代表作品，該文指出即使到了直到1933年，總督府因日本退出國聯、面臨區域經濟的壓力以及戰爭的預期下，為謀求自給自足，蕃地的拓殖政策依然必須經由與理蕃、林政間相互折衝。值得注意的是，蕃地拓殖論有往山林保育思想調整的傾向。[2]而後，吳明勇繼續闡明林學與研究部門之系譜，洪廣冀重新審視殖民者對臺灣林野的調查、分類、管理、開發的歷史脈絡，[3]

---

[1]　林務局嘉義林區管理處，《阿里山森林鐵路之沿革概要表》（嘉義：該處，1998），頁1-3。

[2]　李文良，〈帝國的山林——日治時期臺灣山林政策史研究〉（臺北：國立臺灣大學歷史研究所博士論文，2001）。

[3]　洪廣冀，〈林學、資本主義與邊區統治：日治時期林野調查與整理事業的再思考〉，《臺灣史研究》，卷11，期3（2004年12月），頁77-144。

張家綸則是在官廳與民間在造林事業的推動角色上有較深入的分析，[4]皆各有其貢獻。著墨於鐵路的討論較少，實屬自然。

　　本研究擬將阿里山鐵路的經營置於林業、交通、觀光發展的脈絡下進行討論，於文獻回顧之後，依〈日治時期阿里山鐵路的經營策略〉、〈不止於林業鐵路——阿里山作為觀光地的發展〉、〈交通運輸的配套建置與客運量的變化〉等三方面，來進行分析與討論。闡明日治時期阿里山鐵路較為人忽略的經營政策轉變歷程，究明阿里山鐵路經營政策階段性轉變的因素，釐清是否或如何由「產業鐵路」轉為「觀光鐵路」。

二、文獻回顧

　　除前言提及的林業史研究的基礎外，本研究希望再將之置於日本帝國的鐵路史研究、觀光史研究的脈絡與視角，思考影響阿里山森林鐵路經營的原素與時代背景之變化，整合性地觀察彼此的交互影響關係，並進行深入的綜合分析。以下，就這兩個研究脈絡進行文獻回顧。

　　早在二十餘年前，東西方學者的研究中陸續出現許多與東亞經濟發展有關的經營史、經濟史研究，值得注意的是，有一些研究在究明臺灣、韓國等殖民地經驗和戰後發展的關係後，對於殖民地基礎建設紛紛持肯定看法。例如David S. Landes, The Wealth and Poverty of Nations、[5]陳玉璽《臺灣的依附型發展》、[6]Thaomas B. Gold〈殖民地時期臺灣資本主義的根源〉，[7]以及深川博史〈植民地政策とインフラストラクチュア—朝鮮半

---

[4]　張家綸，〈植樹之道：日治時期臺灣樟樹造林事業及其學術研究〉（臺北：國立臺灣師範大學歷史學系博士論文，2006）。

[5]　David S. Landes著，汪仲譯，《新國富論—人類窮與富的命運》（臺北：時報出版社，1999）。

[6]　陳玉璽著，段承璞譯，《台灣的依附型發展》（臺北：人間，1995）。

[7]　E.A.Winckler、S.Greenhalgh編著，張苾蕪譯，〈殖民地時期台灣資本主義的根源〉，《台灣政治經濟學諸論辯析》（臺北：人間出版社，1999）。

島の經驗〉等均是。[8]當然，也有持全面否定看法的傳統捍衛者，例如高成鳳《植民地鐵道と民眾生活──朝鮮、臺灣、中國東北》即是。[9]殖民地經驗並非是殖民地近代化的先決條件，即使不成爲殖民地，各地也會走向近代化。近代化是日治時期臺灣史的特徵之一，新式交通的引進和發展更是臺灣近代化過程中重要的一環，臺灣的新式交通可說是奠基於日治時期。其中，鐵路事業更是重中之重，對地區的發展、資源的開發、產業的興起、人口的流動、文化的傳播等社會、經濟、文化各個層面所帶來的發展和變遷帶來巨大的影響。以下，就日本帝國的鐵路史來做一回顧觀察，定位本研究在鐵路史研究脈絡上的重要性。

㈠政策史與經營史的論辯

　　日治時期臺灣鐵路的研究，由於研究方向和立場不同，論述的重心有明顯的差異，內容多偏向強調臺灣鐵路的殖民地特性及其在殖民地所扮演的特殊角色。永雄策郎《植民地鐵道と世界經濟的及世界政策的研究》，釐清各國學者對「殖民地政策學」的定義，討論「殖民地政策學」下的「殖民地鐵道政策」之理論性定義，從而以「世界經濟」及「世界政策」的觀點切入研究。[10]但作者以爲臺灣鐵路只具地方交通性質，並無探討的必要，因此著墨甚少。儘管如此，其將殖民地鐵路研究置於經濟學領域來探討，獲得極高的評價，是值得參考的一個重要視角。

　　伊澤道雄著《開拓鐵道論》與永雄策郎著《植民地鐵道と世界經濟的及世界政策的研究》兩書同爲大架構的作品，但由於彼此定義不同，探討的對象亦有所岐異。伊澤道雄是滿鐵的職員，從鐵道官僚的現場經驗來檢討實際經營狀況，爲其特點之一。其所謂的「開拓鐵道」是指在文化、

8　深川博史，〈植民地政策とインフラストラクチュア─朝鮮半島の經驗〉，《社會科學論集》號32，（1992年3月），頁102-72。

9　高成鳳，《植民地鐵道と民眾生活──朝鮮、台灣、中國東北》（東京：法政大學出版局，1999）。

10　永雄策郎，《植民地鐵道と世界經濟的及世界政策的研究》（東京：日本評論社，1930）。

產業未發達之地所建的鐵路，此種鐵路主要使命在於開墾未開發地區、開發資源、移殖人口。該書雖有殖民者的鮮明立場，甚至有將殖民合理化的意味，但作者盡量避免作抽象的論述，以世界各國「開拓鐵道」發展的共通事實為基礎，探討「開拓鐵道」的概念、「開拓鐵道」與國家的關係、「開拓鐵道」的經營及其運費政策等問題，[11]對殖民地鐵路研究提示了重要的研究方向和切入點。

　　上述兩本重要著作提示了重要的政策觀點，有再進行深入的實證性研究之必要。而經營史的視角，即為重要的觀點之一。日本學界重要的作品則屬高橋泰隆《日本植民地鐵道史論——臺灣、朝鮮、滿州、華北、華中鐵道の經營史的研究》一書。該書以二次大戰前日本支配的海外鐵路作為研究對象，從以下三個角度進行分析：一、以鐵路作為支配、開發殖民地的基礎條件之一；二、重視中國鐵路作為帝國主義支配工具之面向；三、將殖民地鐵路視為殖民地或占領地最大的商業組織。嘗試以「經營史」的新視角重新整理殖民地「掠奪與成長」體系，著重探討臺灣鐵路的興築和營運。[12]可惜對於鐵路政策之變遷、鐵路從業人員培訓及其素質、運費制度、鐵路體質、鐵路改良事業等影響鐵路營運的內部因素之探討較為欠缺，較無法從各面向解析營運問題。韓國學者高成鳳《植民地鐵道と民眾生活——朝鮮、臺灣、中國東北》一書，內容架構以朝鮮、臺灣、中國東北鐵路的興築和營運為中心，透過比較呈現各地鐵路之特殊性。然而，由於第一手資料使用不足，且以小篇幅論述各個殖民地鐵路，相較前書突破不多。[13]

---

[11] 伊澤道雄，《開拓鐵道論》（上）（東京：春秋社，1937），頁4-5。

[12] 高橋泰隆，《日本植民地鐵道史論——臺灣、朝鮮、滿州、華北、華中鐵道經營史的研究》（東京：日本經濟評論社，1995），頁5。

[13] 蔡龍保，〈評介高成鳳著《植民地鐵道と民眾生活——朝鮮、臺灣、中國東北》〉，《臺灣師大歷史學報》，期33（2005年12月），頁223-234。

㈡歷史學基礎研究的累積

　　相較於前期概為經濟學者、經營學者之作品，歷史學者的研究起步較慢，但卻是重要的基礎實證研究。臺灣歷史學界展開日治時期臺灣鐵路史研究，始於幾本重要的碩士論文。張慶隆〈臺灣縱貫鐵路經營之研究——以「滯貨事件」為中心（1895-1924）〉是第一本以日治時期臺灣鐵路為主題之論文。該書以縱貫鐵路營運後的「滯貨」問題作為探討中心，先論述修築縱貫鐵路的背景、鐵道部的成立與發展，再探究貨物滯運事件與鐵道部之因應、修建海線和人民的反對等課題。[14]詳細探討「滯貨事件」，讓研究者注意到滯貨對於鐵路營運發展之影響，以及與滯貨互為因果的鐵路改良問題等有待進一步深入探討。

　　王珊珊〈近代臺灣縱貫鐵路與貨物運輸之研究（1887-1935）〉，探討清領時期臺灣鐵路的建設與營運狀況，以及日治時期鐵道部的組織沿革、縱貫鐵路的延伸與擴展，以及新竹州的縱貫鐵路及地方輕便軌道的貨物運輸功能。並以新竹州的開發為例，描繪輕便軌道與國有鐵路連結的貨運網、分析貨物種類與貨運量，闡明新竹州運輸物流狀況及地方產業特色。[15]林淑華〈日治前期臺灣縱貫鐵路之研究（1895-1920）〉與前文的研究斷限和內容雖然重疊，但較詳細探討縱貫鐵路建造之經緯、鐵路之經營及其人事分析、與臺灣社會經濟發展之關係。[16]拙著《推動時代的巨輪：日治中期的臺灣國有鐵路（1910-1936）》，探討日治中期國有鐵路的發展及其對臺灣社會經濟之影響，從政策面切入探討國有鐵路內部營運、外部硬體設施質和量的長期發展與擴張、汽車運輸興起後鐵路在島內陸運發展的角色、聯運交通網的形成，以及鐵路與臺灣社會經濟之互動關係。由

---

[14] 張慶隆，〈臺灣縱貫鐵路經營之研究——以「滯貨事件」為中心（1985-1924）〉（臺北：國立政治大學歷史研究所碩士論文，1996）。

[15] 王珊珊，《近代台灣縱貫鐵路與貨物運輸之研究》（新竹縣：新竹縣政府文化局，1998）。

[16] 林淑華，〈日治前期臺灣縱貫鐵路之研究（1895-1920）〉（臺北：國立師範大學歷史研究所碩士論文，1999）。

於臺鐵的發展在許多方面是日本國鐵經驗的移植，亦透過與日鐵作比較探討，究明臺鐵發展的定位和評價。[17]

　　另，拙著〈戰時體制下臺灣總督府交通局鐵道部的官制改革（1937-1945）〉、〈戰時體制下的台灣總督府鐵道部運輸政策研究（1937-1945）〉，則補白1937年中日全面戰爭爆發後，國鐵的各項改革與重要協助戰爭角色。前篇指出，為因應戰時體制，鐵道部積極參考日鐵與鮮鐵之經驗，透過官制改革，調整組織人事，建立一個符合戰時需求的高效率部門。透過短時間內頻繁的改革，解決臺鐵長期以來在組織、人事上的問題，並於戰時勉力扮演支援戰爭的角色。[18]後篇指出，臺灣總督府藉由「陸運統制令」的實施以及「經濟動員本部」的成立，塑造以鐵道部為中心的陸運統制，並於戰時艱困的環境中靈活調整客貨運政策、建構島內外交通運輸網絡來苦撐時局。各項施策順利展現其「功能性」的同時，也呈顯出其「局限性」，終難挽頹勢。[19]

㈢視角的擴散——福利衛生、技術史、土木史、私鐵與森林鐵道

　　由前述回顧可知，鐵路史始於一般被視為最重要的國有鐵路之興築、營運及其開拓角色，重視「政策」與「開發」面向，目前明顯轉入「視角擴散」的時代。就國鐵而言，研究視角的轉變上，例如林采成、中村尚史、澤井實、蔡龍保，分別從福利衛生、技術獨立與擴散、技術人員、土建會社等多元視角切入研究。林采成〈鐵道員と身体——帝國の勞働衛生—〉置焦討論鐵道職員的健康、醫療、勞働衛生，並分析不同地域、不

---

[17] 蔡龍保，《推動時代的巨輪：日治中期的臺灣國有鐵路（1910-1936）》（臺北：臺灣古籍，2004），頁1-327。

[18] 蔡龍保，〈戰時體制下臺灣總督府交通局鐵道部的官制改革（1937-1945）〉，《臺灣師大歷史學報》，期42（2009年12月），頁297-326。

[19] 蔡龍保，〈戰時體制下的台灣總督府鐵道部運輸政策研究（1937-1945）〉，《成大歷史學報》，號48（2015年6月），頁197-242。

同職種、平時和戰時、日本和殖民地等之差異；[20]中村尚史〈海をわたる機關車 近代日本の鐵道發展とグローバル化〉以十九世紀和二十世紀之交第一次全球化時代爲背景，描繪全球機關車產業的動向與日本鐵道產業的發展歷史。機關車如何由最初英國壟斷，隨著美國和德國進入市場而多元化，最終日本完成技術獨立；[21]澤井實〈帝國日本の技術者たち〉則究明進入總體戰時，所需的飛機、無線電武器、鐵路技師，活躍於日本和殖民地，戰後轉向私營公司並引領經濟高速增長的過程；[22]拙著〈產、官合作下的殖民地經營——以日治前期鹿島組的在台活動爲例（1899-1926）〉以鹿島組進行個案研究，指出鹿島組掌握「技術」、「時機」與「人脈」，來臺參與鐵道事業。業者在日本國內的經驗與基礎，成爲臺灣總督府複製日本「殖產興業」經驗的利器，清楚看到從上到下的「結構性移植」。[23]

　　至於森林鐵路的相關研究，在鐵路史研究、交通史的研究脈絡下實屬旁枝，可以說是在國有鐵路等幹線鐵路研究趨於成熟後，才擴及到私有鐵路、輕便鐵路、森林鐵路的研究。私鐵、輕鐵、林鐵多有其特殊功用和目的，最初相關研究大多是在糖業、礦業、林業等產業開發等議題中探討。夏威夷大學Ronald G. Knapp撰《*Push Car Railways and Taiwan's Development*》，以新竹州桃園地區輕便軌道爲例，說明輕鐵與農業發展之關係，指出日本統治政策的核心與交通體系創設間具密切的關聯性。[24]

---

[20]　林采成，《鐵道員と身体——帝國の勞動衛生—》（京都：京都大學學術出版會，2019）。

[21]　中村尚史，《海をわたる機關車 近代日本の鐵道發展とグローバル化》（東京：吉川弘文館，2016）。

[22]　沢井實，《帝國日本の技術者たち》（東京：吉川弘文館，2015）。

[23]　蔡龍保，〈產、官合作下的殖民地經營——以日治前期鹿島組的在台活動為例（1899-1926）〉，《中央研究院近代史研究所集刊》，期80（2013年6月），頁77-120。

[24]　Knapp, Ronald G., 'Push Car Railways and Taiwan's Development', *China's Island Frontier: Studies in the Historical Geography of Taiwan*, the university press of Hawaii and the research corporation of the university of Hawaii, 1980。

山田敦〈日本植民地時代台における手押軌道の普及とその影響〉補上文之不足，勾勒敷設的目的、資金、經營，及其與生產、經濟圈的統合、日本商品的流入等關係，探討輕鐵的普及過程及其影響。[25]更具規模或成熟的私鐵、輕鐵研究，以單一輕鐵會社或地區輕鐵爲中心的研究有拙著〈日本殖民地下的臺灣人企業——以桃崁輕便鐵道會社的發展爲例〉[26]、廣野聰子〈日本殖民地時期臺北的都市發展與私鐵經營——以臺北鐵道爲例—〉、[27]韓正誼〈南投地區輕便鐵道之發展與地方產業（1903-1936）〉等論文，以整體輕鐵、私鐵爲對象的研究則有陳家豪《近代臺灣人資本與企業經營：以交通業爲探討中心（1895-1954）》、〈殖民政府、地方開發與臺人資本：以人力輕便鐵道業爲分析對象（1903-1928）〉，[28]對該業界的整體性觀察與跨時代的分析方法，呈顯研究已臻成熟。

　　唯森林鐵路的研究仍不多見，吳仁傑〈阿里山森林鐵道經營之研究（1986-1916）〉是不錯的基礎研究，闡述阿里山森林鐵路前期的興建過程及其經營，尤其著眼於藤田組時期到總督府接收與經營的過程，及官營、民營的爭議。[29]吳政憲《近代八仙山林場的成立與旅行書寫》，對林業史、旅遊史等有其明確之貢獻外，對地方社會記憶的保留、觀光產業發展、文化資產之活用，皆有可資參考之重要資訊。探討主體爲八仙山林

[25] 山田敦，〈日本植民地時代台における手押軌道の普及とその影響〉，《台灣史研究》，號8（1990年3月），頁20-30。

[26] 蔡龍保，〈日本殖民地下的臺灣人企業——以桃崁輕便鐵道會社的發展為例〉，《國史館學術集刊》，第11期，臺北縣新店市：國史館，2007年3月，頁1-46。

[27] 廣野聰子，〈日本殖民地時期臺北的都市發展與私鐵經營——以臺北鐵道為例—〉（臺北：淡江大學日本語文學系碩士班碩士論文，2013）。

[28] 陳家豪，〈殖民政府、地方開發與臺人資本：以人力輕便鐵道業為分析對象（1903-1928）〉，《臺灣史研究》，卷22，號3，（2015年月9），頁97-138；陳家豪，《近代臺灣人資本與企業經營：以交通業為探討中心（1895-1954）》（臺北：政大出版社，2018）。

[29] 吳仁傑，〈阿里山森林鐵道經營之研究（1986-1916）〉（嘉義縣：國立中正大學歷史研究所碩士論文，1999）。

場，但也與阿里山林場、太平山林場在規模、經營、發展等各方面進行比較分析，且有一專章處理運輸系統的建置，[30]提供本研究比較思考上的啟發。

二、觀光史研究脈絡下的阿里山鐵路

人類社會自古以來就有旅行，然而當代社會學卻都指出，前現代旅行的空間移動是具有苦痛性質的經驗、非大眾的活動形式；唯有進入現代社會，空間移動才成為常民生活世界的愉悅活動，這也就是「大眾觀光」（mass tourism）的意義。亦即，當旅行（travel）變成觀光（tour），才接近今日所謂的「近代觀光」。而「觀光」出現的關鍵，被認為始自十九世紀前半的英格蘭，因為第一條商業鐵路的運轉、第一次「鐵路團體旅行」的創辦以及第一家旅行社的成立，都在這段時間。第一條商業運轉的鐵路是1824年由利物浦到曼徹斯特、跨越英格蘭的鐵路；第一次鐵道團體旅行是1841年由商人Thomas Cook招攬當地居民到外地參加禁酒大會；第一家旅行社則為1845年因籌辦團體旅行成功而開設，[31]可謂是近代「觀光產業」的濫觴。Cook旅遊模式到了1862年由英國擴展至歐洲各地，1886年轉入美國。1872年，Cook舉辦首次的環球之旅，1880年到達印度。Cook及其子John Mason Cook在十九世紀末，對觀光事業帶來革命性的影響。[32]

㈠日本觀光史研究視野——由媒體視角‧官方政策到多元視角

日本觀光史研究，最初的視角是落在媒體、官方機構與政策面。有山輝雄《海外觀光旅行の誕生》針對日本最初的海外觀光旅行，由媒體角

---

[30] 吳政憲，《檜林、溫泉、鐵線橋：近代八仙山林場的成立與旅行書寫（1910-1930）》（臺北：稻鄉出版社，2018）。

[31] 蘇碩斌，〈觀光／被觀光　日治台灣旅遊活動的社會學考察〉，《臺灣社會學刊》，期36（2006年6月），頁167-210。

[32] 張倩容，〈日治時期台灣的觀光旅遊活動〉（臺中：私立東海大學歷史研究所碩士論文，2007）。

度提出有趣的觀點。指出日俄戰爭後的帝國意識催生了第一次海外旅遊，遊客第一次到滿洲旅遊看了甲午、日俄戰爭的遺跡，對這片土地的風土人情和歷史卻是漠不關心，是在自我已經形成的框架內的「觀看」旅程。1908年以西歐和北美為目標的首次環球之旅則是代表帝國的旅行，需要保持「同為文明國」的矜持，衣著、語言、神態……都要自我意識到「被觀看」。在西方帝國主義國家，世界旅行一開始是一種「由上往下觀看的觀光旅行」，但日本的情況不同，它是對「被觀看」的自己，尤其是歐美先進帝國主義國家的自卑感，和對未開化民族的優越感混合體，這種扭曲的情感反映在世界旅行的目的地以及歡迎訪日觀光團的表演中。[33]

　　而後，首先建構的還是觀光機構、觀光政策相關的研究。中村宏〈戰前における國際觀光（外客誘致）政策——喜賓會，ジャパン・ツーリスト・ビューロー，國際觀光局設置〉，闡明1893年設立的喜賓會、1912年設立的日本旅行協會、1930年設立的國際觀光局，以及吸引外國觀光客的團體之變遷，釐清由半官半民機構開始的外國觀光客吸引方策走向國策化的過程。[34]千住一〈國際觀光局の10年〉則依據1940年國際觀光局發行的《回顧錄》，指出積極投入對外宣傳為國際觀光局的一大特徵。[35]而後，研究視角的趨於多元化，且由「內地」伸展到「外地」。李良姬〈植民地朝鮮における朝鮮總統府の觀光政策〉則舉出朝鮮總督府的動向，不僅闡明以鐵路事業為中心的觀光開發之實況，亦從視察活動、戰爭遺跡、教育、博覽會、女性等觀點分析朝鮮觀光的樣貌，考察觀光與殖民地統治的關係。[36]高媛〈帝國の風景——滿洲における桜の名所『鎮江山公園』の

---

[33] 有山輝雄，《海外觀光旅行の誕生》（東京：吉川弘文館，2001）。

[34] 中村宏，〈戰前における國際觀光（外客誘致）政策——喜賓會，ジャパン・ツーリスト・ビューロー國際觀光局設置〉，《神戶學院法學》，卷36，號2（2006年12月），頁361-387。

[35] 千住一，〈國際觀光局の10年〉，《觀光文化》，239號（2018年10月），頁29-33。

[36] 李良姬，〈植民地朝鮮における朝鮮總統府の觀光政策〉，《北東アジア研究》，號13（2007年3月），頁149-167。

誕生〉、〈滿鐵の觀光映畫──『內鮮滿周遊の旅 滿洲篇』（1937年）を中心に〉，前者針對滿洲各地的有形、無形觀光資源開發進行考察，闡明日本帝國在其占領區建設「日本化」的名勝景觀；後者分析滿鐵制作的「旅遊導覽」性質的觀光電影，以鐵路巡遊滿洲介紹各地域風貌。[37]

　　近期有二本重要著作，呈顯日本觀光史研究的成熟。老川慶喜《鐵道と觀光の近現代史》，直接提示了鐵路與旅遊業是不可切分的，鐵路使原本辛苦的旅行變成愉快的觀光，使旅行走向大眾化。論及觀光活動、觀光列車的出現，以及湘南、草津、輕井澤等因鐵路帶來的「觀光地化」，歷經戰時的旅遊限制，以迄1970年日本國鐵發起「發現日本」宣傳活動爲止的150年間的日本觀光史發展圖像。[38]千住一、老川慶喜編著《帝國日本の觀光：政策‧鐵道‧外地》，則是跨觀光史、鐵道史、經濟史、媒體史等領域學者合作的跨地域研究專書，探究日本帝國擴張後營造的觀光內涵，日本、臺灣、朝鮮、滿洲、青島的觀光開發，各項旅遊獎勵措施，以及餐飲、旅宿、觀光活動等配套措施，如何支撐日本帝國的政策實踐，由政策、鐵路、外地三面向橫向掌握近代日本觀光之內涵。[39]

(二)臺灣觀光史研究視野──由鐵道研究到多視角觀光研究

　　臺灣的觀光史研究直接以阿里山爲研究主題者不多，但關於觀光主責機構、景觀的論述，旅遊設施、景點、空間、觀光地的建構，以及各類觀光旅遊活動之相關研究已十分豐富，對本研究之觀點啓發十分有助益。拙著〈日治時期臺灣鐵路與觀光事業的發展〉指出，1908年縱貫鐵路完工後，即由鐵道部運輸課「旅客係」負責旅客招徠之宣傳。1931年跟隨日

---

[37] 高媛，〈帝國の風景──滿洲における桜の名所『鎮江山公園』の誕生〉，《Journal of Global Media Studies》，號25（2012年12月），頁11-23；高媛，〈滿鐵の觀光映畫──『內鮮滿周遊の旅 滿洲篇』（1937年）を中心に〉，《旅の文化研究所研究報告》（2018年12月），頁43-65。

[38] 老川慶喜，《鐵道と觀光の近現代史》（東京：河出書房新社，2017）。

[39] 千住一、老川慶喜，《帝國日本の觀光：政策‧鐵道‧外地》（東京：日本經濟評論社，2022）。

本國內的腳步，臺灣總督府交通局決定由鐵道部負責觀光事業，1937年正式在運輸課下設觀光係，鐵道部長期對觀光事業之發展居主導地位。在鐵道部的宣傳下，旅遊活動在一九一〇年代勃然興起，參與人數動輒數千人。鐵道部與多數全島性觀光事業機構處於指導與合作的關係，致力普及旅行思想、介紹臺灣，引導旅館及相關業者實施各個遊覽地區的設施調查和開發，提升服務品質，對於觀光客的增加與觀光設施的充實貢獻良多。此外，鐵道部以各項優惠鼓勵觀光旅遊，舉辦各種旅遊活動，拓展島內外聯運網絡、發行旅遊券，使得觀光旅遊更加便利，成為民眾生活的一部分。[40]

曾山毅《植民地台灣と近代ツーリズム》廣泛探討鐵路、輕鐵、汽車、航空等交通機關外，稍嫌分散地論及觀光景點、住宿設施、觀光活動以及觀光空間的形成，指出一九三〇年代臺灣已形成具觀光規模的觀光空間。[41]呂紹理〈日治時期臺灣旅遊活動與地理景象的建構〉指出，1908年縱貫鐵路通車後臺灣的旅行活動朝向「制度化」方向發展，強調旅遊空間是此一制度化環境所創發，一開始孤立的景點，到一九二〇年代後形成有順序的圈域與路徑之規格化旅遊路線。[42]吳兆宗〈昭和2年臺灣八景募集活動及其影響〉指出，1927年《臺灣日日新報》舉辦「臺灣八景募集」活動的時空背景乃是一九二〇年代向日本宣傳臺灣、重新喚回殖民母國對殖民地的關注，試圖扭轉內地人長期對臺灣的負面刻板印象。募集活動受到以內地人為主的各界人士高度支持，強調臺灣八景的「宣傳」與「旅遊」功能。[43]其中，也包括人氣甚高的阿里山。

---

[40] 蔡龍保，〈日治時期台灣國有鐵路與觀光業的發展〉，《臺北文獻》，期直字142（2002年12月），頁69-86。

[41] 曾山毅，《植民地臺灣と近代ツーリズム》（東京：青弓社，2003）。

[42] 呂紹理，〈日治時期台灣旅遊活動與地理景象的建構〉，《畫中有話：近代中國的視覺表述與文化構圖》（臺北：中央研究院近代史研究所，2003）。

[43] 吳兆宗，〈昭和2年臺灣八景募集活動及其影響〉（彰化：國立彰化師範大學歷史學研究所碩士論文，2012）。

　　關於觀光旅遊設施及景點、空間、觀光地的建構，唐伯良〈日治時期臺灣國立公園的設置與角色賦與〉，闡明由日本國內到殖民地臺灣國立公園指定的經緯，1937年設置三座國立公園預定地：大屯、次高太魯閣、新高阿里山國立公園，指出設置過程呈現自然保護觀念、民眾休閒、保健報國等功能。[44]黃玉惠〈日治時期休閒景點北投溫泉的開發與利用〉指出，殖民政府透過溫泉的建構將日本文化和階級觀念引進臺灣，建構出新秩序和文化，再現當時城市的休閒結構。[45]王美雯〈日治時期臺南旅人宿業之研究〉、黃俊融〈日治時期鐵道餐旅文化之研究（1908-1945）——以「鐵道餐飲」與「鐵道旅館」為例〉，所談皆為觀光旅遊的重要配套設施，前者以宿屋營業中的旅人宿業為對象，研究臺南地區業者的長期發展與變化；[46]後者探究縱貫鐵路完工後，許多新式飲食文化也之開始蓬勃發展，由「鐵道餐飲」與「鐵道旅館」觀察新型態的飲食、餐廳以及旅館的發展。[47]吳永華《臺灣歷史紀念物：日治時期臺灣史蹟名勝與天然紀念物的故事》、李國玄〈日治時期臺灣近代博物學發展與文化資產保存運動之研究〉，細部還原1930年臺灣總督府頒布「史蹟名勝天然紀念物保存法」，3次公布指定史蹟及天然紀念物的名單，以及各州廳自行指定轄區內的史蹟、名勝、天然紀念物之實況。[48]其中，也提及阿里山相關的史蹟

---

[44] 唐伯良，〈日治時期臺灣國立公園的設置與角色賦與〉（臺北：國立政治大學臺灣史研究所碩士論文，2015）。

[45] 黃玉惠，〈日治時期休閒景點北投溫泉的開發與利用〉（中壢：國立中央大學歷史研究所碩士論文，2005）。

[46] 王美雯，〈日治時期臺南旅人宿業之研究〉（臺南：國立臺南大學文化與自然資源學系碩士論文，2013）。

[47] 黃俊融，〈日治時期鐵道餐旅文化之研究（1908-1945）——以「鐵道餐飲」與「鐵道旅館」為例〉（臺南：國立成功大學歷史學系碩士論文，2013）。

[48] 吳永華，《台灣歷史紀念物：日治時期台灣史蹟名勝與天然紀念物的故事》（臺中：晨星出版社，2000）；李國玄，〈日治時期臺灣近代博物學發展與文化資產保存運動之研究〉（桃園：中原大學建築學系碩士學位論文，2006）。

名勝與天然紀念物，值得思考與阿里山被形塑爲觀光地之間的關係。

　　至於各類觀光旅遊活動之研究已頗爲多元，鄭政誠《認識他者的天空：日治時期臺灣原住民的觀光行旅》探討初期具教化性質的觀光活動，指出日治初期以來官廳主導原住民菁英階層的島內外觀光活動，並評其教化成效。[49]林雅慧〈「修」臺灣「學」日本：日治時期臺灣修學旅行之研究〉探討以學生爲主體的修學旅行，指出其兼具近代遊憩活動的意涵與教育功能，也是殖民當局貫徹其同化策略的工具。[50]陳毓婷〈日治時期臺灣的納涼會──以《臺灣日日新報》爲主之探討（1902-1940）〉探討庶民性質的旅遊活動──納涼會在臺灣的發展脈絡，分析其類型與活動內涵。[51]此外，也陸續出現以日治時期地方觀光發展爲主題的研究，臺中、臺南、高雄等均是。[52]凡此，皆值得進一步思考，這波觀光旅遊活動浪潮與阿里山走向「觀光地化」之間的關係。

　　由前述的研究回顧可知，鐵路的發展原本就與觀光之發達密不可分，日治時期阿里山鐵路的經營，不僅與森林開發密不可分，待一九二○年代後期至一九三○年代，全島交通的建設日益整備，景點及觀光配套設施之建置、觀光旅遊活動之舉辦等皆趨於成熟，加上新高阿里山國立公園預定地的指定與官民之大力推動，使得包括阿里山森林鐵路在內的較爲廣域的空間塑造帶來變化，值得深入探究。

---

[49]　鄭政誠，《認識他者的天空：日治時期臺灣原住民的觀光行旅》（臺北：博陽文化，2005）。

[50]　林雅慧，〈「修」臺灣「學」日本：日治時期臺灣修學旅行之研究〉（臺北：國立政治大學臺灣史研究所碩士論文，2009）。

[51]　陳毓婷，〈日治時期臺灣的納涼會──以《臺灣日日新報》為主之探討（1902-1940）〉（南投：國立暨南國際大學歷史學系碩士論文，2010）。

[52]　吳怡靜，〈日治時期高雄市的觀光發展研究──以交通與旅館為主〉（高雄：國立高雄第一科技大學應用日語所碩士論文，2007）；李依陵，〈日治時期觀光與地方發展之研究：以臺中州為例〉（臺中：國立中興大學歷史學系碩士論文，2008）；張靜宜，〈日治時期臺南市觀光發展之分析〉，《海洋古都：府城文明之形塑學術論文集》（新北市：稻鄉，2012）。

三、戰前阿里山鐵路的經營策略

(一)開發的目的

　　1896年1月，林圮埔撫墾署長齊藤音作「探險隊長」，與東京帝大副教授本多靜六、民政局技手月岡貞太郎、大阪朝日新聞記者矢野俊彥、憲兵曹長丹羽正作，及口譯、人夫等共計27人前往新高山（玉山）「探險」。從東埔社向東前進途中，遠遠看見一片針葉樹林，應屬阿里山森林的北部。此一「探險」並非正式調查，且成員因病等因素陸續脫隊，只有齊藤署長一人抵達玉山。齊藤署長將此一發現，呈報當時的總督乃木希典。1897年3月，總督府命齊藤就玉山西方，亦即阿里山森林之概況及開發利用進行調查。同年12月，齊藤再組調查隊，自己擔任「調查隊長」，對整個森林狀況與蕃情進行二次調查。[53]齊藤是1892年帝國大學農科大學林學科畢業的林學士，[54]對林業有一定的專業與興趣。此次行動較具有調查性質，調查對象清楚，且時間長達34天。

　　然而，真正更專業的「林業調查」性質，要待1899年5月，時任臺南縣技手小池三九郎之調查。小池於1893年7月，自帝國大學農科大學林學科畢業，先後任職於日本農商務省、臺灣總督府民政局，從事森林、殖產相關事務。1898年10月任臺南縣技手後，繼續負責森林事務。其於森林事業相關的學識與經驗，成為其日後升任技師的關鍵。[55]1899年5月，小池受命前往臺灣南部森林探險，由林圮埔溯清水溪進入阿里山地域，確認一大片檜木林的存在，並就其位置、地形、森林的狀況、樹種等概況進

---

[53] 臺灣總督府營林所嘉義出張所，《阿里山年表》，嘉義：臺灣總督府營林所嘉義出張所，1935年11月，頁1-4。

[54] 齊藤後來曾任朝鮮總督府林業技師，日本農商工省山林課長。參見人事興信所編，《人事興信錄》，東京：人事興信所，1915年1月，頁34。

[55] 「臺南縣技手小池三九郎臺南縣技師ニ敘任」（1901-10-23），〈明治三十四年臺灣總督府公文類纂永久保存進退追加第十三卷官規官職〉，《臺灣總督府檔案‧總督府公文類纂》，國史館臺灣文獻館，典藏號：00000695006。

行調查，回報臺南縣，再由縣回報總督府。[56]若就經營上可資參考的角度言之，這次的專業調查可說是經營阿里山森林之開端。而後，小笠原富次郎再受命前往調查，於1900年8月提交《臺南縣下阿里山森林調查復命書》，內容廣及地理環境、住民、針葉樹林、林況、材積、砍伐期、伐木、造材、運輸、造林、木材市場、事業預算、森林事業廳的設立等共13章，是更為具體而重要的調查報告。[57]

　　另一個經營面上的重要考量，則為搬運之難易與成本。當時臺灣總督府鐵道部正在興築縱貫鐵路，無法從臺灣取得所需的木材，反而必須遠從日本輸入。鐵道部技師長長谷川謹介對阿里山的木材充滿期待，派遣技手飯田豐二調查搬運木材的難易。1900年3月，飯田的調查主要是探尋阿里山森林的搬運路線，確認森林資源蓄積豐富的同時，也認為要運出林業資源相當困難，建議之後再派專家前往調查。而後，大倉土木組岸本順吉受長谷川謹介之命，派遣具多年林業經驗的竹村榮三郎再前往調查。[58]鐵路的經營發展與阿里山林業開發相輔相成的想像，成為日後臺灣總督府鐵道部協助阿里山鐵路工程之契機。

　　1902年5月，總督府特命林學博士河合鈰太郎接手阿里山探勘調查。探勘後，回報林相優秀，材質良好，蓄積量豐富，有經營之前景。民政長官後藤新平接到報告後，認為開發阿里山有助當時臺灣財政與經濟利益，下令研擬阿里山開發計畫。阿里山森林的林木運輸，並非一開始就選擇修築森林鐵路，而是多方嘗試與探勘後，因日本國內的林業運輸技術無法

[56] 臺灣總督府營林所嘉義出張所，《阿里山年表》，頁5。

[57] 「技手小笠原富次郎臺南縣下阿里山森林調查復命ノ件」（1900.11.13），〈明治三十三年臺灣總督府公文類纂永久保存追加第二十一卷土地家屋設寺軍事警察監獄殖產〉，《臺灣總督府檔案・總督府公文類纂》，國史館臺灣文獻館，典藏號：00000545018；吳明勇，〈日治時期臺灣總督府阿里山作業所建立之歷史考察（1910-1915）——以官制、分課規程與人事結構為中心〉，《人文研究期刊》，期9（2011年12月），頁81-134。

[58] 新元鹿之助，《阿里山鐵道》（臺北：臺灣日日新報社，1913），頁1-2。

有效運用（如「管流」、「木馬」），才決定以森林鐵路與機械搬運林木。[59]

　　1903年升任東京帝國大學農科大學教授的河合，仍長期與臺灣總督府密切合作，該年就受託協助波赫（Bosnia and Herzegovina）殖民地調查，也利用暑假渡臺視察森林。[60]1906年9月，受殖產局委託，進行林業經營之相關調查。[61]1910年6月，更進一步兼任臺灣總督府阿里山作業所技師。[62]1913年3月，以三年計畫推進的「阿里山森林經營計畫」告一段落，總督府對115位阿里山森林經營有功者發給獎金，河合拿了最高2,000圓的獎金，[63]阿里山作業所所長、鐵道部技師新元鹿之助拿到第二高的獎金1,500圓，可一窺河合在阿里山森林經營上的重要性與代表性。其於1909年撰寫的《阿里山森林經營費參考書》，可說是林學專家為阿里山森林經營提出的一份較完整的分析報告。當然，也可清看到小池及豐田的調查，

[59] 吳仁傑，〈阿里山森林鐵道經營之研究（1896-1916）〉，頁16。

[60] 「河合鈰太郎ボスニヤ、ヘルツエゴウイナ殖民地調査ニ關スル事務囑託ス」（1903-04-09），〈明治三十六年臺灣總督府公文類纂永久保存進退追加第一卷官規官職〉，《臺灣總督府檔案·總督府公文類纂》，國史館臺灣文獻館，典藏號：00000905030；「林學博士河合鈰太郎囑託ニ關スルノ件」（1903-07-15），〈明治三十六年臺灣總督府公文類纂永久保存進退追加第十一卷官規官職〉，《臺灣總督府檔案·總督府公文類纂》，國史館臺灣文獻館，典藏號：00000915033。

[61] 「林學博士河合鈰太郎ニ營林ニ關スル事務囑託ノ件」（1906-09-07），〈明治三十九年臺灣總督府公文類纂永久保存進退第八卷秘書〉，《臺灣總督府檔案·總督府公文類纂》，國史館臺灣文獻館，典藏號：00001229077。

[62] 「大學教授河合鈰太郎阿里山作業所技師兼任ノ件」（1910.05.01），〈明治四十三年臺灣總督府公文類纂永久保存進退（高）第五卷秘書〉，《臺灣總督府檔案·總督府公文類纂》，國史館臺灣文獻館，典藏號：00001711004。

[63] 「囑託河合鈰太郎（外八名）（阿里山森林經營功勞者、賞與）」（1913.03.01），〈大正二年臺灣總督府公文類纂永久保存進退（判）第三卷乙秘書〉，《臺灣總督府檔案·總督府公文類纂》，國史館臺灣文獻館，典藏號：00002188095X001；「阿里山森林經營ニ從事シ功勞アリタル職員賞與〔阿里山作業所書記岡本証吉郎以下〕」（1913.03.01），〈大正二年臺灣總督府公文類纂永久保存進退（判）第三卷乙秘書〉，《臺灣總督府檔案·總督府公文類纂》，國史館臺灣文獻館，典藏號：00002188105。

成爲其重要參考基礎。

　　《阿里山森林經營費參考書》，先分析阿里山的林況，事業設計中具體提出集材、運材之方針（含森林鐵路的8條比較線），並提出經營阿里山森林所需經費，最後再分析經營阿里山所帶來的利益。值得一提的是，河合提出，如果要善用阿里山的針葉林與山嶽下方的闊葉林，必須使用集材器械來集材，使用鐵路來運材。阿里山森林鐵路本線只通過山嶽上方，因此，集材之時，時常必須從溪谷下方將木材往上拉至山腹。使用美國西部森林的地面集材器械和鐵索集材器械最爲簡便，依此方法能自由地將木材由低處吊往高處，集材於鐵路之後，再由森林鐵路運至縱貫鐵路的嘉義車站。[64]

　　關於經營阿里山的利益，河合提出四點：1.理蕃及蕃地之開發；2.供給島內建築、土木、鐵路等所需之木材；3.帶來阿里山鐵路沿線附近的開發；4.實際帶來的經濟收益。由此可知，興築阿里山鐵路的主要目的，是爲了「經營森林資源」、「理蕃及開發蕃地」。因此，河合也直接以「森林鐵路」稱之。只是，不同於其他國家的森林鐵路，阿里山森林鐵路多了「理蕃」之重要目的。河合提及：「爲了能制禦布農族、鄒族的同時，開發蕃地、開始耕作、開啓林業，阿里山爲其事業中心，將成爲此地區之蕃地開發上、交運搬運上及政策上的根據地，也是貨物的集散地。因此，經營阿里山爲治理南蕃的基礎，不開發阿里山就無法開發此地區之蕃地。不開發蕃地的話，即使能透過討伐蕃族一時制禦之，仍無法收永久之效果，將如清帝國時代一般。亦即，經營阿里山不只是理蕃上，在蕃地開發上也是十分緊急且不可停止之事業。」[65]

　　由上述之「殖民地經營」之特殊目的，似乎已先預告阿里山鐵路即使

---

[64]　河合鈰太郎，《阿里山森林經營費參考書》（出版地不詳，1909），頁1-9。

[65]　依河合的分析，第一期35年間的伐木，1年能帶來72萬圓的財政收益。若扣除每年度償還創業費590萬圓（鐵道費約占45%）的存儲基金6萬圓，1年仍有66萬圓的收益，相對於創業金的獲益率達11%。參閱河合鈰太郎，《阿里山森林經營費參考書》，頁17-18。

經營無甚大之利益，甚或赤字，仍有其重要之存在意義。不禁令人聯想到同時期臺灣總督府對地方獎勵敷設、經營輕便鐵路時，就殖民統治上的期待，希望不僅作為幹線鐵路的聯絡設施，在開拓蕃地、開發農、工、林業富源亦有其重要角色。以桃崁輕便鐵道會社為例，為了配合官方政策，勉為其難地經營無利可圖的角板山線。[66]該線可說是為桃園地方的討蕃隊舖路，對該地理蕃事業的推進十分有貢獻。[67]阿里山鐵路，亦有其類似的性質與發展過程。

(二)經營方式的轉變 —— 民營到官營

臺灣總督府原本欲將阿里山的經營作為總督府直轄事業，但時逢日俄戰爭，政府財政困難，1906年2月將經營權特許給合名會社藤田組（社長藤田傳三郎）。5月，藤田組進駐嘉義，設立出張所，由副社長藤田平太郎兼任嘉義出張所長，下設鐵道、林業、經理三課。禮聘總督府鐵道部技師菅野忠五郎擔任鐵道課長，鐵道部技手進藤熊之助、川津秀五郎以及前鐵道部技手新見喜三等擔任該所社員，並由鹿島組、大倉組、吉田組擔任其下游承包商。[68]

藤田組興築阿里山鐵道時，分為七個區段推進：嘉義‧竹崎間、竹崎‧樟腦寮間、樟腦寮‧紅南坑間、紅南坑‧梨園寮間、梨園寮‧風吹石區間、風吹石區‧奮起湖間、奮起湖‧阿里山間。但實際完成的只有嘉義到梨園寮之間，其他路段因天災、事故、瘧疾等傳染病及後來藤田組的放

---

[66] 該會社於1920年改組為「桃園軌道株式會社」，當時各線的營運以大溪線最佳，下半年度的營業收入37,938圓，占總營業收入的38%；其次為大園線，下半年度的營業收入20,853圓，占總營業收入的21%。再就每日每哩的平均營業成績視之，亦是大溪線和大園線分居一、二，角板山線則敬陪末座。參見桃園軌道株式會社，《第二回營業報告書》，1920年下半期，頁20-22（會社資料未出版）。

[67] 蔡龍保，〈日本殖民地下的臺灣人企業——以桃崁輕便鐵道會社的發展為例〉，頁1-46。

[68] 蔡龍保，〈台灣觀光の聖地、阿里山森林鐵道の知られざる歷史〉，《Think Asia》，第40號，2020年6月，頁1-2。

棄經營而無進展。進藤負責監督、檢查竹崎‧樟腦寮間的工程，此一路段的工程由大倉組與吉田組負責，於1906年11月1日開工，1907年12月20日完工。[69]

　　然而，藤田組實際開發後發現，臺灣總督府低估阿里山森林開發的困難度，鐵路建設成本遠超過預估，且森林蓄積量不如總督府估計的那麼樂觀。1908年1月，藤田組宣布放棄阿里山經營，1910年2月經26屆帝國會議通過，由臺灣總督以官營方式經營阿里山。同年4月，公布「阿里山作業所官制」，5月，設置阿里山作業所，直接受臺灣總督的指揮、監督，由財務局主計課長峽謙齊任所長，技師菅野忠五郎任嘉義出張所所長兼鐵道課長，從事阿里山鐵路建設工程。[70]

　　接手中斷2年5個月後的工程，對業者來說是「犧牲性的承包」。因為藤田組中止工程非常果斷，對於已完成或半完工狀態的工程沒有進行防護措施，完全放置不理，呈現中止當日的狀態。已竣工的築堤、隧道，都沒有進行善後的裁切、修平，是以完工坪數乘上契約單價對施工者付款；相反的，帝國議會大體是以藤田組時代建設之剩餘預算為標準來審查總督府提出的預算，復工的預算十分拮据，總督府難以完成此工程。鐵道部招來藤田組時代的簽約業者商談，此時原施工廠商之一的吉田組已經結束營業，希望鹿島組、大倉組能以舊有的計價方式無條件完成藤田組的未完工程。兩業者認為道義上有義務繼續施工，答應鐵道部的要求，鐵道部遂透過隨意契約的方式，特命鹿島組、大倉組。即使遭遇地質困難與嚴重風災，鹿島組、大倉組有效督勵其下2,000名人夫，晝夜兼行之下，迅速完工。自1910年6月開工，1912年12月較預定日期提早3個月完工。[71]

蔡龍保，〈進藤熊之助與日治初期的臺灣鐵路〉，《臺灣博物季刊》，第30卷，第1期，2011年3月，頁51。

70 蔡龍保，〈台灣觀光の聖地、阿里山森林鐵道の知られざる歷史〉，頁4-5。

71 蔡龍保，〈台灣觀光の聖地、阿里山森林鐵道の知られざる歷史〉，頁5-6。

當阿里山事業的發展逐漸就緒，1915年7月，頒布臺灣總督府營林局官制，廢止阿里山作業所官制。以往由鐵道部長（按：新元鹿之助爲代理部長）或殖產局局長兼任作業所所長，隨著營林局的新設，配置專任局長，爲業務發展的一大進步。營林局的事業除阿里山之外，擴及太平山、八仙山森林之經營，以及熱帶特種林木的植林等。1919年，更進一步掌理以往殖產局執掌的山林行政。因此，除了專賣局執掌的樟樹造林之外，林政可謂實質歸於統一。然而，1920年9月，臺灣總督府官制進行大改革時，廢止營林局官制，殖產局執掌營林所，並將林政機關山林課由營林所分離，設置於殖產局。而後，職掌幾經變動，營林所執掌總督指定的國有林野之造林、產物的採取‧製造‧加工‧販賣，附帶的鐵路、道路及其客貨運輸營業，下設庶務課、作業課、造林課三課。[72]

在作業所時期，鐵道部對於阿里山鐵路經營仍有其影響力，到了營林局、營林所時期，鐵道部的角色淡出，完全由林業／林政官僚主導經營，附屬林業經營下的產業鐵路之定位與性質，從行政編制亦一目了然。

㈢經營成績分析

日治時期臺灣的官營砍伐事業，是在1910年4月發布阿里山作業所官制之後，才組織性地建置各項設施，以1912年開始砍伐阿里山森林爲嚆矢。而後，隨著理蕃、討蕃的推進，長年爲蕃人區域的內山森林地帶漸次開發。1915年，開始活用太平山和八仙山的森林，島內三大森林資源的開拓漸漸就緒。隨著經營機構數次改革，各項設施的改良、擴充，業績持續進步。[73]關於阿里山作業地的經營，臺灣總督府營林所作業課長大石浩在1936年7月發發表於《臺灣の山林》的〈本島の官營砍伐事業〉一文頗值得參考。

大石浩認爲，能否降低素材的生產費至一定程度，是事業經營的基

[72] 臺灣總督府營林所，《營林事業一覽》，臺北：該所，1939年12月，頁3-6。
[73] 大石浩，〈本島の官營砍伐事業〉，《臺灣の山林》，124號，1936年7月，頁92。

礎。以「素材每一立方公尺生產費」來比較三大林場，會發現一開始由於
森林資源的開拓與理蕃之考量，建置於阿里山的設備規模遠大於太平山、
八仙山兩作業地，也因此阿里山的「素材每一立方公尺生產經費」小得
多。以1926年度爲例，阿里山、太平山、八仙山分別爲23.4圓、34.5圓、
31.3圓。而後，隨著太平山、八仙山導入機械力於各項設備，事業運作顯
著簡易化，運用大貨物搬運之索道等運出設備，更有助於開發地勢險峻的
巨木。隨著作業地向內推移，搬運距離變長，相應在伐木、集材、運材等
作業皆有所改良，達成經費節約、降低「生產費」之效果。以1934年爲
例，阿里山、太平山、八仙山分別爲18.6、17.4、19.0圓，太平山產出材
的生產費已低於阿里山產出材，八仙山產出材的生產費也與阿里山十分接
近，前一年度甚至是低於阿里山，分別爲18.157、19.885圓。[74]亦即，阿里
山作業地的經營，由生產費觀之已明顯失去其優勢。

　　再者，就砍伐事業的收支營業狀況觀之（參見表1），較精準的收益
的計算，除了每年的收入和支出之外，應該計入創業當時固定資本的償還
及其利息的負擔。就八仙山而言，並無原本支出額以外的固定資本的投
入，太平山則有108.7萬的固定資本投入（鐵道及貯木場等之收購），以
收入來償還並沒有問題。然而，阿里山的創業費達608.8萬圓，若將每年
度的未償還金額以3分利息計之，以每年度的收益來償還，要到1934年度
才能償還完固定資本及其利息，而有26.6萬圓的剩餘。亦即，1910年創業
的阿里山作業地，要到1935年度以後，每年度的收支結算才能完全算是阿
里山砍伐事業的收益。[75]

---

[74] 大石浩，〈本島の官營斫伐事業〉，《臺灣の山林》，124號，1936年7月，頁95-100。
[75] 大石浩，〈本島の官營斫伐事業〉，頁105。

表1　阿里山固定資本（創業費）的償還計算一覽表

年度	項別					用來償還的事業收益（圓）	償還後剩餘未償還金額（圓）
	需償還金額（圓）						
	至前年度為止未償金額	未償金額之利息（3分）	創業費投資額	當年度事業損失	計		
1910	--	--	1,312,774	--	1,312,774	--	1,312,774
1911	1,312,774	39,683	2,225,839	--	3,588,297	--	3,588,297
1912	3,588,297	107,649	1,999,777	103,446	5,799,169	--	5,799,169
1913	5,799,169	172,975	529,137	411,110	6,923,391	--	6,923,391
1914	6,923,391	207,702	--	430,686	7,561,779	--	7,561,779
1915	7,561,779	226,853	--	--	7,788,632	561,435	7,227,197
1916	7,227,197	216,816	--	--	7,444,013	295,989	7,148,023
1917	7,148,023	214,441	--	--	7,362,464	437,374	6,925,090
1918	6,925,090	207,752	--	--	7,132,843	61,755	7,071,087
1919	7,071,087	212,133	--	--	7,283,220	742,573	6,540,647
1920	6,540,647	196,219	--	225,270	6,962,136	--	6,962,136
1921	6,962,136	208,864	--	--	7,171000	628,586	6,542,414
1922	6,542,414	196,272	--	--	6,738,686	702,111	6,036,575
1923	6,036,575	181,097	--	--	6,217,673	987,909	5,229,763
1924	5,229,763	156,893	--	--	5,386,656	926,836	4,459,821
1925	4,459,821	133,795	--	--	4,593,615	1,070,284	3,523,331
1926	3,523,331	105,700	--	--	3,629,031	1,061,629	2,567,402
1927	2,567,402	77,012	--	--	2,644,424	490,035	2,154,389
1928	2,154,389	64,632	--	--	2,119,011	516,193	1,692,828
1929	1,692,828	50,785	--	--	1,743,613	455,149	1,288,464
1930	1,288,464	38,654	--	--	1,317118	504,038	823,080
1931	823,080	24,692	--	--	847,772	331,107	516,665
1932	516,665	15,500	--	--	531,165	241,188	290,977

年度	項別						
	需償還金額（圓）					用來償還的事業收益（圓）	償還後剩餘未償還金額（圓）
	至前年度為止未償金額	未償金額之利息（3分）	創業費投資額	當年度事業損失	計		
1933	290,977	8,729	--	--	299,706	210,185	89,522
1934	89,522	2,686	--	--	92,208	357,939	(+265,729)

資料來源：大石浩，〈本島の官營斫伐事業〉，《臺灣の山林》，124號，1936年7月，頁106-107。

　　然而，阿里山的天然林木的能持續砍伐的剩餘年數相當有限，難以期待其收支平衡後會有大的收益。太平山和八仙山兩作業地的砍伐年數在1936年度推估還能維持六十年以上，但阿里山作業地大概只剩八年。如果為了要延長砍伐年數，讓具有鐵路等大規模設施的阿里山作業地限制每年的生產材積，亦即採減伐政策，反而會導致經營赤字。因此，難免會有阿里山經營成績不良，或其設施的規模過大的批評。[76]

　　另一必須思考的面向是，一九三〇年代，阿里山已經不單單是林業地，也是臺灣著名的觀光地，不僅是「靈峰新高山」，也是「國立公園候補地」。因此，對於砍伐事業在經營上的困境，大石浩指出兩點可能的發展方向：

1. 反而更應積極活用阿里山鐵路，擴張砍伐區域，延長未來的砍伐年數，在天然林木砍伐完了時，時間上能接續開始砍伐種植於鐵路沿線的造林木，而後再沿續到預計1971年可採伐種植於阿里山砍伐地區的造林木。

2. 阿里山鐵路幹線約72公里中，從嘉義站到十字路站約55公里的鐵路預計維持現狀。至於十字路到阿里山站約17公里，從1944年度到1970年

---

[76] 大石浩，〈本島の官營斫伐事業〉，頁105-107。

度27年間屬於直接砍伐事業而不需使用鐵路，其處置，大石以爲宜同時考量其將來作爲後繼林的造林木採伐的搬運設備的存續價值，以及作爲阿里山國立公園計畫的交通機關之利用價值。[77]

　　而後，營林局確實採行大石浩主張的方策，在原本規畫的伐木區域資源將耗盡之時，開始規畫新的支線鐵路與伐木區域。缺乏檔案資料的狀況下，由《臺灣日日新報》報導中可整理出如下脈絡：1917年塔山線竣工，其後再向北開通至眠月，將阿里山的伐木事業向北推移。1919年建立神木延伸線，一九二○年代興築大瀧溪線，1930年大致已完成沼平至眠月一帶的鐵路。1930年5月，再由眠月向四方延伸鐵路，繼續擴展北側的伐木範圍。[78]由營林所1939年版《營林所の事業》的阿里山鐵路平面圖，可以看到阿里山南方延伸出新的線至兒玉、鹿林山，[79]顯示營林局不斷透過擴張鐵路線，企圖延長作業地的砍伐年數，而南方的砍伐地區將成爲主要作業地。

　　然而，由表2可知，34年間伐木材積共計3,469,830立方公尺，造材材積共計2,066,105立方公尺，生產材積共計1,523,484立方公尺。最高年產量出現在1916年，達75,180立方公尺。伐木面積在一九三○年代有不同以往的快速成長，於1937年達高峰769公頃。這當然與一九三○年代陸續發展、啓用各線有關，包括1930年的大瀧溪線（含上下線）、眠月下線（含東西線），1931年的霞山線，1933年的東埔線、鹿堀山本線，1937年的鹿堀山後線等。[80]然而，最高年產量出現在1916年是不爭的事實，說明了即使想透過延伸鐵路擴大伐木面積、增加搬出材，但成效不彰，34年間的平均年產量不過44,808立方公尺。就伐木面積高峰的1937年，觀察官營鐵路

---

[77] 大石浩，〈本島の官營斫伐事業〉，頁107-108。

[78] 黃士娟、黃俊銘，《重要文化景觀「阿里山林業暨鐵道文化景觀」保存及管理原則暨保存維護計畫修正期初報告書》（臺北：國立臺北藝術大學建築與文化資產研究所，2012），頁141。

[79] 臺灣總督府營林所，《營林所の事業》臺北：臺灣總督府營林所，1939年。

[80] 黃俊銘、黃士娟，《阿里山鐵道文化景觀基礎調查研究及保存維護計畫案——基礎調查研究篇》（桃園：中原大學文化資產保存研究中心，2014），頁193-194。

的營業狀況，可發現阿里山鐵路營運即使有獲利也十分微薄。與其他官營
鐵路相較，其每日每公里平均營業收入僅5.19圓，國鐵爲其20.1倍，羅東
林鐵爲其1.2倍，八仙山鐵路爲其0.32倍（參見表3）。

表2　日治時期阿里山伐木製材統計一覽表

年度別	項 別				
	伐木面積（公頃）	伐木材積（立方公尺）	造材材積（立方公尺）	造材率（%）	生產材積（立方公尺）
1912	43	29,063	18,469	63.55	479
1913	108	49,214	30,751	62.48	3,651
1914	74	45,936	38,143	83.04	26,809
1915	144	117,332	93,486	79.68	74,289
1916	124	105,586	81,760	77.43	75,180
1917	116	89,933	69,132	76.87	45,541
1918	132	142,606	80,282	56.30	50,314
1919	122	167,688	100,025	59.65	46,474
1920	117	87,317	47,337	54.21	22,032
1921	115	104,555	55,679	53.25	50,369
1922	145	112,484	66,391	59.02	59,255
1923	112	83,532	53,297	63.80	54,247
1924	130	78,752	46,444	58.98	39,659
1925	164	76,871	32,697	42.53	45,080
1926	108	69,236	41,686	60.21	41,289
1927	208	91,072	62,986	69.16	39,511
1928	168	80,668	49,324	61.14	41,322
1929	199	102,602	58,798	57.31	42,844
1930	201	78,703	50,029	63.57	42,307
1931	209	97,347	52,486	53.92	48,076
1932	260	88,070	54,784	62.21	41,942
1933	475	120,664	67,530	55.97	41,662

年度別	項別				
	伐木面積（公頃）	伐木材積（立方公尺）	造材材積（立方公尺）	造材率（%）	生產材積（立方公尺）
1934	520	114,798	57,663	50.23	44,773
1935	558	119,031	65,191	54.77	43,135
1936	551	110,274	63,639	57.71	44,027
1937	769	129,535	69,919	53.98	57,432
1938	479	83,524	66,787	79.96	56,448
1939	552	133,126	73,219	55.00	48,115
1940	660	169,374	93,156	55.00	62,310
1941	654	167,137	91,925	55.00	60,223
1942	360	137,469	75,608	55.00	51,566
1943	665	160,411	88,226	55.00	66,550
1944	445	107,483	59,116	55.00	42,699
1945	86	18,437	10,140	55.00	13,874
合計		3,469,830	2,066,105		1,523,484

資料來源：周楨，《臺灣之伐木事業》（臺北：臺灣銀行經濟研究室，1958），頁60-61。

註：1.造材率＝造材材積÷伐木材積。2.自1939年起因戰爭期間，伐木材積無可考，以造材率55%計之，回推計算。3.原資料合計數字有誤，已修正。

表3　1937年官營鐵路營業收入比較表　　　　　　　　　　單位：圓

線路別	項別				
	客車收入	貨車收入	雜收	總額	1日1公里平均營業收入
國有鐵路	10,568,032	15,775,503	7,160,727	33,504,261	104.18
阿里山森林鐵路	59,664	85,244	11,405	156,313	5.19
羅東森林鐵路	13,580	60,722	2,622	76,924	6.20
八仙山鐵路	5,326	15,359	1,020	21,705	1.64

資料來源：臺灣總督官房調查課，《臺灣總督府第四十一統計書》（臺北：該課，1939），頁398。

註：國有鐵路，係指臺灣總督府所轄本線及臺東線。

　　阿里山鐵路作為森林鐵路的角色成效不佳，但阿里山作為觀光聖地的角色卻日益濃厚，在此情況下，阿里山鐵路經營性質與方策勢必有所轉變，此為下節觀察、探討的重點。

四、不止於林業鐵路——阿里山作為觀光地的發展

(一)史蹟名勝天然紀念物的指定與八景十二勝的票選

1. 史蹟名勝天然紀念物制度的實施

　　臺灣的史蹟名勝天然紀念物的相關法規及相關的調查、保存等具體設施，相較日本國內成立得晚，而此指定實與觀光旅遊景點的建立或強化有密切的關係。臺灣總督府雖然在1916年出版杉山靖憲編纂《臺灣名勝舊蹟誌》，調查、輯錄臺灣的名勝古蹟，但完全沒有觸及保存對策。此時，已將阿里山和神木收錄其中，並作詩吟詠之。[81]臺南州於1923年4月出版的《臺南州史蹟名勝》，也已將營林所嘉義出張所、嘉義林業、農事試驗所支所列入史蹟名勝。[82]

　　當時的臺灣博物學會，深以史蹟名勝天然紀念物任其荒廢為憾。1924年9月，時任會長的農學博士素木得一，向總督內田嘉吉提出保存之相關建議，並指出臺灣發展相對遲滯。相較於日本國內，1911年初成立史蹟名勝天然紀念物保存協會，1919年4月，帝國會議通過協會提議，以法律第44號公布保存法，5月通過調查會官制。1921年3月，具體發表第一次的指定對象。臺灣不止落後日本，甚至晚於朝鮮總督府多年，1926年8月，時任會長的農學博士中澤亮治，再度向臺灣總督上山滿之進提出建議書。[83]

　　然而，臺灣總督府雖然認同史蹟名勝天然紀念物的調查、保存之相關具體設施是必要的，但仍無編列實際之經費、預算，也無具體對策。只有

杉山靖憲，《臺灣名勝舊蹟誌》（臺北：臺灣總督府，1916），頁309-311。

臺南州，《臺南州史蹟名勝》（臺南：臺灣日日新報社臺南支局，1923），頁48-55。

內務局地方課，《本島史蹟名勝天然紀念物概況》（臺北：該課，1930），頁3-11。

在1924年3月，以「總內第722號」通知各州知事、廳長，希望在可能的範圍內透過適當的方法，不致於讓史蹟名勝天然紀念物毀滅。[84]亦即，初期的調查、保存，其實是仰賴地方官廳。根據1930年內務局地方課編《本島史蹟名勝天然紀念物概況》，臺灣各州廳的史蹟名勝天然紀念物被認為應該保存的數量已有257件，以地方廳之分布、種類之分類例如表4。

表4　1930年各州廳別史蹟名勝天然紀念物調查一覽表

項別		州廳別									
		臺北	新竹	臺中	臺南	高雄	臺東	花蓮港	澎湖	其他	計
史蹟		36	17	11	31	21	--	5	15	--	136
名勝		16	7	11	6	9	3	3	--	--	55
天然紀念物	植物	11	3	1	1	18	2	--	3		39
	動物	1	--	2	2	1	1	1	1	4	13
	地質礦物	7	--	1	1	4	--	--	1	--	14
計		71	27	26	41	53	6	9	20	4	257

資料來源：內務局地方課，《本島史蹟名勝天然紀念物概況》，臺北：該課，1930年11月，頁2。

　　1930年9月，公布「史蹟名勝天然紀念物保存法施行規則」及「史蹟名勝天然紀念物保存法處理規程」，臺灣的古蹟名勝正式進入調查、指定及保存的階段。同年10月，公布「史蹟名勝天然紀念物調查會規程」，12月成立「史蹟名勝天然紀念物調查委員會」，工作區分為「史蹟名勝」及「天然紀念物」兩部分，[85]前後三次進行調查，分別於1933年（史蹟8、天然紀念物6）、1935年（史蹟53、天然紀念物6）、1941年（史蹟12、天然

---

[84]　內務局地方課，《本島史蹟名勝天然紀念物概況》，頁10-12。

[85]　〈史蹟名勝天然紀念物兩調查部會〉，《臺灣日日新報》，1932年2月7日，7版。

紀念物7）公告指定保存之名單，共計史蹟73處，天然紀念物19種，[86]尚無國家級名勝的指定，阿里山也未被列入這些指定當中。根據吳永華《台灣歷史紀念物——日治時期台灣史蹟名勝與天然紀念物的故事》，有關阿里山的地方廳指定例如表5。

表5　阿里山相關的史蹟名勝天然紀念物之指定一覽表（臺南州指定）

名稱	類別	所在地	備註
阿里山	名勝	嘉義郡蕃地阿里山	
阿里山神木	天然紀念物	嘉義郡蕃地阿里山	
貝類化石	天然紀念物	阿里山河合溪、石鼓般溪及塔山岩壁	
雉類	天然紀念物	嘉義郡蕃地阿里山	總督府於1933年11月26日指定全島的臺灣帝雉、黑長尾雉
山椒魚	天然紀念物	嘉義郡蕃地阿里山	

資料來源：吳永華，《台灣歷史紀念物：日治時期台灣史蹟名勝與天然紀念物的故事》，頁274-290。

2. 臺灣八景投票活動中的阿里山

　　1927年6月10日至7月10日，臺灣日日新報社舉辦「臺灣八景」的票選活動，主要目的有三：

　　⑴發掘許多不為人知、極具特色的景色，代表臺灣自然之美的特色與價值。

　　⑵臺灣經歷日本的殖民建設，早已擺脫過去「瘴癘之地、蕃人縱橫」

---

[86]　「史蹟史勝天然紀念物指定」（1933.11.26），〈昭和8年11月臺灣總督府報第1966期〉，《臺灣總督府（官）報》，國史館臺灣文獻館，典藏號：0071031966a003；「史蹟名勝天然紀念物指定」（1935.12.05），〈昭和10年12月臺灣總督府報第2557期〉，《臺灣總督府（官）報》，國史館臺灣文獻館，典藏號：0071032557a001；「史蹟及天然紀念物竝ニ管理者指定」（1941-06-14），〈昭和16年6月臺灣總督府報第4214期〉，《臺灣總督府（官）報》，國史館臺灣文獻館，典藏號：0071034214a001。

的問題，但由於宣傳不力，日本國內對臺灣仍留有負面的刻板印象。

(3)選出臺灣八景，向日本國內及全世界廣爲宣傳臺灣的優點，吸引觀光客前來。[87]

第一階段由民眾以專用明信片投票，選出20處作爲臺灣八景的候補地。第二階段再將入選的候補地，交由審查委員會選出正式的八景。獲選八景者除了會在《臺灣日日新報》獲得刊載一篇介紹文章的機會，也會發行紀念明信片，並於該地設立紀念碑。嘉義民眾基於愛鄉的情感，最初想選的景點是新高山、阿里山與嘉義公園，但因此時新高山的行政區劃歸屬不明確，民眾遂將票集中投給阿里山。在第一階段的票選中，共有3億6千萬票的投票數，阿里山獲得2,600萬票，排名第4，僅落後於鵝鑾鼻燈塔、壽山與八仙山，遙遙領先排名第21的新高山。[88]

審查規定的第3條規定，以投票結果占30%、審查委員分數占70%的方式來排名。審查委員對於八景的審查基準十分明確：(1)作爲臺灣景色有其特色者；(2)規模不小者；(3)交通便利，且將來可發展相關設施；(4)要考量史蹟、天然紀念物；(5)要考量其在全島的地理性分布，[89]阿里山可謂符合全部的審查基準。最後，決議將所有的景點分爲：二別格（神域臺灣神社、靈峰新高山）、八景（八仙山、鵝鑾鼻、太魯閣峽、淡水、壽山、阿里山、基隆旭岡、日月潭）、十二勝（八卦山、草山北投、角板山、太平山、大里簡、大溪、霧社、虎頭埤、五指山、旗山、獅頭山、新店碧潭）。

隨著前述史蹟、名勝、天然紀念物的陸續指定，這些景點、物件得到中央或地方認證其價值，不論是舊有的景點獲得認證，或調查後被指定的

---

[87] 吳兆宗，〈昭和2年臺灣八景募集活動及其影響〉，頁12。

[88] 黃士娟、黃俊銘，《重要文化景觀「阿里山林業暨鐵道文化景觀」保存及管理原則暨保存維護計畫修正期初報告書》，頁148。

[89] 〈臺灣八景審查規定〉，《臺灣日日新報》，1927年8月27日，第1版。

新景點，都有助於觀光的宣傳與景點的擴展。此外，延伸性的影響，即是透過票選、審查，阿里山名列臺灣八景之一，對於其知名度的上揚，及日後的作爲觀光地及朝向國立公園的發展，皆起了相當大的作用與影響。若再思考1937年，日本國內發行的旅遊券指定之遊覽地中（參見第三節〈觀光・交通運輸的配套建置與客貨運量的變化〉），「八景十二勝」只有被納入7處，阿里山爲其中之一，可知臺灣島內與日本國內對於阿里山作爲觀光景點有其極高之期待與評價。

㈡國立公園預定地的指定

1. 林業學者的調查與主張

　　1928年2月20日，田村剛博士前往阿里山及其周邊、蕃地、新高山、八通關、東埔、日月潭等地詳細視察後指出：[90]「阿里山風景的經營，不應僅止於以臺灣住民爲對象的公園，而是以世界性的風景地、休養地的定位來理解它。因此，由國家經營十分妥適。然而，就道路、交通機關、[91]住宿設施[92]等觀之，現下責成相關州，即主要爲臺中、臺南兩州；另一方面則有待願意奉獻的事業家挺身而出。」[93]

　　田村博士視察後，《臺灣日日新報》連續四天大篇幅報導其發現、主張與抱負。田村所謂收入新高靈峰、阿里山森林、陳有蘭溪等秘境的一大國立公園，其實就是高舉其「迴遊公園」的方針：「此一方針是指，相

---

[90] 〈新高の靈峰　阿里山森林　陳有蘭溪の神祕境を取入た　一大國立公園　其施設經營に關する㈠田村博士の一大抱負〉，《臺灣日日新報》，1928年3月9日，第3版。

[91] 田村剛指出，因為有登山列車，所以1日就可以上山、下山，機關車的裝置也十分有趣。但客車有改善的空間，目前往附近名勝地的道路也是必要的。參見〈新高の靈峰　阿里山森林　陳有蘭溪の神祕境を取入た　一大國立公園　其施設經營に關する㈢田村博士の一大抱負〉，《臺灣日日新報》，1928年3月11日，第3版。

[92] 1928年田村前往調查之時，阿里山的住宿設施只有中級的旅館一間，過半的觀光客是住宿在營林所所屬的俱樂部。因此，就經營阿里山而言，田村認為住宿設施是「急務中之急務」。

[93] 田村剛，《阿里山風景調查書》（臺北：臺灣總督府營林所，1930），頁22、25。

鄰的數個都市結合在一起，建立一個統一性的遊覽系統。亦即，間隔適當距離的數個地方相互連結起來，看成是一座大公園，建設聯絡設備巡遊其間，加上統一性裝飾，讓地方人士得以遊樂的同時，因為此大公園的吸引力也招攬其他地方的觀光客前來，因這些觀光客的消費而繁榮地方。若擴大此一方針，也可應用於國內的風景系統。」[94]

就經營面也提出其理想：「關於國立公園的管理監督、道路等事宜，應由國家來進行。但飯店、租用的旅館、交通機關（就阿里山而言是指登山鐵路以外的交通）、娛樂設施、溫泉、特產品的選定、登山案內人協會、公園的宣傳等，期待由民間的力量進行。若能由了解情況的地方人士經營一間大會社來總括這些事務，最為上策。一開始勢必免不了虧損，應由國家補助之。一般人都認為公園是非生產性的，但依歐美的統計，都有不錯的營利，在經濟上是有利可圖的。」[95]

同屬林學專業領域的青木繁是反對國立公園存在的，但他卻也贊同田村的主張。青木繁於1916年7月自東北帝大農科大學林學實科畢業，1923年6月任臺灣總督府高等農林學校助理教授。[96]他之所以反對設立國立公園，係因其認為：

⑴這是為了極少數的都市人士，有錢有閒階級的享樂，但建設所需費用卻由一般國民負擔。

⑵為了透過觀光客來繁榮地方人士的利益，卻讓一般國民負擔建設所需費用。

⑶遊樂地如果設在農村附近的話，農民會快速墮落，使農業有陷於衰頹之虞。

---

[94] 青木繁，《所謂國立公園と阿里山の將來》（出版地不詳，1928），頁7。

[95] 〈新高の靈峰　阿里山森林　陳有蘭溪の神祕境を取入た　一大國立公園　其施設經營に關する㈣田村博士の一大抱負〉，《臺灣日日新報》，1928年3月13日，第3版。

[96] 臺灣新民報社，《臺灣人士鑑》（臺北：該社，1937），頁3。

　　然而，青木認為田村所定義的「國立公園」，與其所思考的「合理化經營阿里山一帶的土地森林」是一致的。[97]亦即，兩位代表性的林學專家，皆認同阿里山經營的可能發展方向之一，是設置國立公園。

2. 阿里山國立公園協會的設立與推動

　　對殖民者而言，理蕃政策的奏功使得山地開發更加容易，有助於保護、開發觀光勝地，裨益國民的休養保健乃至教化，兼能吸引外國觀光客而收國際親善之效。為了設立國立公園，且使該地區的設施更加充實完整，1931年4月有阿里山國立公園協會、1932年3月有太魯閣國立公園協會、1934年11月有大屯國立公園協會的設立，戮力於指定運動。[98]

　　1931年4月20日，阿里山國立公園協會設立之旨趣書：「臺灣是帝國南門之鎖鑰，不過為一蕞爾孤島，但卻是有48座10,000尺[99]以上、115座7,000尺以上的高山之山獄國，在全世界亦不多見，山嶽雄渾之景、溪谷天削之勝等大自然風貌不勝枚舉。特別是阿里山新高一帶、廣袤約60,000町步[100]的崇高、雄大之勝景，如1928年2月臺灣總督府招聘的公園學權威—田村剛林學博士踏查報告所言，較之歐美各國的國立公園毫無遜色。若從風景的角度來概說之，以嘉義市為起點的阿里山鐵路，加上塔山線，以52哩[101]之鐵路征服7,570尺之高度，且氣溫跨熱帶、副熱帶、溫帶三帶，其間行程不過數小時，欲窮寒帶地域的日本最高靈峰的話，往返也不過花費2日。」又云：「臺南州正戮力改築新高登山道路，臺中州也正開鑿通往標高9,374尺的八通關，將在近期實現。近時，阿里山觀光客一年已達數千人之多，男女學生等探訪新高之觀光客不少。」[102]亦即，強調阿里山

---

[97] 青木繁，《所謂國立公園と阿里山の將來》，頁8-14。

[98] 唐伯良，〈日治時期臺灣國立公園的設置與角色賦與〉，頁41-50。

[99] 1尺＝30公分。

[100] 1町步＝9917.36平方公尺。

[101] 1哩＝1609公尺。

[102] 臺灣總督府營林所嘉義出張所，《阿里山年表》（嘉義：該所，1935），頁46。

係屬世界級的景緻，若加上登山鐵路、登山道路等交通之便，作為觀光地
有其偌大的發展潛力。

　　1931年4月20日舉行的嘉義市勢振興調查會，雖然是討論嘉義市產業
經濟的會議，但是受到日本國內透過〈國立公園法〉的刺激，會議中通過
設立「阿里山國立公園協會」，鼓吹設立國立公園。1932年4月2日，全島
實業大會於嘉義公會堂召開，嘉義商公會與嘉義商業協會在會中提出「阿
里山國立公園」的設置建議案。花蓮港商工會見狀，也以臨時動議提出以
太魯閣為中心設立國立公園的議案。兩地商業工會積極爭取國立公園的設
置，甚至有互相競爭的意味。同年10月7日，日本指定12處國立公園，臺
灣和朝鮮都沒有任何一處列入此次的名單中，結果讓人失望，但卻沒有澆
熄地方對設置國立公園的希望。「阿里山國立公園協會」仍積極鼓吹設置
國立公園，並舉辦各項活動，甚至發行《新高阿里山》雜誌。[103]

　　由於地方上國立公園促進組織的刺激，1935年8月，總督府於內務局
土木課設置臺灣國立公園協會，進行國立公園的調查研究，增進關於國立
公園思想的普及。1935年10月，國立公園法終於在臺實施。1936年2月3
日，於總督府會議室召開第一次「臺灣國立公園委員會」會議，決定三處
國立公園候補地，具有重要意義。在完成區域範圍之調查後，1937年12月
27日，正式公告大屯、次高太魯閣、新高阿里山為國立公園。[104]這三座國
立公園在當時整個日本的國立公園中各有其代表性：大屯國立公園面積最
小，僅9,350公頃；新高阿里山國立公園因有新高山之故，地勢最高，面
積187,800公頃；次高太魯閣國立公園範圍最廣，面積257,090公頃。[105]

---

[103] 唐伯良，〈日治時期臺灣國立公園的設置與角色賦與〉，頁37-38。

[104] 1936年7月，臺灣山林會在其機關誌募集國立公園的旅遊文章與攝影作品，並收錄時任「臺灣國立
　　公園委員會」委員們的文章，以及其他相關領域有志之士的作品。這些會議內容記錄時人對國立公
　　園的討論，並呈現出多元而分歧的見解或觀點。唐伯良，〈日治時期臺灣國立公園的設置與角色賦
　　與〉，頁50-53。

[105] 世界首座國家公園設立於1872年，位於今日美國懷俄明州的黃石國家公園。美國領先全球創設國家

在阿里山發展爲國立公園的脈絡下，有識之士對於阿里山鐵路的經營方向之期待亦隨之改變。例如社團法人臺灣山林會於1938年出版的《臺灣の林業》表達：「……阿里山鐵路當中的嘉義‧竹崎間14公里餘作爲營業線，單純營運客貨運輸。從竹崎經阿里山到新高口68公里餘，特別稱之爲山線，運材的同時，也載運旅客、沿線貨物及其他一般貨物的託運，對於地方開發有所貢獻的同時，亦圖對新高登山客及其他一般交通需求帶來便利。」[106]不論是營業線或類似運材專用線的山線，皆被賦予帶動觀光及地方開發之期待。

臺灣總督府鐵道部長渡部慶之進於1939年出版的《臺灣鐵道讀本》亦提及：「伴隨著森林的開發，本鐵路（按：指阿里山鐵路）逐年延長，現在正從阿里山沿著新高登山道路興築新支線。且本鐵路今後不僅止於運材鐵路，其本質上作爲山內地方開拓的先驅者，或者作爲山景冠絕於天下的新高登山觀光鐵路，其將來都備受矚目。」[107]渡部部長對於阿里山鐵道的思考與定位，實與前述臺灣山林會之觀點不謀而合。然而，阿里山鐵路如果要朝向觀光鐵路發展，觀光與交通運輸的配套建置十分重要。以下，就相關配套措施的發展以及客貨營運之變化進行考察。

五、觀光‧交通運輸的配套建置與客貨運量的變化

㈠交通聯運與旅遊券制度的成熟

旅行的簡易化爲促進旅客往來的要因。其中，聯運業務的發展對旅行的簡易化貢獻極大。所謂聯運，是指鐵路、船舶、汽車、飛機等主體各異

公園，是為了與歐陸豐富的歷史文化景觀相抗，故藉由設立國家公園來保育自然，以形塑國家意識。此後，美洲及歐陸各國紛紛設立國家公園。1916年，日本籌劃翌年舉辦的「日本奠都東京五十週年大博覽會」，決定設立國家公園，並以提供民眾休閒為設立宗旨。〈保育與觀光　從國立公園到國家公園〉，《檔案樂活情報》，期141（2019年3月18日），頁3。

[106] 臺灣山林會，《臺灣の林業》（臺北：該會，1938），頁86-87。

[107] 渡部慶之進，《臺灣鐵道讀本》（東京：春秋社，1939），頁145。

的交通機關相互簽訂契約，使乘客、貨主可以一張車票、一張貨物票利用所有的交通機關間的聯合運送業務，是極為便利的制度。一九三〇年代，臺灣的陸、海、空各交通機關間聯運業務漸趨成熟，日本、臺灣先後發行極為便利的旅遊券。[108]日本國內觀光機構為了便於觀光客到臺灣旅遊，將臺灣加入鐵道省普通遊覽券、東亞遊覽券發售的範圍，只要以一張遊覽券，即可方便地到臺灣觀光旅遊。日本鐵道省遊覽券的遊覽行程，於1931年7月1日擴大到臺灣，當初指定的遊覽地有包括臺北、北投溫泉、淡水、角板山、臺中、日月潭、埔里、嘉義、阿里山、臺南、高雄、四重溪、鵝鑾鼻、草山、礁溪、宜蘭、蘇澳等17個地方。且規定售票的條件，是必須從不在幹線鐵路線上的角板山、日月潭、埔里、阿里山、四重溪、鵝鑾鼻、草山等7個地方，至少選2個以上排入行程。[109]值得注意的是，鐵道省在指定臺灣的遊覽地的主要基準，是觀光地的規模、交通條件、住宿設施、旅行路線上的問題等。亦即，被指定的是在1931年達到一定水準的代表性觀光地。臺灣「八景」、「十二勝」中，只有5景、2勝被列入。

　　至於從臺灣到日本、朝鮮、滿洲旅行的遊覽券，則於1934年第14回「內鮮滿臺聯絡運輸會議」中由鐵道部提案通過許可發行。[110]從此日、滿、鮮、臺間的旅遊活動隨著聯運業務的發展更加便捷。1937年2月11日，開始販售臺灣本島（以臺灣本島為範圍，非對外）的遊覽券，指定27個遊覽地，包括「八景十二勝」中的13個。行程規畫必須從太魯閣、太平山、角板山、八仙山、日月潭、霧社、阿里山、鵝鑾鼻、紅頭嶼9選1，或從金瓜石、基隆市內、臺北附近、淡水、新店、獅頭山、錦水、臺中市內、嘉義附近、北港、關仔嶺溫泉、烏山頭、臺南市內、大崗山、高雄市

---

[108] 蔡龍保，《推動時代的巨輪：日治中期的臺灣國有鐵路（1910-1936）》（臺北：臺灣古籍，2004），頁249。

[109] 臺灣總督府交通局鐵道部，《臺灣鐵道旅行案內》（臺北：該部，1932），頁332。

[110] 〈遊覽券や寢臺券が　內臺雙方で買へる〉，《臺灣日日新報》，1934年9月16日，第2版；〈自臺灣向內鮮滿遊覽券發行可決〉，《臺灣日日新報》，1934年10月28日，第4版。

內、山地門社、ボンガリ社（bongari，望嘉社）、澎湖島18選2。[111]

　　除了委託日本旅行協會臺北案內所（設於菊元百貨內）販售外，更於臺灣全島要站設委託案內所販售。遊覽券的售價較一般車船票有相當之折扣，且附有300圓的傷害保險，並代訂有信用的一流旅館。[112]最大的特色在於其便利性，憑一張遊覽券即可搭乘旅程中所需要的火車、汽車、臺車等，省去其中許多繁雜的手續，非常方便地到達旅館。因此，剛發售即受到大眾的歡迎，造成販售人員應接不暇的盛況。[113]

(二)鐵道部「觀光係」的設置與觀光優惠措施
1. 觀光專責單位的設置

　　第一次世界大戰後，各國漸漸注意到觀光事業的重要，認為觀光事業是有經濟意義的新事業。在此一潮流的刺激下，日本於1931年成立國際觀光局，作為觀光事業的中央機關。接著，又設立國際觀光委員會、財團法人國際觀光協會等機關。在國際觀光局的指導監督下，成立國際觀光協會及日本旅行協會，作為觀光事業發展中樞，放射狀地結合運輸機關、地方團體、旅館業者等相關機關，希望在官民合作下，致力於觀光宣傳與觀光事業。[114]

　　隨著觀光旅遊的觀念日漸普及，日本隨處可見自主性的觀光團體。臺灣總督府鑑於國際觀光局或各地觀光團體的照會往返日益增加，深感觀光事務亦需要有專門處理的主管部門。1931年12月，部局長會議討論的結果，決定交由交通局長主管之。由於鐵道部自1908年縱貫鐵路完工後，即設有「旅客係」（按：「係」即組織分層中的「股」之意）負責旅客招徠宣傳等事務，交通局認為觀光事務交予鐵道部處理十分適當。其後，臺灣

---

[111] 曾山毅，〈臺灣八景と植民地臺灣の觀光〉，《立教大學觀光學部紀要》，號5（2003年3月），頁73。

[112] 日本旅行協會臺灣支部，《臺灣鐵道旅行案內》（臺北：臺灣日日新報社，1935），頁16。

[113] 蔡龍保，〈日治時期台灣國有鐵路與觀光業的發展〉，頁76。

[114] 羽生南峰，〈臺灣觀光事業の促進を望む〉，《交通時代》，卷7，號6（1936年6月），頁73。

觀光事業的事務遂確定由鐵道部辦理。[115]然而，此時鐵道部仍未設專職部門負責處理觀光事務。

迨至1937年，由於熱帶產業調查會極力主張設置臺灣觀光事業中心機關，才正式在鐵道部運輸課下設「觀光係」，負責觀光資源的調查開發、觀光設施的管理和促進、觀光事業的宣傳、觀光旅客的接待服務等事務。[116]從此臺灣觀光事務的發展方向更為明確，更加趨向專責化。1937年前後，日本旅行協會（按：今JTB前身）已在全臺各地設置11個案內所，發售車票、船票、遊覽券，從事一般旅客的指引、協助。隨著支部業務的複雜化，一年間旅客指引件數達63,000件，處理的觀光團體達213個、10,000餘人，售票金額達544,000圓。[117]

2. 觀光優惠措施

鐵道部對旅客的運費優待名目相當多，有因個人身分而給予優待者，例如對學生、教職員，孤兒院、保育院、感化院等兒童、青少年及其看護人，軍人及其眷屬等，皆給予折扣優惠。此外，對於一些特殊的事業、活動亦給予運費優待以為獎勵，例如有關觀光、休閒旅遊、教育、社會文化、產業發展等活動給予折扣以獎勵之。其中，對觀光旅遊的獎助用力最深。[118]

對臺灣觀光團體旅客的車資優待，20人以上有7折的優惠，100人以上有6折的優惠，200人以上有5折的優惠，藉以招徠旅客。1924年，進一步改為20人以上就有5折的優惠，從臺灣要到日本國內的觀光團體亦適用之。[119]原本這些優惠僅限於三等車旅客，票選出八景十二勝之後，鐵道部為了優惠要前往臺灣八景十二勝的團體旅客，對二等旅客亦開放優惠，20

[115] 柴山義雄，〈觀光事業鐵道部主管の誘因〉，《臺灣鐵道》，號302（1937年8月），頁15-18。

[116] 柴山義雄，〈觀光係を繞りて〉，《運輸通報》，號13（1937年9月），頁10-11。

[117] 柴山義雄，〈觀光事業鐵道部主管の誘因〉，頁19-20。

[118] 蔡龍保，〈日治時期台灣國有鐵路與觀光業的發展〉，頁74-75。

[119] 臺灣總督府鐵道部，《臺灣總督府鐵道部第二十六年報》（臺北：該部，1925），頁37。

人以上、單程30哩以上8折，250人以上、單程250哩以上5折。[120]由表6可看出在此優惠政策的獎勵下，收到相當良好的效果。旅遊活動是各種旅客運費優待方案中，件數最多且增加最快，1939年增爲1932年的12倍，遠遠超過其他方案。亦即，全臺觀光旅遊者不斷增加。而後，因戰局日益緊張，1938年起，陸續增加「事變相關之特殊優惠」、「勤勞報國活動」、「對於遺族的優惠」，陸續廢除「觀光旅遊活動」、「產業獎勵」等優待方案，觀光旅遊遂在戰爭時局中快速弱化。

表6　鐵道部優待旅客運費方案別一覽表　　　　　　單位：件

年度別	項別					
	觀光旅遊活動*	教育活動	社會教化	產業獎勵	事變相關之特殊優惠***	其他
1932	65	23	13	17	—	9
1933	152	36	28	19	—	42
1934	205	40	24	19	—	67
1935	1,096**	95	55	51	—	87
1936	443	89	48	44	—	52
1937	497	74	37	28	—	39
1938	633	82	37	38	12	41
1939	780	79	41	52	8	30
1941	勤勞報國活動	教育活動	社會教會化及國民鍊成	對遺族的優惠		其他
	11	9	15	12		5

資料來源：臺灣總督府鐵道部編印，《臺灣總督府鐵道部年報》各年報（臺北：該部）。

註：1.觀光旅遊活動含觀光產業視察。2.1935年旅遊優惠件數的暴增，係因始政四十年博覽會參觀團體的加入所致。3.1938年6月1日起，對於因七七事變以致日本人和臺灣籍民要回到中國者，若持有總督府之相關證明書者，2、3等皆給予5折優惠。

[120] 〈臺灣八景十二勝への遊覽者に對し二等乘車賃も割引 詳細は鐵道部へ問合されよ〉，《臺灣日日新報》，1927年12月30日，第2版。

　　除上述鐵道部的旅客優惠運費之外，在《臺灣日日新報》亦可以看到時逢花季，阿里山鐵路優惠運費的報導：「阿里山東部塔山、眠月兩站間，鐵道沿線的斷崖絕壁中，有高山著名石楠花一葉蘭現正開花。而沼平一帶及其他之吉野櫻、八重櫻、右近櫻等，於1月到3月上旬，將會是幽花爛漫、霞暉滿山。該線鐵路，為觀光團之便，凡20名以上者降減運費若干。」[121]亦即，除了呈顯出鐵道部的國鐵及阿里山鐵路對於觀光團之便利外，亦因為運費優惠，使一般民眾更負擔得起阿里山觀光所需之費用。

(三)阿里山周遭交通條件的優化與客貨運量分析
1. 阿里山周遭交通的優化

　　其實，阿里山鐵路開通之後，陸續有脫軌、翻覆、山崩、車輛於隧道內動彈不得等事故，生命安全不獲保障，前來登山的人皆感到害怕，是相對危險的線路。1918年，大規模擴張阿里山鐵路的修理工場之後，大型事故才幾乎絕跡。連結優良的客車，到阿里山旅行變成是愉快且安全的。但是，即便到了一九二〇年代後期，登山人數仍然不多，只需上午6:05從北門站發車的列車1輛來處理登山客即可。若想要增加登山客，首先必須有的配套措施，是開鑿阿里山的新高登山道路。[122]

　　在此之前，臺南州於1925年曾計畫將阿里山鐵路延長至新高山。嘉義郡警察課長大津義人蒐集各方情報後，11月24日晚上自臺南出發，在嘉義住宿一晚後入山調查。經七里山路抵鹿林山，露宿該地，27日再經五里路到楠梓山，在該地原生林中露宿、28日，於目的地新高山攀登1里山路。然而，該地係禿山陡坡，必須有應急鐵索。在頂峰休憩後立即歸還，同夜宿於楠梓仙溪、29日，宿於鹿林山、30日，回到阿里山、12月1日歸南。一行人除臺南州內務部長大竹勇之外，有勸業課長林繁三、技手緒方則繼、藤澤正藏、屬鈴木貞八、鶴警察課長及警部1名，嘉義郡守荒木藤

121　〈阿里山塔山名花將開　鐵道運賃費降減〉，《臺灣日日新報》，1931年2月25日，第4版。
122　〈嘉義のほこり　阿里山登山鐵道〉，《臺灣日日新報》，1926年1月1日，第35版。

吉、警察課長大津義人等巡查10餘名，營林所重松榮一技師、上野忠貞技師，交通局小山三郎技師，新聞記者、醫師等約40名，加上搬運貨物的蕃人60餘名，是一支規模達100多人的大型調查隊。[123]然而，之後仍以新高登山道路的推進為優先。

1926年元旦，臺南州提出三大事業——臺南市區改正、安平港的浚渫以及新高登山道路。[124]1926年初，由臺南州內務部土木課藤澤正藏技手、蕃界警官10餘人，督率該地蕃人70名，自阿里山沼平開鑿新高登山道路。[125]11月14日，在工程起點鹿林山，舉行盛大的道路開通暨搜索隊解散典禮。[126]新道路選擇山腹較安全地方，開鑿幅員約3尺，作為登山道路幾近理想。[127]以往，新高登山客捨風光明媚的阿里山道而選擇八通關道，是因後者比前者容易登山。經前述之大幅改築，雖然還有2、3個不完善的點，只要再加以補修，老幼婦孺會競相選擇此道路。新高登山並無太大的危險，但畢竟是蕃人往來頻繁之地，很難說絕對沒有危險。因此，臺南州在塔塔加、新高下兩地方再設置駐在所，在安全上更加完善。[128]

阿里山到新高山的道路完成後，興築林間學校。時值阿里山國立公園逐步實現之際，持續召開研究會，討論關於阿里山之開發。營林所嘉義出張所於1926年改造機關車，縮短約兩小時的登山時間，首度行駛阿里山鐵路的急行列車（快車），大大增加登山客之便利。從臺北搭乘晚上9點的

[123] 〈聯絡鐵道實地踏查〉，《臺灣日日新報》，1925年11月16日，第4版。

[124] 〈臺南の三大事業　理想の實現は　遠いく三十年後〉，《臺灣日日新報》，1926年1月1日，第23版。

[125] 〈新高登山道路　開鑿工程〉，《臺灣日日新報》，1926年11月1日，第4版。

[126] 〈新高開鑿道路　將舉開通式〉，《臺灣日日新報》，1926年11月11日，第4版；〈阿里山と新高山を結ぶ道路の開通式に臨んで㈠〉，《臺灣日日新報》，1926年11月22日，第3版。

[127] 〈阿里山と新高山を結ぶ道路の開通式に臨んで㈢〉，《臺灣日日新報》，1926年11月28日，第3版。

[128] 〈子供や婦人も登れる樣に　新高登山道路の補修〉，《臺灣日日新報》，1931年1月3日，第5版。

急行列車（按：指縱貫線），悠閒地遊覽阿里山後，隔天就能回臺北。伴隨登山人數增加，1輛3等車已無法消化旅客。1927年1月10日開始，每隔一天連結2、3等合併車輛1輛。到了下年度，每日連結2、3等車的同時，為方便人員視察沼平到契的伐木運材狀況，也行駛3等車。[129]

1927年4月1日，阿里山鐵路變更時間，阿里山本線和嘉義站連結，行駛自嘉義站出發的登山鐵路，以往由北門站搭車的旅客改由嘉義站搭乘。[130]而後，為了方便登山客與視察人員，也調整列車時間，方便視察事業地、林相，眺望勝景。為了與上行本線的急行列車接續，將原本早上7點自嘉義站發車的班次延到7點5分，下午1點40分抵達阿里山，得在眠月、達磨岩附近視察集材作業，下午4點50分踏上歸途。再者，得搭上午6點25分自阿里山站出發的班次，視察大瀧溪線事業地後，登上小塔山，展望附近的林相與阿里山周遭，以及玉山連峰之勝景。上午8點50分回到阿里山，有40分鐘吃早餐，9點半自阿里山出發，下午4點15分回到嘉義，要參觀製材工場的人則在北門站下車。[131]

為了配合未來阿里山國立公園的設置，1931年12月已看到各種設施計畫就緒，包括果園經營、特產品栽培、景觀臺‧瞭望所‧天文望遠鏡的築造、梅林‧櫻花的種植、簡易民營旅館的設置、簡易手工藝傳習所‧蕃人公館‧高山觀象所、臺灣陸軍部療養所的設置……等。其中，與交通相關者，為臺南州與嘉義郡合作，開鑿阿里、新高兩山間汽車道路，全長3.5里。[132]完成後，開車從兒玉山針葉林，經楠梓仙溪到新高主山，僅需10

---

[129] 〈阿里山へ急行列車が近く運轉される　旅行者のよろこび〉，《臺灣日日新報》，1926年5月8日，第5版；〈阿里山列車改善　登山者の利便を圖る〉，《臺灣日日新報》，1927年1月28日，第2版。

[130] 第一天，從嘉義站出發者3等車10人，2等車1人。〈阿里山登山列車　聯絡第一日の嘉義驛成績〉，《臺灣日日新報》，1927年4月2日，第5版。

[131] 〈阿里山列車　時間改正〉，《臺灣日日新報》，1928年6月5日，第2版。

[132] 1里=36町=3.93公里（約4公里）。

分。各種觀光團從嘉義出發,往返也只需要2大,[133]登山客得到莫大的便利。從阿里山到新高主山7里11町當中,約2里能開車,剩餘5里10町則以登山方式完成。[134]

阿里山‧新高登山的第一期汽車道路的開鑿,經知事橫光吉規實查後,擬定實施計畫。營林所方面,伴隨事業區的擴張,必須延長運材鐵路,1931年度預計從眠月延伸約20町至內部地方。1932年度再進而延伸到鹿林山的第一鞍部。值此之際,臺南州就不開拓其他路線,而是推進與之平行的路線,節約相當多的經費。[135]汽車道路於11月7日開工,[136]1933年3月16日舉行開通典禮。[137]

營林所嘉義出張所於1932年3月27日起到4月30日,亦即在花季期間,特地增發賞櫻列車,[138]吸引觀光客。1933年5月21日起,阿里山線的嘉義‧竹崎間14.2公里路段,新設5站,行駛35人乘的汽油車,每日增加2班次,[139]以回應旅客增加的需求。結果,相較於蒸汽機關車的煤灰,汽油車深獲承歡迎,1934年1月16日起再加開1臺,開始交互行駛。[140]汽油車的使用與擴大,是營林所對於阿里山鐵路旅客營運的重大投資。據1938年3月7日《臺灣日日新報》的報導:「20、21兩日,由於櫻花的招手,載運觀

---

[133] 〈阿里山國立公園　各種施設計畫就緒　本年開鑿道路工費二萬圓〉,《臺灣日日新報》,1931年12月27日,第4版。

[134] 〈新高登山自動車道路　開鑿作業を見る（終）〉,《臺灣日日新報》,1932年12月17日,第3版。

[135] 〈新高登山が自動車で出來る　營林所の鐵道延長と相待つて〉,《臺灣日日新報》,1931年12月10日,第3版。

[136] 〈新高登山自動車道路　開鑿作業を見る㈠〉,《臺灣日日新報》,1932年12月9日,第3版。

[137] 〈高山觀測所は十五日に開所式〉,《臺灣日日新報》,1933年3月12日,2版。

[138] 〈阿里山行きの　觀櫻列車　けふから增發〉,《臺灣日日新報》,1932年3月27日,第3版。

[139] 〈嘉義／運汽動車〉,《臺灣日日新報》,1933年5月10日,第8版;〈嘉義／增發列車〉,《臺灣日日新報》,1933年5月24日,第4版。

[140] 〈評判のよい　ガソリンカー〉,《臺灣日日新報》,1934年1月18日,第3版。

櫻客約300人前往阿里山的普通列車和臨時列車，呈現超客滿，甚至使用無蓋貨車的熱鬧程度。20日下午4點、5點，陸續抵達阿里山，各旅館也都客滿，到無法完全收容的程度……。」[141]可見賞櫻列車之受歡迎，以及營林局增加觀光客的策略之成功。

　　火車自阿里山發車，載運登山客到第一分水嶺（兒玉山），從第一分水嶺到第二分水嶺約2哩的路程，約有一半的路程是危險通路，從兒玉山第二分水嶺到鹿林山麓的塔塔加的汽車道路已經開通。營林所於1933年底完成鐵路聯絡，1934年4月起，居住於臺南市內的新高登山客，能以2天時間往返新高主山之頂。搭乘上午6:08自臺南發車的班次前往嘉義，再搭乘阿里山線到阿里山，進而搭乘分線到第二分水嶺，從第二分水嶺乘坐汽車前往鹿林山，約下午4點抵達。從此地開始以徒步前往新高下，在該地宿一晚之後，隔天早上前往主山攻頂，在同一天的白天就能下山南歸。亦即，以往登山日程所花的時間減半，對於新高登山客為一大福音。[142]

　　再者，臺南州土木事業中一時成為懸案的阿里山・祝山間4公里的登山道路工程，臺南州土木課員於1933年9月6日實地測量，修築幅員5公尺的汽車道路，1934年5月3日竣工，阿里山登山客得便甚多。[143]臺南州當局，緊接著為因應國立公園預定地阿里山・塔山，開鑿探勝道路。因該山之地勢與地形，施工十分困難，決定直營辦理。以藤澤正藏技手為現場主任，於1935年10月完工。[144]另，為圖登玉山、阿里山之便，1934年1月臺

---

[141] 〈春酣の吉野櫻に　觀櫻登山客は恍惚　臨時列車も超滿員で　阿里山一帶は大賑ひ〉，《臺灣日日新報》，1938年3月22日，第5版。

[142] 〈往復二日間で新高登山が出來る　營林所線が完成すれば〉，《臺灣日日新報》，1933年3月30日，第3版。

[143] 〈阿里山、祝山間　自動車道路を開鑿〉，《臺灣日日新報》，1933年8月10日，第3版；〈阿里山一帶　道路開鑿　按三萬餘圓〉，《臺灣日日新報》，1933年9月9日，第4版；〈阿里山の名勝祝山の登山道路　五日竣功檢查を終る　是から登山者もらく〉，《臺灣日日新報》，1934年5月10日，第3版。

[144] 〈阿里山塔山　探勝道路工事直營〉，《臺灣日日新報》，1935年9月29日，第12版。

南州以工程費9,000圓於鹿林山麓建一宏敞壯麗之鹿林山莊（海拔2,881公尺），7月10日竣工。和室平房建築，坪數81坪，純木造，皆用阿里山產之紅檜，有客室、食堂、看守人室、東南西三面有迴廊，內可容百人，為登山客的最愛。[145]

　　而後，為迎接1935年的一大盛事臺灣博覽會，營林所嘉義出張所除了以博覽會為契機進行宣傳外，為圖觀光客之便利，修正阿里山線的時刻表，於博覽會期間（10月10日到11月28日），開始行駛2列車，第一列車到兒玉山前之第二分水嶺（觀光塔塔加附近），第二列車到阿里山，以符旅客需求。[146]

　　上述一九二〇年代後期到一九三〇年代前期，這幾波鐵路、道路之新築、改良，阿里山的觀光人數也隨之攀升，再創佳績。而營林所嘉義出張所在經營阿里山鐵路時，日益考量觀光客的使用，在機關車、客車的改良（含汽油車的運行），時刻表的調整，賞櫻列車的行駛，皆呈現出積極經營客運的面向。例如思考到年初假期，要到新高、阿里山的觀光客必然遽增。然而，以往登山鐵路不特別考量行駛時刻，2天1夜的行程也很難充分欣賞阿里山的大自然。1935年初實施新的修正時刻表，觀光客在觀賞兒玉方面並遠望新高主峰後，能搭乘上午2點41分的列車下山。[147]1936年5月，阿里山國立公園協會規畫新高登山沿道的休憩所、廁所及新高下貯水設施工程，由嘉義市內的料理屋、旅館等捐款著手進行，[148]持續優化觀光旅遊設施。

[145] 蔡龍保，〈梅澤捨次郎の台灣での活躍―戰前期1910年代における工手學校卒業生の海外活動の一事例〉，《NICHE　工學院大學建築系學科同　會誌》，期36（2013年3月），頁66-73。

[146] 〈觀光客誘致のため　阿里山線時間變更　觀光登山者の便を圖り　十月から二列車運轉〉，《臺灣日日新報》，1935年8月21日，第9版；〈阿里山線の二列車運轉　最後の協議を　遂ぐ〉，《臺灣日日新報》，1935年8月30日，第2版。

[147] 〈阿里山鐵道　考慮登山客　改正時間〉，《臺灣日日新報》，1934年12月16日，第12版。

[148] 〈新高道路沿線の休憩所近く著工　工費は市民が寄附〉，《臺灣日日新報》，1936年5月14日，第2版。

2. 客貨運量的分析

到了一九三〇年代，全臺觀光旅行的人數大增，且旅行團之規模也十分盛大。1935年6月設立的臺灣旅行俱樂部，是一旅行團體協助機關，事務所置於鐵道部內，並在各個要站設立支部，[149]以引導民眾的旅行思想與獎勵團體旅行爲目的。由於鐵路各站長的努力，有更多的民眾對旅行感到興趣。由表7觀之，1936年度旅行俱樂部舉辦各種旅行團的成績相當不錯，參加人數達45,374人，其中，北港參拜團人數最多，占56%；第二多的是都市產業視察及名勝探訪團，占31%。造訪阿里山者，屬名勝探訪團或環島遊覽團。由鐵道部發行的1941年版《臺灣鐵道旅行案內》，可看到「臺灣一周」（環島，17天）、「臺灣一週間」、「臺灣十日間」等行程，[150]神木、阿里山都是必排的行程了。

表7　1936年度旅行俱樂部旅行團成績表　　　　　單位：件／人／圓

項別	類別					
	北港參拜團	海水浴團	納涼觀月團	環島遊覽團	各都市產業視察及名勝探訪團	合計
件數	124	36	6	35	242	443
人員	25,230	3,926	1,108	851	14,259	45,374
鐵道部收入	98,257.2	3,979.9	1,034.3	7,206.2	23,326.5	133,804.0

資料來源：〈昭和十一年度の客車數入に就て〉，《臺灣鐵道》，號299（1937年5月），頁5。

阿里山森林鐵路開發初期，純以運材爲主。1920年，管理單位應沿線居民與伐木工人建議，於運材車後聯掛客車車廂，稱爲「便乘列車」（混合列車），以普通列車行駛，雙日上山、單日下山，行車時間需6小時30

---

[149] 〈本島官營事業的雙璧〉，《臺灣經濟往來》，第6輯（1936年9月），頁23。

[150] 吳兆宗，〈昭和2年臺灣八景募集活動及其影響〉，頁95-96。

分。[151]而後，爲圖登山旅客之便，「便乘列車」增爲每日皆有往返班次，且應臨時所需，得再增發列車。[152]

　　1926年11月，阿里山到新高山的登山道路開鑿完成後，臺南方面的山嶽團體間形成一股強大的登山熱，前往登山的人逐漸增加。第二高等女學校馬上立定登山計畫，其他團體也計畫利用年底年初的假期前往登山。[153]加上1928年廢除入蕃許可證制度，[154]進入阿里山更爲便利，民眾逐漸也能享受到旅行的樂趣，人潮開始湧入。除了新高山的登山客外，原本爲了紓解日本工作人員思鄉情懷而種的櫻花，吸引賞櫻民眾與見學旅行的學生，讓營林所備感壓力。1924年搭乘火車的登山客有6,657人，短短兩年間增加至10,444人，參觀嘉義製材工廠的人數也達12,245人，以小公學校和中等學校以上的學生爲主體。[155]而後，阿里山登山人數大概維持在1萬人上下；新高山登山人數，則由於1926年11月阿里山新高登山道路以及1933年3月汽車道路的開通，有明顯大增，1933年增爲1929年的3.4倍，已達10,352人（參見表8、表9）。

　　或許因此，曾山毅的研究指出：「一九三〇年代，一般都認爲阿里山是被置入標準行程裡的代表性觀光地。1937年被選定爲新高阿里山國立公園後，成爲代表臺灣的觀光地區。但，最多約1年10,000的觀光客，不能否認的是離大觀光地的水準還很遠。」[156]然而，僅算登山人數，必定低估了前往阿里山觀光旅遊的人數。若根據《臺灣日日新報》的報導，臺灣博

---

[151] 林務局嘉義林區管理處，《阿里山森林鐵路之沿革概要表》，頁1。

[152] 臺灣總督府營林所，《營林事業一覽》，頁37。

[153] 〈新道路から新高登山を企圖する者漸く增加〉，《臺灣日日新報》，1926年11月24日，第2版。

[154] 原本必須先到嘉義群警察課申辦入蕃許可證。如果要求警察護衛，則必須向郡役所提出申請，完備相關手續，收取入蕃手續費20錢。參見臺灣總督府營林所，《阿里山登山者のために》（臺北：該所，1927），頁50。

[155] 〈阿里山登山者數〉，《臺灣日日新報》，1927年1月28日，第2版。

[156] 曾山毅，《植民地臺灣と近代ツーリズム》，頁219。

表8　阿里山、新高山登山人數一覽表（1929-1933）

年度	項 別	
	阿里山登山人數（人）	新高山登山人數（人）
1929	9,645	279
1930	10,129	486
1931	9,171	337
1932	10,906	404
1933	10,352	942
合計	50,203	2,451

資料來源：〈阿里山登山者數〉，《臺灣日日新報》，1927年1月28日，第2版；〈阿里新
　　　　高　過去五年間登山者數〉，《臺灣日日新報》，1934年7月14日，第4版。

表9　阿里山森林鐵路歷年客貨運營運一覽表（1920-1941）

年度	線路長（公里）	站數	運輸數量（人／公噸／公斤）			運輸收入（圓）		
			乘客	貨物	行李包裹	旅客	貨物	合計
1920	77.6	17	136,958	27,385	93,159	32,534	48,289	80,823
1921	71.0	17	119,904	9,107	89,473	31,549	62,652	94,201
1922	71.0	15	107,687	13,489	92,264	29,542	70,597	100,139
1923	71.0	17	114,201	18,898	87,228	30,566	96,245	126,811
1924	71.0	17	117,460	17,360	89,396	31,177	77,442	108,618
1925	71.0	17	152,611	55,282	82,076	37,818	99,989	137,807
1926	111.8	18	166,435	19,693	82,512	40,430	103,606	144,036
1927	77.7	18	192,615	19,725	104,450	45,397	87,542	132,940
1928	77.7	18	159,955	20,062	131,091	68,344	87,942	156,286
1929	77.7	18	145,787	20,092	155,224	69,165	104,143	173,308
1930	77.7	18	120,120	15,737	144,484	62,609	64,213	126,822
1931	77.7	18	109,978	14,272	116,548	51,580	44,525	96,106

年度	線路長（公里）	站數	項　別					
			運輸數量（人／公噸／公斤）			運輸收入（圓）		
			乘客	貨物	行李包裹	旅客	貨物	合計
1932	83.5	19	128,957	18,477	120,065	58,488	49,521	108,010
1933	83.6	19	175,857	13,809	104,485	66,957	46,806	113,763
1934	79.9	19	163,844	31,891	92,955	67,275	58,270	125,545
1935	82.6	23	159,486	18,303	87,076	69,623	60,973	130,596
1936	82.6	23	141,243	25,305	89,952	69,886	89,750	159,635
1937	82.6	23	120,646	20,769	87,892	59,676	96,637	156,313
1938	82.6	23	123,338	41,922	68,553	91,873	115,577	207,450
1939	82.6	23	162,320	30,190	46,538	110,654	109,867	220,521
1940	82.6	23	194,325	23,333	58,095	120,736	109,686	230,422
1941	82.6	23	217,350	27,609	55,783	111,309	133,622	244,931

資料來源：臺灣總督府，《臺灣總督府統計書》第二十四到第四十六各年度（臺北：該府，1922-1941）；臺灣省行政長官公署統計室，《臺灣省五十一年來統計提要》（臺北：臺灣省行政長官公署統計室，1946），頁1173-1174。

註：1.日治時期的年度為該年4月開始至翌年3月。2.1926年度線路長111.8公里，應是當時官方定義阿里山線的路段不同，據《臺灣總督府統計書》1925年的阿里山線指嘉義到沼平，1926年為嘉義到眠月。3.1942年度起，營林所管轄的阿里山、羅東、八仙山各鐵道移管到臺灣拓殖株式會社。

覽會前一年，1934年度的乘客有37,000人，收入33,357圓，占阿里山線經營相當大的部分。[157]與曾山毅的估計有很大的距離，且此一數字尚不包括汽車道路完成後非依賴鐵路前往的觀光者。

　　若再就阿里山森林鐵路歷年客貨營運觀之（參見表9），1941年的

---

[157] 此時的阿里山線連結2輛普通車運行，約載運70人；乘客人數多時，連結到3輛，頂多也就100人程度。〈觀光客誘致のため　阿里山線時間變更　觀光登山者の便を圖り　十月から二列車運轉〉，《臺灣日日新報》，1935年8月21日，第9版。

整體運輸收入已增爲1920年的3倍，1931年客運收入51,580圓首次超過貨運收入44,525圓，客、貨運分別占收入的54%、46%。1931到1941年的11年間，有7個年度是客運收入高於貨運，呈顯出客運的重要性已漸高於貨運。雖然兩者的差距並沒有很大，但已呈顯出營林所在經營阿里山鐵路的目的與方策之轉變，如實反映在營業收入上，可謂起了極大的變化。就客貨運量觀之，1941年的貨運量與1920年相較並無明顯差異，客運（按：應爲人次）則大概成長爲1.6倍。1939年1月5日的《臺灣日日新報》，也強調阿里山鐵路一票難求的盛況：

> 嘉義站的上行、下行列車，連二等車都呈現超級客滿的盛況，甚至來不及發行車票，1日到3日間的總收入創下13,939圓的新記錄。其中，阿里山線在2日間的收入有347圓，新春時節的登山客人數亦呈現激增的態勢……。[158]

　　值得注意的是，同樣以運材爲主要目的的羅東森林鐵路及八仙山鐵路，日治時期長期呈現貨運遠高於客運的狀況，[159]明顯是貨運導向的產業鐵道，並無阿里山鐵路的階段性明顯變化。若再以鐵道部營運的縱貫線（1908年基隆・高雄全線通車）爲例來思考，1907-1918年度11年間呈現貨運收入超過客運收入，但1919年之後則轉爲客運收入高於貨運，並成爲鐵路營運的主體。[160]客貨運結構的變遷在縱貫線這樣的一般鐵路尚能理解，像阿里山鐵路這樣的產業鐵路有此變化則較爲特殊，勢必是經營政策轉變所致。若非因戰爭時局導向壓抑觀光活動、觀光鐵路，強化客運的經營政策導向及其成效會更加明顯。

---

[158] 〈上り下りの列車超滿員　阿里山線も賑ふ〉，《臺灣日日新報》，1939年1月5日，第11版。

[159] 臺灣省行政長官公署統計室，《臺灣省五十一年來統計提要》，頁1174。

[160] 林淑華，〈日治前期臺灣縱貫鐵路之研究（1895-1920）〉，頁104。

　　戰爭動員體制下，為節省客運業務所需人力，1938年底開始檢討是否要廢止對於旅遊團體的乘車優惠。[161]觀光係於1940年4月開始，職掌增加了原屬運輸課旅客係的事務——「關於鐵道旅館的事務」。1941年10月，鐵道部廢止觀光係，將全部業務移轉到旅客係之下，也廢止「接待觀光旅客」的業務。[162]換言之，在戰爭動員體制下，鐵道部自1941年10月起，在政策上已不再鼓勵以觀光為目的的旅客。1943年，從地方到中央，也不斷出現因應戰時動員體制，應盡力避免旅行的宣導與取締。日本國內，國鐵當局也宣示，會更努力監督取締旅行幹旋業者，特別是年底、年初輸送繁忙期，將與內務省警保局聯繫，加強取締，抑制遊覽旅行，強化戰爭時期國鐵的「重點運送」。[163]

六、結論

　　日治時期對阿里山進行探險或調查者不少，若就經營上可資參考的角度言之，1899年5月，臺南縣技手小池三九郎的專業調查可說是經營阿里山森林之開端。林學博士河合鈰太郎於1909年所撰《阿里山森林經營費參考書》，可說是林學專家為阿里山森林經營提出的一份較完整的分析報告。興築阿里山鐵路的主要目的，是為了「經營森林資源」、「理蕃及開發蕃地」。

　　臺灣總督府原本欲將阿里山作為總督府直轄事業來經營，時逢日俄戰爭，政府財政困難，1906年2月將經營權特許給合名會社藤田組。然而，

---

[161]〈遊覽團體客の割引廢止か〉，《臺灣日日新報》，1938年10月23日，第7版。

[162]臺灣總督府交通局鐵道部，《臺灣總督府交通局鐵道部職員錄》（臺北：該部，1940），附錄頁5-6；臺灣總督府交通局鐵道部，《臺灣總督府交通局鐵道部職員錄》（臺北：該部，1941），附錄頁5-6。

[163]〈旅行も見合せよう　嘉義年末年始決戰態制〉，《臺灣日日新報》，1943年12月7日，第4版；〈國鐵遊覽旅行を抑制　旅行幹旋業者の取締強化〉，《臺灣日日新報》，1943年12月17日，第3版。

藤田組從事開發後發現，總督府低估阿里山森林開發的困難度，鐵路建設成本遠超過預估，且森林蓄積量被高估。1908年1月，藤田組放棄阿里山經營，1910年2月經帝國會議通過，由總督府以官營方式經營阿里山。然而，官營必須面對同樣的問題與挑戰。在阿里山作業所時期，鐵道部對於阿里山鐵路經營有其影響力，到了營林局、營林所時期則完全由林業／林政官僚主導，附屬於林業經營的產業鐵路之定位與性質明確。就經營成績觀之，阿里山作業地的經營與太平山、八仙山相較，生產成本日漸失去優勢。若將創業當時固定資本的償還及其利息的負擔計入砍伐事業的收支，要到1935年度以後，砍伐事業才有收益，但獲利十分微薄。營林所想透過延伸鐵路擴大伐木面積、增加搬出材，但成效不彰。因此，阿里山招致經營成績不良、設施規模過大的批評。

　　到了一九二〇年代後期、一九三〇年代，阿里山已經不單單是林業地，也是臺灣著名的觀光地以及「國立公園候補地」，作為觀光聖地的角色日益濃厚，成為砍伐事業經營困境的解套。值得注意的是，外部大環境與潮流的發展為一大助力。臺灣的史蹟名勝天然紀念物的相關法規及相關的調查、保存等具體設施，相較日本國內成立得相當晚，其指定與觀光旅遊景點的建立或強化有密切的關係。阿里山有1個名勝（阿里山）、4個天然紀念物（阿里山神木、貝類化石、雉類、山椒魚）獲指定，這也成為1927年「臺灣八景」票選活動的四項重要審查基準之一，阿里山以第4高票之姿入選八景。

　　另一影響鐵路經營方向的元素，為國立公園之指定。田村剛、青木繁兩位代表性的林學專家，皆認同阿里山經營的發展方向之一是設置國立公園。在阿里山發展為國立公園的脈絡下，臺灣山林會、鐵道部部長渡部慶之進等有識之士，對於阿里山鐵路的經營方向之期待亦隨之改變。此一方向，也確實成為營林所企圖突破困境的努力方向。不論是營業線或類似運材專用線的山線，皆被期待能帶動觀光及地方開發。此時，適逢一九三〇年代臺灣的陸、海、空各交通機關間聯運業務漸趨成熟，日本、臺灣先

後發行極爲便利的旅遊券,將阿里山列入指定的遊覽地。1937年,也正式在鐵道部運輸課設「觀光係」,負責觀光資源的調查開發、觀光設施的管理和促進、觀光事業的宣傳、觀光旅客的接待服務等事務,並設計各種運費優惠措施,使觀光旅遊活動在整個一九三〇年代呈現飛躍發展。進入一九四〇年代,觀光旅遊才在戰爭時局中快速弱化,1941年10月鐵道部甚至廢止觀光係。

　　阿里山鐵路除跟隨鐵道部實施優惠旅客運費方案外,阿里山周遭交通的優化也十分重要。一九二〇年代後期、一九三〇年代,營林所努力將阿里山鐵路往新高山延長,並改良機關車、客車,運行汽油車,調整列車時刻表,增加客車連結,行駛賞櫻列車。臺南州則將興築新高登山道路與汽車道路視爲州的重大事業,完成懸案已久的阿里山・祝山間登山道路。在各項配套的發展下,阿里山鐵路的乘客人數大增,1931到1941年的11年間,有7個年度是客運收入高於貨運,客運的重要性漸高於貨運,這對阿里山鐵路這樣的產業鐵路而言十分特殊,彰顯營林所「觀光鐵路」、「強化客運」的經營政策已有其成果。1941年的運輸收入大增爲1920年的3倍,對整體營運狀況的改善有明顯助益。若非遭遇戰爭時局,其作爲「觀光鐵路」的角色會強化得更加快速、顯著。

本文原載於《地理學報》,第105期,2023年8月,頁1-36。

臺中輕鐵（株）的經營分析——軌道・鐵道・汽車

林采成*

摘要

　　本文旨在以臺中輕鐵株式會社為例，以軌道業務的角度論述該公司整體的事業成果，究明殖民地時期臺灣私設鐵道史的多樣性。

　　臺中輕鐵株式會社成立於1918年，以臺中為區域基地，進行以人力作為動力的軌道業務，但在其他公司提出等同於該公司豐原線之豐原到土牛間的鐵道鋪設許可後，迫使其不得不從商業防禦的角度，將豐原線從人力軌道改為蒸汽動力的鐵道。鐵道業的發展主要由自己資本提供資金，外部資金的使用只是臨時性的，而且只是部分範圍。但即便如此，事業的重點還是在軌道業，鐵道業的經營基礎不甚穩定，經常接受政府補助金。隨著補助保證率的下降，鐵道的利潤和補助率也隨之下降，給投資者的配股率也繼續下降。為此，作為一個新的突破口，轉換到汽車業務受到重視，隨著鐵道業務的縮小，一九四〇年代成為公共汽車運輸業者。就這樣，臺中輕鐵因軌道公司合併，以及隨之而來的業務合理化而設立，雖然以他律的方式開始了鐵道業務，但受到來自汽車市場的競爭的壓迫之下，不得不將業務調整為汽車運輸業。

關鍵詞：臺中輕鐵株式會社（臺灣交通株式會社）、軌道、私設鐵道、汽車、臺灣私設鐵道補助法

---

* 立教大學經濟學部教授
　逢甲大學建築專業學院兼任助理教授

Business Analysis of Taichung Light Rail Co.

Chaisung Lim[*]

Abstract

This paper focuses on the Taichung Light Rail Co., Ltd. as the subject of analysis, discussing the business results of the company as a whole and highlighting the diversity of private railroad history in Taiwan during the colonial period.

Taichung Light Railway was established in 1918 with Taichung as its regional base, and had achieved a certain degree of business stability through its human-powered track business. The development of the railroad business was mainly financed by the company's own capital, and the use of external funds was only temporary and partial in scope. Nevertheless, the company's most important business was the track business. The railroad business was not stable and required constant government subsidies, but as the rate of subsidies declined, so did the railroad's profit margin, and the rate of dividends to investors had to decline. As a breakthrough against this, emphasis was placed on converting to the automobile business, which was accompanied by the downsizing of the track business, and in the 1940s, the company became a bus carrier. Thus, Taichung Light Rail was established to merge the track companies and rationalize their operations accordingly, and although it started its railroad business in response to policy recommendations, it was squeezed by market competition with automobiles and forced to restructure its business into a car carrier.

Keywords: Taichung Light Railway Company (Taiwan Transportation Company), track business, private railroad, automobile business, Taiwan Private Railway Subsidy Act

[*]　Professor, College of Economics Department of Economics, Rikkyo University

一、序論

　　臺中輕鐵株式會社成立於1918年，以臺中為區域基地，進行以人力作為動力的軌道業務，達到了一定的穩定經營，1923年開始鋪設鐵道，並進一步擴大了業務範圍。然而，鐵道業本身並無法保證給投資者的分潤，在無法確保獲利的情況之下，不得不依靠從軌道業務而來的獲利。就鐵道業務而言，由於建設費規模大於軌道業務，除非能夠保證一定的運輸量，否則公司的經營將變得更加不穩定。這類情況在臺北鐵道上很常見，在臺中輕鐵上也無所倖免。為此，儘管政府也給臺中輕鐵提供補助金以支援其經營，但為攤提建設費，並不能立即保證投資者的分潤等利益。

　　再者，即便是作為主要收入來源的傳統軌道業務，在臺灣也因為汽車進入了這個市場增加競爭力成為了對抗鐵道和軌道的手段，所以看出獲利開始惡化。臺中輕鐵像其他軌道公司一樣，摸索著廢除軌道路線轉換成汽車載客和卡車運輸業務。這樣，臺中輕鐵成為由鐵道、軌道、汽車組成的綜合性陸路運輸公司，但這種業務的發展與製糖業者將自己公司的專用路線對公司外部開放施行一般業務保障了公司內部的經營穩定性的糖業鐵道有著不一樣的特徵。此外，也與同樣是純粹的民營鐵道公司的臺灣鐵道無法進入汽車業務的情況不同。

　　因此，本文將以臺中輕鐵株式會社為例，以軌道業務為中心，探討公司整體的業務成果，以梳理臺灣殖民地時期民營鐵道歷史的多樣性。具體的呈現在什麼樣的過程中開始發展軌道業務的，並進一步說明進入鐵道業務，隨之而來的經營實際狀態為何，最後審慎檢討汽車業的發展帶來了什麼樣的經營成果。儘管這樣的歷史研究具有重要意義，但現有的研究集中在國家鐵道上，即便在民營鐵道分析上也舉了臺中輕鐵的鐵道經營為例，其經營成果並沒有被分析過。

　　然而，陳家豪（2013）分析臺灣的民營軌道，呈現出民族資本進入現代企業體系的主動性，也與汽車業的出現相呼應，汽車業在戰後被改組成

臺灣的交通業，成為中小企業發展的基礎。[1]其中指出，臺中輕鐵與臺北鐵道一起作為半現代手推軌道，實現了向現代蒸汽鐵道的轉變，臺中輕鐵是由葫蘆墩、牛罵頭和員林三家軌道公司所合併而成。對於臺中輕鐵的分析並不全面，其經營的實際情況也沒有被呈現出來。

　　因此，本文總計了有關臺中輕鐵的數量統計。除了掌握按時間順序記錄管理層的轉變外，還收集了相關資料，透過以下構成，試著探討公司經營的實際情況。第1節檢討隨著公司的設立、資金的籌措和鐵道如何進行；第2節檢討鐵道運輸的動向並指出長期的特徵；第3節分析經營收支的變化，檢討如何運用政府補助金來彌補鐵道經營的脆弱性，並檢討鐵道業的發展對同時經營軌道業務和汽車業務的臺中輕鐵的整體經營有著什麼的意義。

二、公司設立和鐵道投資

　　臺中輕鐵株式會社以整合臺中州的人力軌道公司為目的，成立於1918年6月，資本額為100萬圓，從既有的軌道業者手中收購他們所經營的路線，並開始軌道業務。如圖1所示，「第一筆股價為每股二十圓（總金額四十萬圓）」，這筆款項在1918年6月27日投入後，同月29日，以40萬5,000圓的價格收購了全長67.3英哩的路線[2]。具體而言，以21萬5,000圓的價格從葫蘆墩輕便鐵道合資會社收購了葫蘆墩至大茅埔段、葫蘆墩至神岡段、社口至提雅段、葫蘆墩至土牛貯木場段總長20.9英哩（包括7.3英哩的雙線鐵道）的路線，也從牛罵頭輕便鐵道株式會社以8萬3,000圓的價格收購了大肚至牛罵頭段、沙鹿至梧棲段、牛罵頭至神岡段總長度為21.9英哩的路線。進一步的也從員林輕鐵株式會社以10萬7,000圓收購了員林至鹿

---

[1]　陳家豪，〈日治時期在臺日資與民營鐵道業之改革〉，《臺灣學研究》，期16（2013年12月），頁101-150；陳家豪，《近代臺灣人資本與企業經營：以交通業為探討中心（1895-1954）》（臺北：政大出版社，2018）。

[2]　石井禎二，〈私設鐵道營業線めぐり㈡〉，《臺灣鐵道》，號250（1933年4月），頁47-53。

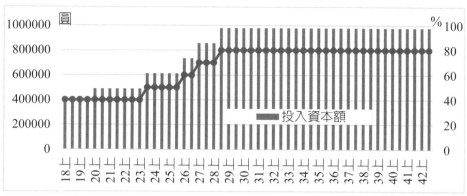

圖1　臺中輕鐵的投入資本額。

資料來源：熊野城造編，《本島會社の內容批判》（臺北：業務界と內容批判社，
　　　　　1930），頁64-66；竹本伊一郎編，《臺灣株式年鑑》（臺北：臺灣經濟研究
　　　　　會，1931），頁213-218；石井禎二，〈私設鐵道營業線めぐり㈡〉，《臺灣鐵
　　　　　道》，號250（1933年4月），頁47-53；竹本伊一郎編，《臺灣會社年鑑》（臺
　　　　　北：臺灣經濟研究會，1934），頁293-294；臺灣總督府，「台灣私設鐵道補
　　　　　助法中改正ノ件」，1939年11月10日，國立公文書館所藏；金融之世界社編，
　　　　　《臺灣產業金融事情》，產業‧會社篇昭和十七年版（東京：金融之世界社，
　　　　　1942），頁75；千草默仙編，《會社銀行商工業者名鑑》（臺北：圖南協會，
　　　　　1942），頁231-232。

註：1.前期1-6月、後期7-12月。2.資金籌措中有一些借款。並非所有的內容都可以確認，
　　可確認的內容為，1918年後期5,500圓、29年前期500圓、30年前期1,000圓、33年前期
　　1,997圓、34年前期2,120圓。

港段軌道外的3線總長24.5英哩。當時，因為不夠5,000圓，所以從別的地
方借了5,500圓來補，而多出的500圓則作為運轉資金。因為投入資本額和
收購金額幾乎一致，所以可以知道是採取不設存續公司，以設立新公司進
行合併的方式。

　　從這三家公司（1912）來看，牛罵頭輕便鐵道株式會社（1908）以蔡
蓮舫為社長，資本額4萬圓，以投入2萬4千圓來從事軌道業務；葫蘆墩輕
便鐵道合資會社（1911）以小塩元太郎為代表社員，資本額為3萬圓其中
投入金額為2萬2千圓；員林輕鐵株式會社（1911）以蔡蕙如為社長，資本

額12萬5千圓，投入金額5萬7,500圓在員林一帶從事軌道業務[3]。以行政區域而言，三家軌道公司都屬於臺中州，但牛罵頭和葫蘆墩是在烏溪以北，員林則在烏溪以南，所以大範圍來看應該是兩個不同的路線網。此外，為計畫擴大路線，於1920年4月12日增加資本額22萬5,000圓（4,500股），該公司採「與舊股票一樣一股20圓的股價投入給同組合」用9萬圓的價格收購了中嘉輕鐵組合經營軌道中嘉線外1線（長18.0英哩）[4]。其結果，臺中輕鐵的路線網多達三條，而嘉義則在距離上相距甚遠，因此無法保障軌道業務上的「規模經濟」。

　　因此，資本額從40萬圓增至49萬圓，但投入率依然以公稱資本額為基準的40%不變。像這樣的路線收購的結果使得1918年至一九二〇年代初期的路線數量有所增加，從1918年的43.5公里增加到1923年的125.0公里，經過一段時間的緩慢增長後，在1920年後半又有所增加，並在一九二〇年代末期和一九三〇年代初期達到近170公里（圖2）。一九二〇年代，隨著軌道業務轉換成為汽車業務，儘管出現了萎縮，但軌道業務在一九二〇年代

圖2　臺中輕鐵的軌道業務的軌道公里數、臺車數及延用臺車數。
資料來源：臺灣總督府鐵道部・同交通局鐵道部，《年報》各年度。

---

[3]　陳家豪，《近代臺灣人資本與企業經營：以交通業為探討中心（1895-1954）》，頁49。
[4]　石井禎二，〈私設鐵道營業線めぐり㈡〉，《臺灣鐵道》，號250（1933年4月），頁47-53。

之前應視爲持續成長。隨之而來的延用臺車也在一九二〇年代之前持續增加，但從一九三〇年代開始呈現出減少的趨勢。這樣，軌道業務在一九二〇年代雖有著「顯實的繼續經營軌道」，但實際上已變成以一個新的業務體進入鐵道業。也就是說，不打算「公司的鐵道自行營運」[5]。

　　1919年，「新見喜三[6]及其他人看到了在豐原和土牛之間鋪設鐵道的好處，提出了鋪設鐵道的許可申請」[7]。資料上尙不清楚與這個申請是否有關，但1919年9月所設立的「從臺北鐵道獲利」的松村十造「進一步向臺中擴張，計畫鋪設一條鐵道，但只要有臺中輕鐵，當局（臺灣總督府鐵道部）就不允許」[8]。甚至，因爲帝國製糖也提出了「作爲南投線姐妹線進行計畫實測」的申請，所以總督府鐵道部就有了「如果臺中輕鐵無意鋪設的話，則允許帝國製糖進行鋪設」的方針。因此，面對其他業者所提出的鋪設鐵道的申請，如果允許的話，臺中輕鐵的豐原和土牛之間的軌道業務一定會受到打擊。從1920年的路線別軌道收入來看，豐原線119,573圓、臺中線26,564圓、清水線90,941圓、員林線46,765圓、嘉義線50,365圓、合計334,208圓[9]。包括豐原和土牛之間的豐原線是這5條路線中最重要

---

[5]　布川漁郎，〈事業と人を語る〉，《臺灣》，卷5，期10，總號39（1934年7月），頁15-16。

[6]　「新見喜三出生於山口縣、1894年3月畢業於工手學校土木科，翌年3月以陸軍省鐵道隊所屬技術員的身分來臺從事臺灣鐵道的測量以及建設，於同年9月成爲日本鐵道局的雇員、1896年3月成爲了日本鐵道株式會社的雇員。1899年3月成爲臨時臺灣土地調查局技手、同年5月轉任成爲了臨時臺灣鐵道鋪設部技手。鐵道部成立後，成爲同部工務課技手、歷任基隆、臺北、淡水間以及曾文溪橋等的工程現場監督主任。1903年轉任鐵道部打狗出張所，成爲了佐藤謙之輔指揮下的技手。」參蔡龍保，〈日本統治期における台灣總督府鐵道部の南進政策：清國廣東省潮汕鐵道の事例〉，《立教經濟學研究》，期69（2016年3月），頁1-24。新見喜三離開新見組，參與了臺灣島內的各種工程。參清水美里，〈在台日本人商工業者の日月潭發電所建設運動〉，《日本台灣學會報》，號14（2012年6月），頁122-144。

[7]　石井禎二，〈私設鐵道營業線めぐり㈡〉，《臺灣鐵道》，號250（1933年4月），頁47-53。

[8]　布川漁郎，〈事業と人を語る〉，《臺灣》，卷5，期7，通號39（1934年7月），頁15-16。

[9]　臺灣總督府鐵道部，《臺灣總督府鐵道部年報　第二十二年報（大正九年度）》，（臺北：臺灣總督府鐵道部，1921）。

的路線。

　　如圖3所示，說明著豐原—翁子—朴子—埤頭—石岡—社寮角—梅子—土牛貯木場的營業區間13.1公里的「這條鐵道是最重要的交通設施，它將豐原和其他本島重要城市與位於八仙山的國營伐木業務地、山產和農產品集散地以及重要的番界地區與東勢町連接起來。特別是，國家伐木業務所在地八仙山運出的木材，如果沒有這條鐵道的話，就無法運到豐原貯木場，同時，即將在水量充沛的大甲溪上游著手進行的電力工程上所需的各種材料的運輸，也離不開這條鐵道」[10]。意識到不只從沿線區域的出貨，從內陸的八仙山搬出來的木材保障鐵道的獲利，這應該是多數業者提出鐵道鋪設申請的理由。

圖3　臺中輕鐵株式會社路線圖。
資料來源：臺灣總督府交通局鐵道部編，〈臺灣鐵道路線圖〉，《臺灣總督府交通局鐵道年報》第38（昭和十一年度）（臺北：臺灣總督府交通局鐵道部，1937）。

---

[10]　臺灣總督府，〈台灣私設鐵道補助法中一部改正法律案〉，1939年12月（〈台灣私設鐵道補助法中ヲ改正ス·（補助期間伸長及方法改正）〉1940年，國立公文書館所）。

　　為此，「作為臺中輕鐵，在自我防衛上鋪設沒有選擇的餘地」[11]。如後面所呈現的表1，儘管取得了用重25英磅（11.3kg）的鐵軌鋪設軌間762mm的窄軌鐵道供蒸氣機關車行走的鐵道鋪設許可，但是「不久之後，商界的一大變動『反動恐慌』沒能立即達成鐵道鋪設的機會」，1923年6月10日，「在軌道鋪設許可證的最後期限即將到期時，開始了破土動工」。「當初，由於工程進度，不需要大筆開支，所以軌道的收入暫時轉為鋪設鐵道的費用，工程也得以取得進展」。於同年11月17日，為了籌措其建設資金，資本額的10%，也就是每股5圓，實施總金額12萬2,500圓的第2次投入，全部的投入金額達到了投入率的50%也就是60萬圓，再加上之後的借款，於1924年8月20日全線開通，同月的23日起開始營業。因為即便鐵道鋪設之後，設施也在持續改進，所以為了籌措建設資金，如前面圖1所示，資本金持續投入，1928年下半年的投入金額達到98萬圓，投入率達到了80%。

表1　臺中輕鐵鐵道以及軌道各路線的軌距、鐵軌重量、路線距離、車輛・臺車（1930年）

		路線名	起點	終點	軌間（mm）	重量（Kg）	距離（Km）	車輛・臺車（輛、臺）
鐵道	臺中州	臺中輕鐵線	豐原	土牛貯木場	762	11.3	13.1	機3，客14，貨33
軌道	臺中州	東勢線	土牛	黃流溪	495.3	5.4	28.3	93
		神岡線	豐原	神岡	495.3			
		臺中線	豐原，北屯	臺中大坑	495.3	5.4	20.1	74

---

[11]　布川漁郎，〈事業と人を語る〉，頁15-16。

		路線名	起點	終點	軌間 （mm）	重量 （Kg）	距離 （Km）	車輛·臺車 （輛、臺）
		頭汴坑線	臺中	頭汴坑，三汴廍子，太平	495.3	4.1,5.4	13.4	77
		沙鹿線	沙鹿	梧棲	495.3	5.4	4.3	45
		清水線	清水驛	大甲郡役所前	495.3	4.1	1.6	15
		員林線	員林，永靖	北斗，東山，南羅，湖水海豐崙	495.3	4.1,5.4	33.0	184
		國姓線	土城	國姓	495.3	4.1,5.4	16.6	78
		龍眼林線	南投	龍眼林	495.3	5.4	12.4	75
		計					129.7	641
	臺南州	濁水線	嘉義	濁水，石碑，三世埔	495.3	4.1,5.4	24.1	76
		觸口線	頂六分岐點	觸口，半天岩	495.3	4.1,5.4	16.9	27
		計					41.0	103
	合計						170.8	714

資料來源：臺灣總督府交通局鐵道部編，〈臺灣鐵道路線圖〉，《臺灣總督府交通局鐵道
　　　　年報》第32（昭和五年度）（臺北：臺灣總督府交通局鐵道部，1930）。

　　因此，雖然僅限於某些時期，如果我們注意一下表2中的資產負債表，主要資金的籌措是在一九二〇年代末和一九三〇年代初由自己資本（淨資產）所提供的，很明顯，透過借款或公司債獲得的外部資金很少，而且還設立了儲備金和退職金。當然，政府也有爲鐵道業提供了補助金，但在確保公司基本處於良好經營的情況下，也有可能在這些自己資本（淨資產）的基礎上進行公司經營。

表2　臺中輕鐵的資產負債表（單位：千圓）

資產之部					負債之部				
科目	29上	30上	33上	34上	科目	29上	30上	33上	34上
未投入資本額	245	245	245	245	資本額	1,225	1,225	1,225	1,225
土地	5	5	6	6	法定儲備金	53	59	75	81
建物	81	80	77	75	準備儲備金	45	51	18	24
軌道	486	481	415	403	使用人退職慰勞基金	14	11	12	14
橋梁	58	57	55	53	義務存款	33	38	35	34
臺車	23	21	19	14	推車工救助金	1	1	3	3
備品	5	5	5	5	臺車保證金	2	1	2	2
電話線	4	3	4	4	未付款	2	8	3	4
鐵道建設費	496	502	509	509	借款	1	1	2	2
鐵道起業費	7	6	0	0	前期結轉餘額	7	5	4	5
軌道新設費	0.2	2	0	0	政府補助金	19	16	20	16
自動車（汽車）起業費	3	21	20	25	利益金	48	43	27	32
儲藏品	22	15	5	4					
未收金額	7	7	5	6					
預付金	0.4	n.a.	3	2					
銀行存款	5	8	60	91					
現金	0.1	n.a.	0.01	0.01					
合計	1,447	1,464	1,426	1,441	合計	1,447	1,464	1,426	1,441

資料來源：熊野城造編，《本島會社の內容批判》（臺北：業務界と內容批判社，1930），頁64-66；竹本伊一郎編，《臺灣株式年鑑》（臺北：臺灣經濟研究會，1931），頁213-218；竹本伊一郎編，《臺灣會社年鑑》（臺北：臺灣經濟研究會，1934），頁293-294。

註：1. 上半期1-6月、下半期7-12月。2. 1933年上半年和1934年上半年的鐵道建設和軌道建設分別包括了鐵道起業費和軌道新設費。

　　像這樣的資金籌措，儘管外部負債在1941年下半年增加，變化不大，資本額為1,225千圓（投入980千圓）、儲備金為379.5千圓、外部負債為56千圓等。在資產方面，由土地、建築物、軌道、橋樑、臺車和新軌道建設成本組成的軌道業占據了最大的份額，但隨著轉換到汽車運輸業務，金額有所萎縮；相反的，汽車起業費增加了。相較之下，由鐵道建設費和鐵道起業費組成的鐵道投資額變化不大。從1941年上半年資本來看，固定資產830千圓，流動資產為524千圓。因為軌道從1934年的143.2公里變成1941年的40.2公里，所以應看作固定資產的結構按鐵道——汽車——軌道的順序產生了變化。

　　因此，現有軌道業務的合併雖是透過成立新公司以及由新公司來進行收購，形成了臺中州的人力軌道網，更是作為他律的防禦策略所開始的鐵道業務。在下一節中，將檢討擔任實際的公司經營和運輸業的高階主管陣營（重役陣）以下的人力情況為何？

㈡高階主管的構成和人力

　　如表2所示，因為臺中輕鐵不僅在臺中州，在臺南州市也有路線網，所以在1930年6月（1930年上半年），同時將其設置在臺中州豐原郡豐原街，也在臺中市橘町、臺中州大甲郡沙鹿庄、同員林郡員林街、嘉義市南門外、臺中州南投郡草屯庄、同南投街、同東勢郡東勢庄設立辦事處，展開了鐵道業務和軌道業務。以高階主管而言，除了創業以來坂本素魯哉就已經是董事社長外，其他像副社長為蔡蓮舫、董事總經理為小塩三治、董事為野津三次郎、蔡敏庭、審計員分別為持木壯造、張清華、安土實[12]都是後來各自就任的。不可否認的這些高階主管們正反映著股權的結構。

　　從持股情況來看，臺中市株式會社彰化銀行行長吳汝祥（5,350股）、同合資會社肥後屋吳服店代表社員安土實（4,213股）、同小塩三

---

[12] 竹本伊一郎編，《臺灣株式年鑑》（臺北：臺灣經濟研究會，1931），頁213-218。

治（4,212股）、同坂本素魯哉（2,500股）、同小塩芳郎（1,502股）、兵庫縣有田喜藏（1,007股）和臺中市野津合資會社代表者野津三次郎（1,000股）都是持股超過1,000股的大股東。從這些股份合計爲19,784股，占總數的80.8%來看，可以知道該公司是由彰化銀行和肥後屋吳服店等少數大股東所擁有。然而，根據陳家豪（2013）的論文，以1920年爲基準按民族別和地域別劃分的持股結構，日本內地的日本人占16.24%、在臺的日本人占22.9%、臺灣人占60.81%，合計爲100%。這可能是由於彰化銀行擁有的部分等作爲民族系所分類的。不過，就彰化銀行而言，自1926年起，日本人的持股數就超過了臺灣人，而自1914年以來長期擔任董事總經理的坂本素魯哉在1936年行長缺席時代表銀行，並於1938年成爲行長，當年去世後，就像我們知道的他的妹夫坂本信道從之前的董事總經理變成行長，所以彰化銀行所有部分要作爲民族系可能比較難掌握[13]。

　　社長坂本素魯哉1896年從明治法學院畢業後，進入日本銀行，被派往臺北分行，參與了臺灣銀行和彰化銀行的設立，並擔任彰化銀行的經理，1914年後成爲了總經理[14]。後來，他自己成爲了彰化銀行的行長。還參與軌道業務，亦就任了彰南鐵道株式會社董事和牛罵頭輕便鐵道株式會社的審計員[15]。副社長蔡蓮舫在日清戰爭後近衛師團抵達臺中大甲時與日軍合作提供軍需品等，臺灣總督府成立後，1896年任大肚上堡的大總理和保良局長，後來，他參與臺中州從事教育、土地調查和農會等，到一九一〇年代，他的資產已達到約30萬圓[16]。董事總經理小塩三治1878年出生於岐阜縣，與臺灣總督伊澤多喜男有姻親關係，曾任臺中建物株式會社董事總

[13] 彰化銀行百年史編輯委員會編，《彰化銀行百年史》（臺北：彰化銀行，2005），頁150-172。

[14] 坂本素魯哉（1868-1938）是一位銀行家，主要在臺灣任職，也曾是眾議院議員和臺灣總督府評議員。

[15] 陳家豪，〈日治時期在臺日資與民營鐵道業之改革〉，頁101-150。原資料為帝國祕密探偵社編，《大眾人事錄第13版》（東京：帝國祕密探偵社國勢協會，1940），頁18。

[16] 蔡蓮舫（1875-1936）名占開，號雪橋，為臺中清水蔡源順家族的成員、日治時期的中部仕紳。

經理、臺中市協議會員、臺中建築信用購買利用組合組合長、社會教化會員、臺中市第二區區長、臺中市市會議員、臺中市參事會員等,也曾經是牛罵頭輕鐵株式會社審計員[17]。

董事野津三次郎在資料上沒有詳細說明,但他是臺中市野津合資會社的代表。蔡敏庭生於1879年,學習漢學,歷任牛罵頭區長代理、五福圳評議員、清水街協議會員、牛罵頭輕便鐵道株式會社總經理、清水信用購買販賣利用組合長、牛罵頭公共市場庄畜場牛墟場管理、新高軌道株式會社監查、清水製冰株式會社社長、牛罵頭信用組合長、公共埠圳評議會員、紅十字社特別社員等[18]。

審計員持木壯造於1873年出生於熊本,來到臺灣後「在總督府兵站工作,輾轉臺南和高雄就職,後來落腳在臺中」。「他在臺中成立了持木商會,從事貨物委託販賣業和運輸業等,但在1919年,臺中糖業株式會社成立,持木為10個發起人(全部與鈴木商店相關)中的一人,後來就任常務董事」[19]。張清華(1884-1948)臺灣彰化縣員林人,成為彰化銀行成立委員後開始參與彰化銀行,也是員林街長,歷任羊豬仲買組合長、員林農業組合長、員林信用購買組合長、臺灣殖產株式會社董事等[20]。另一位審計員安土實儘管資料上沒有詳細說明,但他是合資會社肥後屋吳服店代表社

---

[17] 陳家豪,〈日治時期在臺日資與民營鐵道業之改革〉,頁101-150。原資料為帝國祕密探偵社編,《大眾人事錄第13版》,頁18。

[18] 〈大企業家臺中清水街協議會員蔡敏庭@楊建成—隨意窩〉(https://blog.xuite.net/wu20130902/wu20130902/100554543),原資料為連雅堂編,《人文薈萃》(臺北,1921),頁239;興南新聞社編,《臺灣人士鑑》(臺北:興南新聞,1943),頁170;林進發,《臺灣官紳年鑑》(臺北:民眾公論社,1934),頁140;臺灣新民報社編,《臺灣人士鑑》(臺北:臺灣新民報社,1937),頁152。

[19] 須賀努,〈魚池で紅茶作りに投資した最初の日本人 持木壯造と渡喧傳右衛門〉,《交流:臺灣情報誌》,號957(2020年12月),頁24-29。

[20] 張清華(1884-1948)為彰化縣員林市人,不僅是彰化銀行的設立委員,也是「員林信用購入利用協會」(員林市農民協會的前身)的創設人之一,亦擔任過員林街長。

員。

　　其他，經理加治木藤之助因爲被描述「在臺中負責總督府還是土木方面軌道業務的人，在前任山下金二之後加入公司，察覺到這個人也像臺北鐵道的鬼丸一樣苦心經營」，所以證明了已經聘請了多年從事相關工作的專家，並建立了經理體制來統籌軌道業務和鐵道業務[21]。因此，任命山下金二，並聘請了加治木藤之助作爲他的繼任者。加治木後來成爲董事經理，在戰爭期間，他被評價爲「一個非常堅定地促進地方工業發展和推動運輸報國的人」[22]。

　　1934年6月，蔡蓮舫辭去副社長職務，岩瀨啓造加入審計員，審計員成爲了4人體制[23]。之後的高管陣營的變化就不得而知，但在1938年底小塩三治成爲董事社長，坂本清就任董事總經理，經理加治木藤之助也兼任董事[24]。此外，1942年上半年的高管爲「社長佐藤續、董事坂本清、野津三次郎、蔡敏庭、加治木藤之助、審計員持木壯造、張清華、安土實、小野田正榮」[25]。

　　以小塩三治而言，他經歷了董事總經理後被任命爲社長，而佐藤續則從外部任命。佐藤續1884年出生於宮城縣仙臺市，畢業於東京帝國大學法學院，在擔任山形縣警部等工作後來到臺灣，歷任臺南州警務部長、臺北州警務部長、臺灣總督府警務局衛生課長、同保安課長、同警務課長等，雖於1927年任臺中州知事，但因爲臺中不敬事件（1928）[26]而退休[27]。翌

[21]　布川漁郎，〈事業と人を語る〉，《臺灣》，卷5，期7，通號39（1934年7月），頁15-16。

[22]　永田城大，《皇民化運動と產業報國》（臺北：實業之臺灣社，1939），頁229-230。

[23]　竹本伊一郎編，《臺灣會社年鑑》（臺北：臺灣經濟研究會，1934），頁293-294。

[24]　永田城大，《皇民化運動と產業報國》（臺北：實業之臺灣社，1939），頁229-230。

[25]　金融之世界社編，《臺灣產業金融事情》產業・會社篇昭和十七年版（東京：金融之世界社，1942年），頁75。

[26]　這是朝鮮人趙明和（1905-1928）企圖刺殺來臺訪問的久邇宮邦彥王的事件。

[27]　人事興信所編，《人事興信錄 第8版》（東京：人事興信所，1928），頁サ99-サ100；大園市藏，《台灣人事態勢と業務界》（臺北：新時代社臺灣支社，1942），頁145-146；覆面冠者，〈台灣

年，他回到日本內地，參與了「三井煉乳會社」的經營，他的家族兄弟在
該公司擔任董事總經理，但1940年他又回到臺灣，擔任臺中輕鐵會社的社
長。在強調戰時交通管制的情況下，這位前臺灣總督府的官僚就任臺中輕
鐵的社長，後來又兼任臺北鐵道的社長。上任後，公司於1941年1月更名
爲臺灣交通株式會社。

　　1942年下半年，加治木藤之助退任董事，御塩良衛加入董事，持木
壯造和張清華辭去審計員職務，村田豐次郎新加入。瀧澤哲太郎被任命爲
負責整個運輸業務的經理，在他下面配置有庶務主任缺、會計主任戶塚國
司、運輸主任藤崎武之助、機關庫主任關廣正、保線主任缺、東勢辦事處
主任高田泉治、員林辦事處主任大室善三郎、埔里辦事處主任安達健[28]。

　　如上文所述，高管陣營主要由日本人組成、一部分的臺灣人加入這個
陣營，也由於運輸業總部的主任層裡沒有臺灣人，因此應該將其視爲由居
住在臺灣的日本人所組成的公司，而不是民族系企業。這就是爲什麼可以
判斷他們接受了臺灣總督府的前官僚佐藤續擔任社長的原因。

　　在這些高管陣營的領導下，殖民地僱用結構已經成形。就軌道而言，
只能確認從1918年至1921年爲止的從業人員編制，在1918年日本人1名、
臺灣人1名，1921年的主任爲日本人4名，臺灣人0名。如圖4所示，這些
主任之後是事務員、路線工人、雜工、和其他人員、其中有多數是當地人
被僱用爲現場勞力。工資上漲是爲了應對不斷上升的通貨膨脹，但可以看
出，臺灣與日本的工資差距正在拉大。進一步的還針對臺灣人進行了人事
調整，臺中輕鐵從1918年的90人增加到1920年的111人，其中主要是臺灣
人；相反的，在經歷了反動恐慌的衝擊後，臺中輕鐵在1921年又將員工人
數減少到90人，其中主要的也是臺灣人。之後，隨著業務的增長，員工人
數也在一九二〇年代末期前呈現長期上升趨勢。

　　自動車人月旦（佐藤續君）〉，《臺灣自動車界》，卷10，期8（1941年8月），頁29-31。

[28]　千草默仙，《會社銀行商工業者名鑑》（臺北：圖南協會，1942），頁231-232。

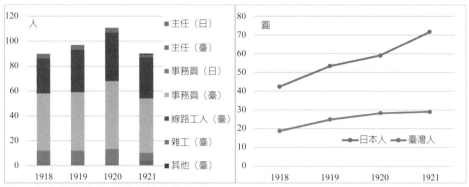

圖4　臺中輕鐵的軌道業務的從業人員。
資料來源：臺灣總督府鐵道部，《臺灣總督府交通局鐵道年報》，各年度。

　　另一方面，只有鐵道業的人力資源配置情況比較詳細。如圖5所示，勞動者的分配是根據景氣波動和運輸動向進行的，一九三〇年代初人員重整，隨著景氣復甦，運輸量增加，人員數量也相應增加。值得注意的是，按民族別，日本人的數量從1924年的15人減少到1933年的9人、1938年進一步減少到8人、1939年以後又增加到10人。按職位別，日本人事務員3人、站長2人、機關庫董事1人、線路工頭1人、檢查員1人、司機1人、小計9人。臺灣人事務員5人、站長1人、車長4人、貨物係3人、票務兼貨物係2人、機關手2人、機關助手2人、轉轍手3人、站員8人、線路工人7人、建築工人1人、電話工人1人、職工4人、司機2人，小計45人，總計54人。工資相對較高的日本人被限制在管理人員和技術人員的範圍內，從而減少了日本人的數量，而人員調整則主要爲臺灣人，包括低工資的現場勞動力，以穩定經營。

　　由於這些高階主管主要是由居住在臺灣的日本人所構成，而且總公司主任層中沒有臺灣人，因此與現有的研究有所不同，最好將他們歸類爲在臺日系企業。此外，在現場殖民地僱用結構雖已成形，但還是需要一邊隨著工資差異和按民族別來分配職位，一邊順應景氣波動以臺灣人爲主進行僱用結構的調整。接著在下一節中，將檢討交通運輸的實際狀態。

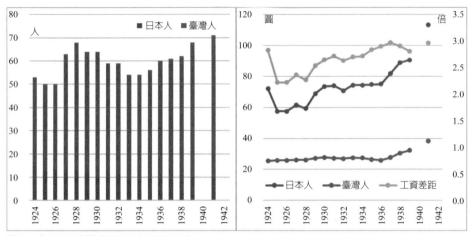

圖5　臺中輕鐵鐵道雇員人數及工資。

資料來源：臺灣總督府鐵道部．同交通局鐵道部，《年報》，各年度。

　　　　　臺灣總督府，《臺灣總督府統計書》，各年度。

註：1.工資差距＝日本人工資÷臺灣人工資。

　　2.在軌道業務的工資中，1916-1918年為臺北輕鐵煤礦的經營所得。

三、運輸動向和運費設定

　　圖6顯示了軌道和鐵道的運輸量，兩者的運輸量形成了鮮明的對比。雖然世界大恐慌的影響在這兩個案例中都可以清晰地看到，但軌道業務之後運輸量呈現了下降的趨勢；相反的，鐵道業務則迅速成長。首先，如果把焦點放在軌道業務來看，直到一九二〇年代末期，旅客一直呈長期增長趨勢，而貨物方面，由於反動恐慌的影響，運輸量確實出現了下降，儘管之後有所成長，但在一九二〇年代後期有一些年份是急劇減少的。可見，貨物比旅客受景氣波動的影響更大。細節後面詳述，但從一九三〇年代起，運輸量和營業收入急劇減少，成為公司急待解決的問題。從一九三〇年代起急劇減少，特別是在貨物方面。面對這個強烈的趨勢，在旅客方面，一九三〇年代之後停止減少的趨勢，呈現出平穩的狀態。關於這個部分如前面所指出的，這是隨著汽車業的進展，臺中輕鐵試圖廢除軌道路線

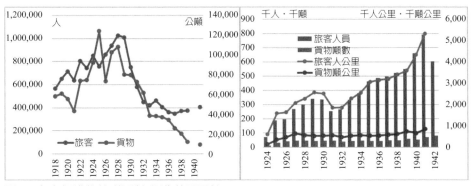

圖6　臺中輕鐵的軌道運輸和鐵道路運輸。

資料來源：臺灣總督府鐵道部・同交通局鐵道部《年報》，各年度。

和轉換汽車業所造成的結果。

　　如表3所示，1930年度中，路線進行重整，例如將臺中線轉讓給臺中州青果同業組合，確保出售鐵軌以及臺車等販賣所得的同時；另一方面試著將現有路線轉換成汽車運輸業。如表1「汽車起業費」所示，一九二〇年代末可以確認轉換到汽車運輸業的嘗試，因此，如陳家豪（2018，129頁）所指出的，兼著營運汽車運輸業務的時期不是1936年，應該還要更早。無論如何，在1938年底「旅客及貨物汽車數量有50臺，旅客汽車運行土城往返埔里間、南投內陸方面，進一步到嘉義雲水、嘉義往返觸口間，其他雖然也有到東勢、員林方面，但作為一家公司，應按照國策路線順應時代，並逐步重組未來不利的軌道，並將其轉移到有利的組織，以進一步提高經營業績」[29]。雖然沒有臺中輕鐵的汽車業務有關客貨運輸的時間序列資料，但試著使用『年報』中所公布的統計資料[30]。

---

[29]　永田城大，《皇民化運動と產業報國》（臺北：實業之臺灣社，1939），頁229-230。

[30]　臺灣總督府鐵道部・同交通局鐵道部，《年報》，各年度。

表3　臺中輕鐵軌道路線（單位：公里；■表示當時運行中的路線）

	1930	1931	1932	1933	1934	1935	1936	1937	1938	1939	1941
東勢線	■	■	■	■	■	■	■	■	■	■	■
神岡線	■	■									
臺中線	■	■	■								
頭汴坑線	■	■	■	■	■	■	■	■	■	■	
員林線	■	■	■	■	■	■	■	■	■	■	■
沙鹿線	■	■	■	■	■	■	■	■	■		
龍眼林線					■	■	■	■			
國姓線	■	■									
土城線			■	■	■	■	■				
龍眼林線	■	■									
清水線	■	■	■	■	■	■	■				■
南投線			■	■							
濁水線	■	■									
汵水線					■	■	■	■	■	■	
觸口線	■	■	■	■	■	■	■	■	■		
番路線					■	■	■	■	■		
三界埔線					■	■	■				
石礫線					■	■	■	■			
營業公里	170.8	168.0	161.9	145.0	143.2	143.5	134.9	106.2	88.2	62.6	40.2

資料來源：臺灣總督府鐵道部．同交通局鐵道部，《年報》，各年度。

註：本表顯示的是新設和停運的路線，但有些路線名稱因縮編而有所改變。

　　客運業務（公車業務）的「開業路線興業費」在1938年底為126,208
圓，之後在1941年底增加到208,285圓。1939年汽車數量為15輛，但後來
由於戰時汽油，輪胎等的管制而略有減少，1941年有12輛汽車。1938年客
運量為324,845人次，39年為924,257人次，40年為1,141,666人次。這些的

運輸量僅限於臺中州，只有在1939年才能確認臺南州的運輸量為513,461人。因為在1938年和1941年的「年報」中無法確認，所以儘管臺南州於1939年開始了客運業務，但據認為是臺中輕鐵已於1940年轉讓給另一家公司。無論如何，軌道業務的旅客運輸與1938年的372,167人次、1939年的376,136人次和1941年的404,315人次相較，可以看到汽車的客運量是多麼的強大。

　　另外，雖也有貨物運輸業，也就是卡車業務，但其運輸量並不詳細。不過從1934年上半年的汽車運費收入為客運12,475圓，貨運2,828圓，雜項收入159圓，合計15,463圓來看，可以判斷汽車業務的重心完全是客運[31]。1939年進行戰時交通管控，並於1940年10月，於臺南州、1941年2月於臺中州分別設立了臺南州汽車運輸和臺中州汽運輸的所謂的一元化統制公司，臺中輕鐵此時投入了資本，並將全部業務轉讓給統制公司[32]。

　　相較之下，即使在世界大恐慌期間，鐵道業務的運輸量也有所增加。然而，如果將旅客和貨物分開來看，就會發現一些不同的動向。也就是說，在旅客方面，一九三〇年代的運輸量明顯增加，而貨運量則在1927年（按噸公里計算）和1928年（按噸計算）之前迅速增加，隨後放緩，直到戰爭時期才再次增加。因此，從貨物運輸的類別可以看出，就鐵道運輸而言，雖然只有1918-1921年期間如圖7所示，除其他貨物外米、砂糖和木材才是主要貨物，但由於反動恐慌，這些的運輸量有所下降；另一方面，在取代軌道豐原線所鋪設的鐵道上，雖然從1924年的12,667噸很快的增加到1925年的33,021噸，從軌道豐原線的貨物運輸量於1923年的22,317噸來看的話，可以說鐵道的運輸量急速增加。

---

[31] 竹本伊一郎編，《臺灣會社年鑑》，頁293-294。

[32] 佐井龍介，〈嘉義人物月譚〉，《臺灣自治評論》，卷6，期5（1941年5月），頁51-52；金融之世界社編，《臺灣產業金融事情》，頁79-80。

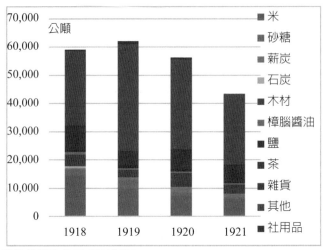

圖7　臺中輕鐵軌道業務的品項別貨運。
資料來源：臺灣總督府鐵道部・同交通局鐵道部，《年報》各年度。

　　圖8所示，1924-1930年間木材並未被列為品項，雖然可以確認木材的運輸數量，但如果從八仙山營林所運出的木材來看，很明顯的鐵道運輸的增加主要是由於木材。從「八仙山是臺灣八景之一，從終點站土牛站出發，沿著營林所的運材軌道往上走約二十五英哩，就到了終點久良栖」可以看出。臺中輕鐵與營林所軌道相連，成為森林鐵道的一部分[33]。統計上可確認的1921年度的軌道豐原線的品項別運輸量為米1,918噸、砂糖474噸、薪炭245噸、木材2,727噸、樟腦和醬油410噸、鹽358噸、雜貨1,971噸、其他9,402噸，合計17,505噸。其中，若從當時木材不到3千噸來看，意識到了是否有可能藉著運輸力強大的鐵道鋪設將大量的木材運出。這條鐵道「與國營伐木業務的實施有著密不可分的關係，換句話說也等同於是一條由國家代管的路線」[34]。接下來最多的品項是是甘蔗和芭蕉。然而，

---

[33] 石井禎二，〈私設鐵道營業線めぐり㈡〉，《臺灣鐵道》，號250（1933年4月），頁47-53。

[34] 臺灣總督府，〈台灣私設鐵道補助法中改正法律案說明參考書〉，1939年12月（臺灣總督府〈台灣私設鐵道補助法中改正ノ件〉，1939年11月10日）。

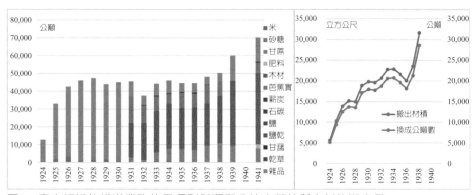

圖8　臺中輕鐵的鐵道業務的品項別貨運和八仙山營林所木材的搬出量。
資料來源：臺灣總督府鐵道部．同交通局鐵道部，《年報》，各年度；臺灣總督府，「台
　　　　灣私設鐵道補助法中改正法律案說明參考書」，1939年12月（臺灣總督府，
　　　　「台灣私設鐵道補助法中改正／件」，1939年11月10日）。

芭蕉的運輸量一直在逐漸減少，儘管自1933年開始甘蔗的數量有所增加，
但在戰爭期間卻略顯停滯不前。由此可知，臺中輕鐵從內陸運出資源，爲
地區發展做出了重大貢獻。

　　爲此，若根據上述表格，1924年有3輛蒸汽機關車、10輛客車和27輛
貨車，但爲了與汽車客運業務競爭，增加了包括柴油機關車在內的鐵道車
輛，到1938年12月底，有3輛蒸汽機關車、3輛柴油機關車、12輛客車和36
輛貨車。之後，隨著鐵道運輸量的增加，又增加了更多的車輛，主要是貨
車。若從列車運行次數來看，有10次柴油車往返，5次混合車往返，共計
15次往返。列車速度（每小時）柴油列車30公里，混合列車24公里，其他
貨運列車均爲19公里以下[35]。不用說，這樣的列車運行與公車的運行相互
競爭，試圖透過柴油列車的營運來提高客運的頻率和速度。

　　如圖9所示，雖帶來旅客運輸的增加，但也可在運費的設定上解讀出
臺中輕鐵的對應策略。在鐵道運費方面，從1924年到一九三〇年代末，

---

[35]　臺灣總督府，〈台灣私設鐵道補助法中改正法律案說明參考書〉，1939年12月（臺灣總督府〈台灣
　　私設鐵道補助法中改正／件〉，1939年11月10日）。

為吸引更多乘客，運費一直在降低。在乘客方面，除普通票價外，還對連帶旅客設定了單程折扣票價以及特定往返票價、團體旅客票價折扣、回數票等。在貨物上，「在與客運汽車競爭上，右邊的票價以左邊的折扣來處理」，1933年左右，2等車廂和3等車廂的往返票價（只限於石岡站、土牛站和豐原站之間的二等車廂）打4折，2等車廂和3等車廂的單程票價打6折[36]。然而，由於戰爭期間物價持續上漲，需要對運費進行重新調整，鐵道客運和貨運的運費提高了。這一動向也體現在鐵道客運票價上，但就貨運費而言，一九三〇年代後半，運費急劇上升。就軌道運費而言，因為運費估算是在每人或每噸運輸距離不變的假設條件下進行的，所以儘管與鐵道運費相較可靠性較低，但如圖9所示，一九三〇年代後半，因為鐵道貨運量急劇下降，為了要彌補伴隨而來的運費收入的減少，所以考慮到運費必須重新調整。

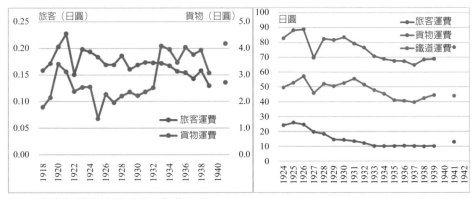

圖9　臺中輕鐵的軌道運費和貨物運費。
資料來源：臺灣總督府鐵道部・同交通局鐵道部，《年報》，各年度。
註：1.對於軌道，估計票價＝票價收入÷運輸量。運輸量以人和噸為單位。雖然人公里和噸公里是首選的運輸單位，但就鐵道而言，是假設運費估算是基於每人或每噸的運輸距離不變。2.就鐵道而言，票價＝票價收入÷運輸量。運輸量為人公里和噸公里。鐵道運費＝客運運費×客運收入重量＋貨運運費×貨運收入重量。

---

[36] 石井禎二，〈私設鐵道營業線めぐり㈡〉，頁47-53。

　　爲了思考如上所述的鐵道運費的設定在日本帝國內有著什麼樣意義，圖10試著調查了1938年國營和民營鐵道的運費。國營鐵道的運費低於民營鐵道，可見公共基礎設施的性格非常明確。當然，不容忽視的是，與其他國營鐵道相較，利潤最低的樺太廳鐵道的運費也相對較高。其中，臺北鐵道、臺中輕鐵雖然是民營鐵道，但客運票價低於國營鐵道，臺中輕鐵最低；另一方面，臺北鐵道和臺中輕鐵的貨運費高於國營鐵道和其他地區的民營鐵道。其中，臺中輕鐵貨運費最高。臺中輕鐵爲何要制定如此極端的客運票價和貨運費呢？細節將在後面描述，鐵道營運需要政府補助金，這從「爲了鐵道使整個營運陷入困境，遭遇了與臺北鐵道相同的命運，除了收購鐵道別無他法」可以看出。爲此，鐵道的「乘客收入是由於平行競爭線上的汽車增加，爲了要與其對抗而採取折扣票價等手段」，不過，由於可以壟斷八仙山營林所的木材運輸，臺中輕鐵設定了帝國圈內所有鐵道中最高的運費，試圖來穩定其業務經營。

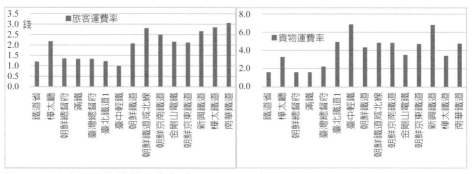

圖10　日本帝國圈的鐵道運費率（1938年8月調）。
資料來源：臺灣總督府，〈台灣私設鐵道補助法中改正法律案説明參考書〉，1939年12月
　　　　　（臺灣總督府〈台灣私設鐵道補助法中改正／件〉，1939年11月10日）。
註：實際平均工費率、每人每公里、每噸每公里。
備考：1.本表不包括體現遠距離低減法的情況。
　　　2.乘客票價爲三等艙成人的票價。
　　　3.鐵道部的運費比例是100。
　　　4.運費按每條鐵道最低等級爲1噸。等級和主要品項如左圖所示。

　　這樣的鐵道營運顯示出什麼效率性？爲了推估這點，以實際產值作爲產出、勞動力作爲投入的運輸量和實際生產額，如圖11試著推估各種假設性的勞動生產性。就勞動生產性1而言，在1924年至1925年急劇上升之後，直到一九二〇年代末才略有上升，但由於世界大恐慌的影響導致運輸量減少，勞動生產性1不得不暫時下降。在那之後，又開始上升，儘管直到一九三〇年代後半增長緩慢，但在1941年可以確認生產性大幅度提高，可以從統計上觀察到；另一方面，如果我們注意勞動生產性2，直到1927年止才急劇上升，但隨後持續下降並隨著景氣從世界大恐慌中復甦而開始上升。一九三〇年代以後，勞動生產性1和勞動生產性2的推移幾乎一樣，但到一九二〇年代止的生產性的水準略有不同。儘管一九二〇年代運輸量增加，但勞動生產性停滯如圖11所示，勞動人數從1926年的50人增加到

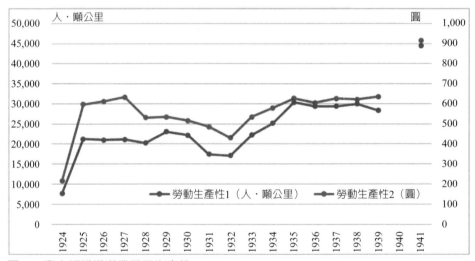

圖11　臺中輕鐵鐵道業勞動生產性。
資料來源：臺灣總督府鐵道部・同交通局鐵道部，《年報》各年度。
註：1.勞動生產性1＝（旅客運輸量×旅客收入重量+貨物輸送量×貨物收入重量）÷員工人數。
　　2.勞動生產性2＝（運費收入÷運費指數）÷員工人數。運費指數以1934-36年的平均運費爲1。

1927年的63人和1928年的68人。之後，面對世界大恐慌期間運輸量減少，人員重整後，隨著從大恐慌的景氣復甦，運輸量急劇增加，生產性得到了提升。

如上所述，軌道業務持續成長期間，現有的軌道豐原線轉換成鐵道，以強化運輸能力並試圖從內陸帶出大量貨物，但汽車業的出現帶來了經營環境的變化。對此，鐵道業除了廢除了軌道、轉換汽車業外，還重點引進柴油列車和客運票價折扣，同時對具有獨占能力的貨物設定高運費，以穩定經營。在下一節中，將檢討這在實際的經營收支上帶來了什麼樣的效果。

四、經營收支和政府補助金

如圖12所示，直到一九三〇年代初，臺中輕鐵的營業收入一直集中在軌道業務上。從一九三〇年代之後，隨著軌道運輸量的減少，軌道收入也持續減少。即使軌道收入在一九二〇年代後半長期增長，但貨物方面受到景氣波動的影響，使得運費收入的變動更加劇烈。從收入結構來看，旅客徘徊在40%-50%之間，而貨物徘徊在50%-60%之間；另一方面，在鐵道運輸中，同樣的旅客收入也是徘徊在40-50%之間，貨物收入在50-60%之間，但貨物收入相對穩定，旅客收入方面的變動則較為劇烈。由於從八仙山運出的木材數量增加，木材是最大的運輸品項，貨物運輸相對穩定。無論如何，在戰爭期間，鐵道運輸迅速增加，在收入面上超過了軌道業務。

因此，與其說軌道業務被迫縮減規模，不如說汽車業務的重要性不斷提升，僅臺中州的客運業務，即公車業務，1938年的票價收入為81,880圓，隨後不斷增加、1939年達到226,966圓、1941年達到348,524圓。如果將臺南州的公車票價收入包括在1939年的票價收入中，則為422,058圓。因此，1939年開始，在營業收入方面，汽車業務成為最大的業務，其次是鐵道業，軌道業務是最小。可以說，從一九二〇年代末開始的從軌道業務到汽車業務的轉變，終於在一九三〇年代末完成。當然，也不是沒有因為

圖12　臺中輕鐵軌道業務和鐵道業務的營業收入（單位：圓）。
資料來源：臺灣總督府鐵道部．同交通局鐵道部，《年報》各年度。

戰爭中汽油等燃料的嚴重短缺導致汽車的運行受到很大限制進而改變業務部門營業收入構成的可能性。

　　從這些收入中減去支出會產生利潤，但可以這樣長時間的觀察僅限於鐵道業務。若以圖13來看，收入和支出的變動大致相同，雖然在1932年和1938年有記錄到虧損，但基本上是處於有盈餘的經營狀態。運輸量在一九三〇年代後半急速增加的同時，雖然收入在1932年有所增加，但也需要到1941年之後才會大幅度的超越1927-1928年的水準。儘管運輸量迅速增加，由於鐵道運費也和客貨同時減少，因此減少了運輸量×運費=營業收入。因為以收入和建設費為基準獲利微不足道，所以政府才根據「臺灣私設鐵道補助法」（1922年3月30日，第24號法案）提供補助金，以保障作為股份公司的正常分潤。

　　1924年8月23日，以建設費為基準，對臺中輕鐵實行每年8%的補助保證率，給予補助金，補助金和利潤總額每季達到17,000-20,000圓。隨著臺灣民營鐵道路補助法的修訂，補助期間從過去的10年延長到15年，補助保證率變為6%，1934年下半年開始政府補助金補助的結果，補助和利潤比過去低於20萬圓。進一步的進行補助法修正，一旦超過15年，將適用每年5%的新補助保證率，從1939年下半年開始適用，進而降低補助和利潤。

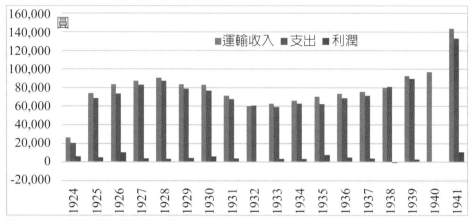

圖13　臺中輕鐵鐵道業務的經營收支。
資料來源：臺灣總督府鐵道部・同交通局鐵道部，《年報》，各年度。

因此，利潤率和補助率合起來的利潤・補助率（圖14）在1934年上半年止為8%，但此後略有降低。不過，由於到1934年止補助保證率為8%，因此利潤率一但超過0%，則會從8%中減去利潤率來發放補助金。然而，當獲利率低於0%以下時，儘管給予了8%的補助金，為填補虧損，利潤・補助率則會低於8%以下。不過，在1934年下半年開始，決定「扣除利潤一分超過額（在延長期間的情況下，為一分五厘超過額）」。利潤率到補助期間15年止為1%，一旦補助期間超過15年則會低於1.5%以下，因為不能扣除，所以利潤・補助率到1939年上半年止則超過6%，在1939年下半年開始則超過5%。

　　這樣，儘管掌握了鐵道業的經營業績，但由於鐵道業並不是臺中輕鐵的核心業務，所以有關軌道和汽車必須要進行檢討。如圖15所示，從為修訂民營鐵道補助法所做成的資料，取得了軌道與汽車一起的「鐵道自動車部」的經營收支統計。如果從這個經營收支統計來看，一九二〇年代超過40,000圓的利潤在一九三〇年代降低並保持在30,000圓左右，並在1937年上半年和下半年跌至20,000圓以下。不用說，這是由於軌道業務陷入僵

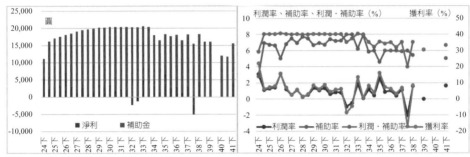

圖14　臺中輕鐵鐵道業的利益和補助。

資料來源：臺灣總督府，〈台灣私設鐵道補助法中改正法律案說明參考書〉，1939年12月
　　　　　（臺灣總督府，〈台灣私設鐵道補助法中改正ノ件〉，1939年11月10日）；金
　　　　　融之世界社編，《台灣產業金融事情》，頁75。

註：1.在淨收入中、從1939年上期到1941年上期止資料上不明確。補助金中、1940年上期
　　　資料上不明確。
　　2.利潤率＝利益÷建設費×2。補助率＝補助÷建設費×2。利潤・補助率＝（利潤＋補
　　　助）÷建設費×2。
　　　由於利潤率和補助率為年率、所以乘上2。
　　3.獲利率＝利益÷收入。

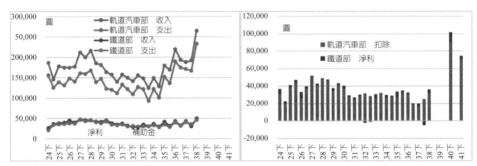

圖15　臺中輕鐵軌道・汽車和鐵道的收支。

資料來源：臺灣總督府，〈台灣私設鐵道補助法中改正法律案說明參考書〉，1939年12月
　　　　　（臺灣總督府，〈台灣私設鐵道補助法中改正ノ件〉，1939年11月10日）；金
　　　　　融之世界社編，《台灣產業金融事情》，產業・會社篇昭和十七年版（東京：
　　　　　金融之世界社，1942），頁75。

註：鐵道部的收支不包括政府補助金。

局，可以判斷1939年轉換到汽車業務取得了相當大的進展，汽車業務的利潤也跟著急速增加。

　　如果我們看一下簡單樣式的損益表（表4），就會發現直到一九三〇年代前半，收入和支出結構都是以軌道業務為中心的。1933年和1934年上半年的軌道包括汽車收入和支出，但按以收入為基準，汽車業務只不過

表4　臺中輕鐵業務部門別損益計算書（單位：千圓）

收入							支出						
科目	29下	30上	33上	34上	40下	41下	科目	29下	30上	33上	34上	40下	41下
鐵道收入	60	61	48	46	n.a.	n.a.	鐵道營業費	37	42	29	30	n.a.	n.a.
軌道收入	180	159	155	124	n.a.	n.a.	軌道營業費	146	120	127	93	n.a.	n.a.
汽車收入	1	4			n.a.	179.	汽車營業費	1	3			n.a.	118
							鐵道利益金	23	19	19	16	12	16
							軌道利益金	34	39	29	32	51	9
							汽車利益金	0	1			38	61
							利益金	56	60	48	48	102	86
合計	241	225	204	170	n.a.	n.a.	合計	241	225	204	170	n.a.	n.a.

資料來源：竹本伊一郎編，《臺灣株式年鑑》（臺北：臺灣經濟研究會，1931），頁213-218；竹本伊一郎編，《臺灣會社年鑑》（臺北：臺灣經濟研究會，1934），頁293-294；金融之世界社編，《臺灣產業金融事情》，產業・會社篇　昭和十七年版（東京：金融之世界社，1942年），頁75。

註：1. 1933年上半年和34年上半年的軌道收支包括汽車收支。

　　2. 鐵道收入包括政府補助金。

占了軌道業務的11%-14%[37]。在利潤方面，一到1941年下半年，汽車業務就急速增長，其次是鐵道和軌道業務。當然，如果能收集到更多的收入報表，就有可能得出不同的評估結果。1940年下半年，鐵道利潤爲51,000圓，占比最大，而且鐵道業務還包括政府補助金。很明顯，就營業收入和營業利潤而言，臺中輕鐵的業務組合正持續以汽車業務爲中心進行重組。

這些經營成果會給投資者帶來什麼影響？從股東權益報酬率（ROE）來看，首先，由於軌道業務的業績不斷惡化，軌道車輛的ROE在圖16中呈現長期下降趨勢，但在一九四〇年代，隨著向汽車業務轉型的推進，ROE有了明顯改善。與此同時，鐵道的ROE在0%至1%之間徘徊，但在1940年下半年超過了2%的水準。由於鐵道營運對臺中輕鐵而言是個沉重負擔，沒有政府補助金就無法正常營運，所以臺灣總督透過發放補助金、以鐵道ROE代替鐵道ROE（補充）的方式保證了資本家的利益。因此，如果我們注意一下公司的配股率，它從一九二〇年代的10%-12%下降到一九三〇年代前半的8%，又從公司獲利最差的1937年上半年下降到6%。因此，配股率的下降源於軌道業務的窒礙難行；另一方面，股價走勢顯示，當配股率在1927年下半年達到12%時，股價有所上漲，但隨著配股率的下降，股價略有下跌。此後股價反覆小幅上漲和下跌。

如上所述，因爲鐵道業務獲利能力差，所以政府提供了補助金，儘管保障了鐵道的營運，但與軌道業務的獲利能力有著很大差距。不過，軌道業務的獲利能力開始下降，雖然試圖轉換成汽車業務來突破這個難局，但並沒有帶來適時的改善經營，從一九四〇年代開始，汽車業務變成了臺中輕鐵的巨大收入來源。即使如此，可以說無法戰時高配股，進行政策性的內部保留，帶來了流動資產的增加。

---

[37] 竹本伊一郎編，《臺灣會社年鑑》，頁293-294。

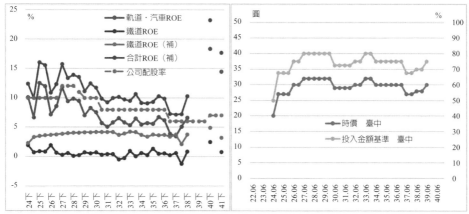

圖16　臺中輕鐵的ROE（股東權益報酬率）、配股率和股價。

資料來源：臺灣總督府，〈台灣私設鐵道補助法中改正／件〉，1939年11月10日，國立公
　　　　　文書館藏；金融之世界社編，《臺灣產業金融事情》，產業‧會社篇昭和十七
　　　　　年版（東京：金融之世界社，1942年），頁75；千草默仙編，《會社銀行商工
　　　　　業者名鑑》（臺北：圖南協會，1942），頁231-232。

註：1. 鐵道ROE（股東權益報酬率）不包括補助金的給付，但鐵道ROE（補充）包括補助
　　　金的給付。
　　2. ROE＝利益÷投入資本金×100×2。由於ROE為年率、所以乘以2。
　　3. 合計ROE（補）為軌道‧汽車ROE和鐵道ROE（補）的合計。
　　4. 額面總資本金122萬5千圓、股票2萬4500股、一股面額50圓、每股投入40圓的附加
　　　費。

五、結論

　　臺中輕鐵是在臺日本人和臺灣人資產家在臺灣為合併現有鐵道公司而
成立的新公司，以收購的方式接管了葫蘆墩輕便鐵道合資會社、牛罵頭輕
便鐵道株式會社、員林輕鐵株式會社的路線，後來又透過股票交換的方式
收購了中嘉輕鐵組合的路線。資本額按照收購價格投入並開始軌道業務的
營運，但當其他業者申請在豐原和土牛之間鋪設一條與公司的豐原線相當
的鐵道時，公司不得不從商業防禦的角度將人力軌道豐原線改為蒸汽動力
的鐵道。這些業務的發展主要由自己資本提供資金，外部資金的使用只是

臨時性的，而且只是部分範圍。由於實際的軌道業務至少分為三個地點，而且還在不斷建設和收購新的路線，由於也經營鐵道業務，所以在主要地點設立了辦事處，並以統籌管理的形式，整頓總公司的經理人體制。

高管陣營（重役陣）主要由大股東組成，成員包括彰化銀行和肥後屋吳服店的相關人員，以及現有的軌道業者。調查發現，在臺日本人資產家是主要族群，臺灣人資產家和現有的軌道業者也是其中的一部分。與坂本素魯哉、小塩三治兩位社長不同的是：1940年，前臺中州長佐藤續從日本內地應邀出任社長，總公司主任層也是日本人，這意味著該公司應被視為臺灣的日系企業，而非現有研究上所認為的民族系企業。作為一個內部組織，軌道和鐵道都有殖民地的僱用結構，隨工資差異和依民族別進行職位分配，並順應景氣波動以臺灣人為主進行僱用調整。

在實際運輸動向中，軌道和鐵道運輸形成了鮮明對比，軌道客運和貨運一直到一九二〇年代末都在增長，但由於世界大恐慌的影響和汽車的發展而持續下降。相較之下，儘管受到世界大恐慌和其他因素的影響，鐵道仍在持續增長。由於最大的收入來源完全是軌道業務，所以路線重整的同時，不得不試圖轉換到汽車業務。在旅客方面，由於與汽車運輸的競爭十分激烈，軌道和鐵道都繼續透過各種折扣等來降低運費，而貨物方面的運費則較高，部分原因是壟斷了八仙山營林所的木材運輸。特別是在鐵道方面，該公司試圖透過極端定價來確保營業收入，在日本帝國圈的鐵道中，客運票價最低，貨運價格最高。

然而，由於軌道業務競爭力下降，ROE也有所降低，儘管公司沒有出現虧損，但可看出獲利能力惡化。就鐵道而言，它是獲利能力最弱的業務部門，ROE遠遠低於軌道交通和汽車業務。生產力的提高也沒有顯著，直到戰爭時期才有所改變。因此，雖然政府根據《臺灣私設鐵道補助法》對臺北鐵道給予了補助，但隨著補助保證率的下降，鐵道的利潤和補助率也隨之下降。不用說，給投資者的配股率也繼續下降。作為一個公司、作為一個新的突破口轉換到汽車業務這一點不得不被重視，隨著鐵道業務的減

少，在戰爭期間產生了一定的影響，汽車業務成爲最大的收入來源。到了一九四〇年代，已經不再是軌道業者，而是公共汽車運輸業者。

如上所述，臺中輕鐵因軌道公司合併及相關業務合理化而設立，雖然以他律的方式開始了鐵道業務，但受到來自與汽車的市場競爭的壓迫，不得不將業務調整爲汽車運輸業。戰後，臺中輕鐵併入公路局，從鐵道轉換到汽車並進一步的推進，迎接機動化時代到來的同時，鐵道作爲「國營鐵道替代線」的價值得到了認可，並被納入國有化措施，成爲八仙山森林鐵道的一部分。

戰前到戰後的連續
性與再利用

由白克和林摶秋的足跡試論戰後臺灣電影的「雙重連續性」*

三澤眞美惠著**　　、周俊宇譯***

摘要

　　曾經處於異族統治下的殖民地時期臺灣，形成包括「區隔式普及路徑」和「臨場式土著化」的電影接受之特徵，與經歷過中國大陸的對日抗戰之中華民國（國民黨）政府以及失去故鄉的大量移民之交會當中——亦即在「雙重的連續性」當中，構成臺灣戰後電影這個場域。擁有不同語言和歷史經驗的社會集團，在滿足各自需求的同時所共存的戰後臺灣電影領域裡，可能具備與政府主導的支配性公共領域不同的「另類的公共領域」的功能。在考慮這種情況的同時，本文首先著眼於大陸出身的白克和臺灣出身的林摶秋，來探討戰後臺灣電影中的「雙重連續性」並非僅僅是假說。

　　從白克的案例可以看出，在成為中華民國政府的一員來到臺灣、接管電影機構、流用其人才的過程中，他身處於抗戰時期中國大陸的連續性和殖民地時期臺灣的連續性之交匯點。在可確認的範圍內，白克的電影敘述

---

*　本文首次刊登於《JunCture：超域的日本文化研究》（名古屋大學大學院人文學研究科附屬超域文化社會センター），號13（2022年4月），頁24-40。作為論文正式發表前，曾在名古屋大學的研討會上獲得了與會來賓的許多寶貴意見。尤其是擔任評論人的張新民老師，以及在同一場次發表的松浦恒雄老師，都指教、提供了有關白克的寶貴資料。謹此特誌謝忱。
**　日本大學文理學部教授
***　國立政治大學臺灣史研究所助理教授

是符合中華民國政府所期望的「我們」的形象，但他在東南亞市場的成功，可能也被警戒著共產主義滲透的政府視為是兩面刃。

　　從林摶秋的案例可以看出，他成長於殖民地時期的臺語大眾文化領域，該領域是透過「區隔式普及路徑」和「臨場式土著化」而形成，他作為製片人繼承了這一傳統，他不僅將「臨場式土著化」（作為「我們的電影」）確立為「永久性」的土著化（「我們的電影=臺語電影」）等，可確認來自於殖民地時期臺灣社會的連續性。此外，其電影的描述中，也顯示出知識分子在殖民地時期無法實現的政治參與，以及對於在多重壓迫中生存的女性之共鳴。

　　白克和林摶秋曾計畫聯合導演電影《後臺（又名：桃花夜馬）》，但最終沒有完成。在這個計畫中，存在著什麼樣的合作關係，以及為什麼在拍攝進行到一半時中斷？「另類的公共領域」所蘊涵的「衝突」面向也是未來需要繼續研究的課題。

關鍵詞：戰後臺灣電影、白克、林摶秋、雙重連續性、另類公共圈

On the "Dual Continuity" of Postwar Taiwanese Films Through the Footsteps of Bai Ke and Lin Tuan-Chiu

Mamie Misawa author[*]、**Jyun-Yu Jhou translator**[**]

Abstract

During the colonial period in Taiwan, which was once under foreign rule, a unique characteristic of film reception emerged, characterized by "segregated distribution channels" and "localization on the spot". This phenomenon took shape in the context of encounters the Republic of China (Kuomintang) and a substantial number of immigrants who had experienced the Sino-Japanese War on the Chinese mainland and had lost their homelands—essentially form the realm of post-war Taiwanese cinema within the framework of "dual continuity." Different social groups with distinct languages and historical experiences coexisted while pursuing their respective needs, it is possible that this space functioned as an "alternative public sphere" distinct from the government-led dominant public sphere. With this perspective in mind, this paper initially focuses on Bai Ke, who hails from the mainland, and Lin Tuan-Chiu, who was born in Taiwan, to explore how the "dual continuity" in post-war Taiwanese cinema is more than just a hypothesis.

From Bai Ke's case, it becomes apparent that he occupied a pivotal juncture between the continuity from wartime China and the continuity from colonial Taiwan when he arrived in Taiwan as a member of the Republic of China

---

[*]　Professor, College of Humanities and Sciences, Nihon University

[**]　Assistant Professor, Graduate Institute of Taiwan History, National Chengchi University

government, took control of the film organization, and utilized its talents. Bai Ke's narrative in his films, within the discernible scope, aligned with the "we" image sought by the Republic of China government. However, it is also speculated that his success in the Southeast Asian market may have been viewed as a double-edged sword by a government cautious of communist infiltration.

In the case of Lin Tuan-Chiu, it is evident that he grew up within the popular cultural sphere of the Taiwanese language, which had evolved during the colonial period through "segregated distribution channels" and "localization on the spot." He inherited this cultural heritage as a producer, not only establishing "localization on the spot" (as "our films") but also creating a "permanent" localization ("our films = Taiwanese language films") This underscores the continuity originating from colonial Taiwanese society. Furthermore, the descriptions in his films also reveal the political participation that intellectuals could not achieve during the colonial period and resonate with women who lived through multiple forms of oppression.

Bai Ke and Lin Tuan-Chiu once planned to co-direct the film "Hou Tai" (also known as "Peach Blossom Night Horse"), but it ultimately remained unfinished. What kind of collaborative relationship existed in this project, and why was it interrupted midway through filming? The aspect of "conflict" inherent in the "alternative public sphere" is also a topic that should be further researched in the future.

Keywords: Postwar Taiwanese Cinema, Bai Ke, Lin Tuan-Chiu, Dual Continuity, Alternative Public Circles

一、前言

一般而言，臺灣[1]史研究存在著「日本殖民統治時期」和「中華民國時期」個別有研究成果累積的傾向。不過，「戰後」[2]臺灣是從經歷過殖民統治的臺灣社會，以及曾在中國大陸經歷過抗日戰爭的中華民國（國民黨）政府和喪失了故鄉的大量移民之間的交會開始的。可以設想，這裡存在著「雙重連續性」，也就是來自殖民時期臺灣的連續性，以及來自抗戰時期中國大陸的連續性。

另一方面，將美國早期電影理解作「在互相重疊的同時又不均衡地糾葛般的公共性出現的場域（site）」的米莉安・漢森（Miriam Hansen）指出，這樣的場域由於仰賴著社會的邊緣社群（移民、勞工階級、女性等），所以回應著抱持土地和文化移動創傷經驗的他們的獨特需求。[3]漢森的論點在考察戰後臺灣電影這個由處在異民族支配下殖民時期臺灣所形成的「區隔式普及路徑」和「臨場式本土化」電影接受特徵，[4]在與外來

---

[1]　本文所謂「臺灣」，其地理範圍除日本殖民時期臺灣總督府統治下的臺灣島、澎湖群島等島嶼外，也包括日本敗戰後在中華民國實際統治下的金門島等島嶼。本文所謂「臺灣人」則除了指居住在這個地理範圍內的當代臺灣居民外，也用作包括日本殖民時期的「本島人」、「高砂族」等過往臺灣居民的總稱。

[2]　和以1945年的敗戰為界來理解作「戰後」的日本不同，在臺灣若直接將1945年日本戰敗後從殖民統治下解放理解作「戰後」，則將浮現某種困難。有看法指出「『戰後』一語是「日本人擅自使用、獨占而已。對於亞洲的人們來說，一點也不是『戰後』」，見：劉進慶著，駒込武輯註，〈「戰後」なき東アジア・台灣に生きて〉，《前夜》，號9（2006年），頁229-246。此外，也有「戰後臺灣的戰時體制」這樣的理解方式。因為，在處於冷戰最前線的臺灣，總動員體制法實際上是在1991年後才解除，見：林果顯，〈戰後臺灣的戰時體制（1947-1991）〉，《臺灣風物》，卷58，期3（2008年9月），頁135-165。本文所處理的時期也是國共內戰持續的總動員體制時期，和東西冷戰時期、戒嚴時期有所重疊。不過，為易讀起見，本文將不附帶括號地以「第二次大戰後」之意來使用「戰後」一語。

[3]　Miriam Hansen, *Babel and Babylon: Spectatorship in American Silent Film* (Cambridge, Mass.: Harvard University Press, 1994).

[4]　三澤真美惠，《「帝國」と「祖國」のはざま—植民地期台灣映畫人の交涉と越境》（東京：岩波書店，2010）。

政權和新來居民的相會過程中變化——也就是在雙重連續性下形成的場域——時，應該是有效的。

　　也就是說，即使是在政府揭櫫反共意識型態，白色恐怖威勢猛烈的戒嚴令下，作為官方所允許的娛樂而極受歡迎的電影市場裡，在好萊塢電影在數量上居壓倒性多數當中，除「北京話」[5]電影外，一九五〇年代中期誕生的「臺灣話」[6]電影、斷續地被許可進口的日本電影（對於擁有殖民地時期經驗的本省人來說有熟悉、親近感）也有所流通。於是，抱持被殖民經驗的舊有居民（福佬人、客家人等漢族和原住民族構成的本省人）、具有抗戰經驗的新來居民（具有中國各地語言文化背景的外省人）等，這些各擁相異語言和歷史經驗的社群，各自消費著電影。那麼，在由豐富內容和充滿差異的觀眾所多樣性構成的戰後臺灣電影場域裡，是否應該也發揮了作為與政府主導的支配性公共圈相異的「另類公共圈」作用呢？[7]透過好萊塢電影和香港製北京話電影來見識「自由的西方社會」，透過影星體系來消費共同的幻想，是不是也構成連選舉（戒嚴令下受限的政治參與）和省籍矛盾（族群間的情感對立）也成了戲劇電影歡笑和淚水之對象的「經驗的社會地平線」呢？[8]那裡是不是存在著有多樣性認同彼此糾葛，混合交錯的關係樣態會被組織而起的動力？又是不是在雙重連續性的相遇下起動的？抱持這樣的長期視野，本文姑且以具體的案例——亦即中國大陸出身的白克（Bai Ke，生於中國福建省廈門市，1914-1964）和臺灣出身的林摶秋（Lin Tuanqiu，生於臺灣北部的鶯歌，1920-1998），來

---

[5]　意指以「北京官話」為基礎的「標準中國話」。國民黨政府將之作為「國語」來推廣普及。如今在中國大陸稱作「普通話」，在臺灣有時被稱作「臺灣華語」。

[6]　這是福建省南部的閩南語系統語言（泉州話、潮州話等）在臺灣獨特發展而成的語言，也被稱作「閩南語」、「福佬話」、「河洛話」、「臺南閩南語」。對本省人而言是母語之一。

[7]　Miriam Hansen, *Babel and Babylon: Spectatorship in American Silent Film*.

[8]　Alexander Kluge and Oskar Negt, *Public Sphere and Experience: Analysis of the Bourgeois and Proletarian Public Sphere*, with Foreword by Miriam Hansen (New York; London: Verso, 2016).

考察戰後臺灣電影中的「雙重連續性」並不停留在單純的假設，盼能依循上述觀點來釐清今後應探討的課題。

　　關於戰後初期的臺灣電影，有呂訴上、杜雲之等當事人的先驅性研究，[9]在一九九○年代以後登場的電影史研究裡，則有根據一手史料，以實證方法重新審視事實相關性的清楚動態。有關遷移至臺灣後的國民黨政權接收電影界的過程，有陳景峰，[10]至於反共電影政策則有鄭玩香等人的研究進展。[11]由與獨裁體制下政治社會關係來重新思考臺灣電影的研究，[12]和在「國語」政策下遭到輕視的臺灣話電影的研究也逐漸充實。[13]就與殖民時期連續性這個層面而言，有關於戰後臺灣日本電影影響的研究，[14]黃仁、王唯的《臺灣電影百年史話》及徐樂眉、陳儒修等試圖以百年長期視野來闡述臺灣電影的書籍也問市了。[15]在英語圈，也有如Hong般，由國民

9　呂訴上，《臺灣電影戲劇史》（臺北：銀華出版，1961）；杜雲之，《中國電影70年（1947-1972）》（臺北：中華民國電影圖書館，1986）；杜雲之，《中國電影史》，3冊（臺北：臺灣商務印書館，1972）。

10　陳景峰，〈國府對臺灣電影產業的處理策略（1945-1949）〉（桃園：國立中央大學歷史研究所碩士論文，2001）。

11　鄭玩香，〈戰後臺灣電影管理體系之研究（1950-1970）〉（桃園：國立中央大學歷史研究所碩士論文，2001）。

12　劉現成，《臺灣電影、社會與國家》（臺北：視覺傳播藝術學會，1997）；李天鐸，《臺灣電影、社會與歷史》（臺北：視覺傳播藝術學會，1997）。

13　國家電影資料館口述電影史小組，《臺語片時代1》（臺北：財團法人國家電影資料館，1994）；黃仁，《悲情臺語片》（臺北：萬象圖書股份有限公司，1994）；王君琦主編，《百變千幻不思議：臺語片的混血與轉化》（臺北：聯經、財團法人國家電影中心，2017）；蘇致亨，《毋甘願的電影史：曾經，臺灣有個好萊塢》（臺北：春山出版社，2019）；林奎章，《臺語片的魔力——從故事、明星、導演到類型與行銷的電影關鍵詞》（臺北：游擊文化出版社，2020）。

14　黃仁，《日本電影在臺灣》（臺北：秀威資訊科技股份有限公司，2008）；三澤真美惠，〈「戰後」台灣での日本映畫見本市——1960年の熱狂と批判〉，收入坂野徹、慎蒼健編，《帝國の視角死角——〈昭和期〉日本の知とメディア》（東京：青弓社，2010），頁207-242；徐叡美，《製作「友達」——戰後臺灣電影中的日本（1950s-1960s）》（新北市：稻鄉出版社，2012）。

15　黃仁、王唯編著，《臺灣電影百年史話》（臺北：中華影評人協會，2004）；徐樂眉，《百年臺灣

主義觀點來討論戰後臺灣電影的研究。[16]在前引的蘇致亨裡，由重視臺語
固有文化的觀點出發，並意識到來自殖民時期的連續性。[17]此外，本文所
處理的兩位電影人之中，白克已有收錄其遺稿和紀念文字的論集，[18]有關
白克的經歷，在本文只要未特別標示，皆根據該著。另外也有關於白克和
戰後初期電影發展的期刊論文，[19]還有在討論戰後初期電影時述及白克的
碩士論文等研究成果；[20]另一方面，林摶秋的部分則有石婉舜一系列的先
驅性研究和訪談，[21]有關林摶秋的經歷，在本文只要未特別記載，皆根據
該研究。國立臺灣文學館計畫出版包括林摶秋手稿在內的全集。兩者的作
品也有部分現存的膠卷發行了DVD。[22]即便如此，藉著與殖民時期臺灣及
抗戰時期中國大陸的「雙重連續性」乃至於「另類公共圈」之視角，來考
察這個時期臺灣電影和本文所處理的兩位電影人的研究，根據淺見尚未見
得。

在特別談到「連續性」的時候，理應以斷裂為前提，但本文裡的斷
裂，第一指的是1945年伴隨著日本的敗戰，致使統治臺灣的國家產生更替
的「統治權上的斷裂」；第二則是這個新的統治國家即中華民國的有效統

電影史》（新北：揚智文化事業股份有限公司，2015）；陳儒修，《穿越幽暗鏡界：臺灣電影百年
思考》（臺北：書林出版社，2013）。

[16] Guo-Juin Hong, *Taiwan Cinema: A Contested Nation on Screen* (New York: Palgrave Macmillan, 2011).

[17] 蘇致亨，《毋甘願的電影史：曾經，臺灣有個好萊塢》。

[18] 黃仁主編，《白克導演紀念文集暨遺作選輯》（臺北：亞太圖書，2003）。

[19] 黃小萍，〈白克與早期臺灣電影的發展〉，《萬芳學報》，期4（2008年5月），頁27-38。

[20] 楊浩偉，〈戰後初期臺灣電影評論研究——以《臺灣新生報》為分析場域（1946-1950）〉（臺
北：國立臺灣大學臺灣文學研究所碩士論文，2017）。

[21] 石婉舜，《林摶秋》（臺北：國立臺北藝術大學、行政院文化建設委員會，2003）；鄭天恩，〈林
摶秋談林摶秋——1995年佐藤忠男與林摶秋訪談節錄〉，《電影欣賞》，卷36，期4（總177號）
（2018年12月），頁72-79。

[22] DVD-BOX《臺灣電影的先行者——林摶秋（經典臺語電影數位珍藏版）》（臺北：臺灣國家電影
中心、飛行，2021）；《龍山寺之戀》DVD（臺聖，2012）。

治地區大幅縮減，於1949年撤退到臺灣之「地理上的斷裂」，就此意義而言是「雙重的斷裂」。有關從中日戰爭時期到戒嚴時期臺灣間實施電影管制的行政權力主體，及其有效統治地區，若由上述觀點來整理，將例如下列表1。

表1　臺灣及中國大陸電影管制行政權力主體的變遷（1937-1987年）

	臺灣	中國大陸
1937-1945年	日本（臺灣總督府）	中華民國（國民黨政權中央）
1945-1947年	中華民國（行政長官公署）	中華民國（國民黨政權中央）
1947-1949年	中華民國（省政府）	中華民國（國民黨政權中央）
1949-1987年	中華民國（省政府／國民黨政權中央）	中華人民共和國

資料來源：筆者製成。

二、大陸出身的白克

　　白克不只在戰後臺灣，在戰前的廈門、南京、上海、重慶也有演劇、電影的經驗，他因白色恐怖遭到逮捕（1962）、處刑（1964），長期遭到遺忘後，到了2002年才獲平反為無罪，恢復名譽。有關於此，活躍在同一時期的電影導演張英，對於白克最早擔任廠長的片廠「臺製」（後述）的廠史裡並未記載他的名字，「使友人莫不憤憤不平，但又莫可奈何」；[23]饒曉明（臺製改制後的臺灣文化電影公司前總經理）則試圖在企業史裡記載他的名字而進行調查，卻由於「政治因素」造成的「資料散失」而未能實現。[24]有關長年遭到遺忘的白克及其電影活動，有不少今日應該重新討論的課題。本節想由戰後臺灣電影的雙重連續性，指出著眼於白克將能看見哪些課題。

---

[23] 黃仁主編，《白克導演紀念文集暨遺作選輯》，頁28。

[24] 黃仁主編，《白克導演紀念文集暨遺作選輯》，頁56。

㈠雙重連續性的第一次接觸

　　本小節最先要指出的是，白克位處雙重連續性接觸所在的這個論點。他是戰後第一梯來臺接收的人員，接收、合併了在殖民時期負責總督府電影管制的「臺灣電影協會」和「臺灣報導寫真協會」，改組爲「臺灣省行政長官公署宣傳委員會電影攝製場」（簡稱「臺灣省電影攝製場」、「臺製」。1949年和1988年先後改組爲臺灣省新聞處電影製片廠、臺灣電影文化股份有限公司），[25]並擔任廠長。臺灣省行政長官陳儀來臺，末代臺灣總督安藤利吉在臺北公會堂簽署降書的場面、爲回歸祖國沸騰狂歡的市街光景等等和接收有關的歷史性時刻，也在白克的執導下拍製成《臺灣新聞　第1號：臺灣省受降特輯》（黑白35mm新聞影片）等。[26]不僅器材和設備，[27]「臺製」也留用了在殖民時期負責總督府宣傳的日本技術人員。[28]1946年拍攝的「臺製」紀念照裡，除了中華民國方面有白克等人在

---

[25]　隸屬於省的該組織，與其後隸屬於黨的中央電影公司，隸屬於國防部的中國電影製片廠一起構成了臺灣三大公營電影片廠的一角。（「關於臺影新聞」>「國家電影中心——臺影新聞片中的電影」http://www.ctfa.org.tw/tai_image/about.html（最後檢索日期：2019年8月24日）。

[26]　當時的新聞影片只留下一部分，描寫在臺日本人「戰後」身影的《遣送日俘日僑歸國》（1946年，製作：行政長官公署宣傳委員會，製片：白克）等，部分完成修復的膠卷公開於臺灣國家電影中心網站。http://tcdrp.tfi.org.tw/achieve.asp?Y_NO-5&M_ID=25（最後檢索日期：2021年12月22日）；林贊庭，《臺灣電影攝影技術發展概述1945-1970》（臺北：行政院文化建設委員會、財團法人國家電影資料館，2003），頁18。

[27]　唯機器和設備的損傷很多，是以廠長白克也必須新購許多器材，整頓攝影環境。林贊庭，《臺灣電影攝影技術發展概述1945-1970》，頁18。

[28]　根據1945年12月8日的「行政長官公署檔案」，被留用的是影山鶴雄、桑田嘉好、倉橋勇、蓑田俊夫、安藤鐵郎5名。其中安藤鐵郎可在「臺灣總督府檔案」中確認其經歷，可知他是明治三十七年出生於千葉縣，早稻田大學英文科中退，歷任滿蒙研究會囑託、阿里山公園協會囑託、嘉義市役所雇、臺南市雇等職，又在總督府官房文書課臨時情報部有情報宣傳的經驗。〈安藤鐵郎（事務囑託：手當；勤務）〉，1941年5月1日，《臺灣總督府檔案》，典藏號：00010269127。此外，1946年9月4日時在「必須留用」名冊上的有相原正吉（攝影，四十一歲）、影山鶴雄（拍照，三十六歲）、佐佐木永治（顯像，四十三歲）、戶越時吉（錄音，三十九歲）、桑田嘉好（美術，三十七歲）、蓑田俊夫（拍照，三十歲）6名（包括妻子等家人則為16人）。〈日僑遣送應澈底辦理指示〉，1949年9月4日，《臺灣省行政長官公署檔案》，典藏號：00301910060002。

前排輕鬆盤腿而坐外，留用的日本技術人員相原正吉、戶越時吉則面露緊張地站立在最後一排，顯成對比。[29] 這裡也可以看到在殖民時期臺灣出生、成長，剛進入「臺製」的年輕攝影師林贊庭的身影。更進一步說，殖民時期在臺中州電影教育負責人身分拍攝巡演或皇民奉公會的活動記錄，到了戰後1955年以臺灣首部[30]35公厘長篇臺語戲劇電影《薛平貴與王寶釧》（1955年，起用陳澄三所率領的歌仔戲劇團「麥寮拱樂社歌劇團」）風靡一世的「臺語電影之父」何基明導演（1917-1994），在製作白克的新聞影片時，也談到了為膠卷顯像做技術支援的經驗。[31]

　　以上，從白克來臺後的足跡，可以確知戰後臺灣的電影製作，是在來自殖民時期的人才、器材、設備面向上的連續性，以及來自抗戰時期中國大陸的人才、器材、機構和電影管制這個「雙重連續性」相接的位置上踏出了「第一步」。

㈡中華民國電影管制的連續性

　　白克之所以會處在雙重連續性的相接位置上，是因為他以中華民國電影管制[32]負責人的立場來臺所致。他在臺灣身為電影製作人員的經歷，一直到1955年離開臺製為止，都只在中華民國官營電影機關的國家電影管制

29　林贊庭，《臺灣電影攝影技術發展概述1945-1970》，頁18。

30　臺灣首部臺語劇電影是邵羅輝導演的18釐米《六才子西廂記》（1955年）（國家電影資料館口述電影史小組，1994）。也有看法認為以臺語製作的教育電影《農家好》（1955年）是臺灣首部臺語電影。林奎章，《臺語片的魔力——從故事、明星、導演到類型與行銷的電影關鍵詞》，頁248。

31　對何基明導演的訪談原稿（八木信忠、池田博、鳥山正晴、渡邊豐、廣澤文明、丸山博、山名泉等7名。1993年6月3日、11日，於日本大學藝術學院。國家電影及視聽文化中心收藏）。

32　有關中華民國政府、國民黨大陸時期的電影管制，可以參考如張新民，〈國民政府の初期映畫統制について——一九三〇年代を中心に〉，《（大阪教育大學）歷史研究》，號33（1996年），頁269-293；三澤真美惠，〈南京政府期國民黨の映畫統制——宣伝部、宣伝委員會の映畫宣伝事業を中心として〉，《東アジア近代史》，號7（2004年3月），頁67-87；三澤真美惠，〈抗戰期中國の映畫統制——取締から積極的な活用へ〉，收入平野健一郎編，《日中戰爭期の中國における社會・文化變容》（東京都：財團法人東洋文庫，2007），頁133-170等研究。

框架中進行。

　　有看法指出，針對大眾媒體管制，在權宜上可以將檢閱、取締視為消極的管制，宣傳、指導則是積極的管制。[33]在追求國民整合的電影管制中，管制對象被設想為作為應整合之「國民」的〈我們〉，以及除此之外的〈他們〉（參見表2）。[34]電影是越境的大眾文化商品，這點自不待言，然而正因如此，藉由設定國家電影管制的這個框架，我們理應該能夠看到是什麼，又怎麼跨越了這個框架。

表2　追求國民整合的電影管制

		管制的對象	
		〈我們〉	〈他們〉
管制的內容	消極的管制：檢閱、取締	①對於〈我們〉「負面要素」的取締	②來自／對於〈他們〉「負面要素」的取締
	積極的管制：宣傳、指導	③對於〈我們〉「正面要素」的擴大	④來自／對於〈他們〉「正面要素」的擴大

資料來源：三澤真美惠，《「帝國」と「祖國」のはざま―植民地期台灣映畫人の交涉と越境》，頁25-26。

　　在此，擬針對即使將戰後臺灣國民黨政權電影管制的對象限定在臺灣居民，仍然會餘留的問題作一確認。具體而言，就是「經歷殖民統治的舊

---

[33] 日文可以參考奧平康弘，〈映畫と檢閱〉，收入今村昌平、佐藤忠男、新藤兼人、鶴見俊輔、山田洋次編，《講座日本映畫2：無聲映畫の完成》（東京都：岩波書店，1986），頁302-318；內川芳美編，《現代史資料40：マス・メディア統制1》（東京都：みすず書房，1973）；內川芳美，《マス・メディア法政策史研究》（東京都：有斐閣，1989）。中文可以參考鄭用之，〈抗建電影製作綱領〉，《中國電影》，卷1，期1（1941），頁19-20；杜雲之，《中國電影史》，冊1等研究。

[34] 有關國民整合電影管制的分析框架，請參考：三澤真美惠，《「帝國」と「祖國」のはざま―植民地期台灣映畫人の交涉と越境》，頁25-27。

有臺灣居民（其大多數爲漢族系統的本省人）和「爲抗日戰爭爲戰，與國民黨政權一同來臺的新來臺灣居民（外省人）」之間，存在著所謂「省籍矛盾」這個感情鴻溝的一個事實。也就是說，在擁有相異歷史經驗的人群間，彼此存在和「我們」不同之「他們」的一個感受。

　　關於這點，白克所執導的戲劇電影中，筆者曾觀賞過的《黃帝子孫》（1956）、[35]《龍山寺之戀》（1961），[36]其內容皆是要把擁有相異歷史經驗的人們作爲「我們」來整合的「包容性敘事」。《黃帝子孫》（1956）是在臺首部製作北京話和臺灣話兩種語言版本的電影，[37]可以看出該部作品的目標是有意緩和二二八事件後深化的「省籍矛盾」（歷史經驗相異的本省人和外省人間的感情鴻溝）。其內容描述外省籍和本省籍教師墜入愛河，和其他同事、華僑親戚一同旅行臺灣各地，旨在訴求「住在臺灣的人、來自大陸的人、遠住海外的華僑，大家都是黃帝（中國古代傳說之帝）子孫」。[38]盧非易將《黃帝子孫》定位在始於1954年8月的文化清潔運動，以及翌年「民主主義文藝政策」的趨勢中，和與香港合作的《關山行》（1956年，易文導演）等同樣，形成了一九五〇年代以「省籍融合、團結反共、與匪鬥爭」爲主題的「北京話」電影基本特色的作品。[39]

---

[35] 首部公營片廠出品的臺語電影。僅巡迴放映，未在戲院上映。1955年10月25日開拍，1956年6月完成。以國臺語雙聲帶配音，由呂訴上翻譯臺語。新聞處製片廠加強製片工作再計畫攝製教育片，《我們是黃帝子孫》，《臺中民聲日報》，1995年7月10日，第四版，「臺影五十年：歷史的腳蹤」。開放博物館，https://openmuseum.tw/muse/digi_object/ee75cfc2833598634e532c929eb8bd8#902（最後檢索日期：2021年12月22日）。

[36] 黑白35mm，北京話、臺灣話混合，長篇劇情電影。腳本：白克、徐天榮、香港莊氏影業公司、臺灣福華影業公司合作。1962年9月18日起在臺北新世界等多數戲院公開。開放博物館，https://tfi.openmuseum.tw/muse/digi_object/2dc667145b2bbf54164896cef2dd4743）（最後檢索日期：2021年12月22日）。

[37] 如前所述，臺灣首部臺語劇情電影爲《六才子西廂記》（邵羅輝導演，1955年）。

[38] 筆者瀏覽的是國家電影及視聽文化中心所收藏的北京話版VHS。

[39] 盧非易，《臺灣電影：政治、經濟、美學（1949-1994）》（臺北：遠流出版社，1998），頁69。

　　同樣地，《龍山寺之戀》（1961）也是欲藉戀愛和人間溫情來彌合外省人和本省人之間心理縫隙的作品，蘇致亨指出本作品是象徵本省與外省「大和解」的電影，「符合國民黨政府一九五七年政策指示：『在題材上必須強調本省同胞與外省同胞之間可以互相合作無間。』」[40]而在東南亞「廈語」電影市場具有人氣的莊雪芳，以及她在演員角色上演出的歌曲，也為這部作品增添了市場價值。

　　由於「廈語」與臺語相近，彼此容易相通，因此「廈語」電影和臺語電影是界線曖昧又時而重疊的概念。兩者同屬福建省南部的「閩南語」系統，發音和語彙雖有所差異，但話者間能夠彼此溝通。因此，「廈語」電影的一個重要市場就是臺灣。儘管如此，近年在重視本土的臺灣電影史研究裡，存在著廈語電影不過是為了定義臺語電影的裝置，[41]意即「廈語」電影的存在有不受突顯的傾向。[42]戴杰銘（Jeremy Taylor）站在將冷戰時期東南亞的「廈語」電影理解為對國族主義或泛國族主義質疑之文化產業的觀點，評價《龍山寺之戀》是「未必不能視作公共服務的新聞影片」。[43]有關白克在民間（海通電影公司）和周旭江共同執導的《唐三藏救母》（1957），他也評為是「政府所支援的臺港合作」、「福建話」電影的唯一成功案例。[44]

　　總之，就如上述先行研究論點闡明的，可以理解戰後臺灣白克的電影敘事，是在未逸脫出國民黨政府這個與抗戰時期有連續性的國民整合電影

---

[40] 蘇致亨，〈臺灣文藝復興的理想與幻滅〉，《毋甘願的電影史：曾經，臺灣有個好萊塢》。

[41] 廖金鳳，《消逝的影像——臺語片的電影再現與文化認同》（臺北：遠流出版社，2001），頁29。

[42] Jeremy E. Taylor, *Rethinking Transnational Chinese Cinemas: The Amoy-Dialect Film Industry in Cold War Asia* (Abingdon: Routledge, 2011), 23.

[43] Jeremy E. Taylor, *Rethinking Transnational Chinese Cinemas: The Amoy-Dialect Film Industry in Cold War Asia*, 120.

[44] Jeremy E. Taylor, *Rethinking Transnational Chinese Cinemas: The Amoy-Dialect Film Industry in Cold War Asia*, 150.

管制（以表2來看相當於③和④）的情況下來形成的。

　　儘管如此，對於擔憂共產主義滲透的國民黨政府而言，白克的電影跨越中華民國有效統治地區在東南亞各地大受歡迎，在「福建四角形」（Hokkien quadrangle）[45]之稱的香港、新加坡、臺北、馬尼拉間的文化網絡中擁有一定的市場和影響力，在表2的②和④這兩點中，也有看作是雙面刃的可能性。[46]

㈢透過臺灣出身之劉吶鷗譯語的「歸還」

　　那麼，白克作為一名電影人，而非實施電影管制的官員，是如何將與抗戰時期中國大陸的連續性帶進臺灣的呢？本小節想從他的montage論開始探討。

　　在戰後臺灣創刊的報紙《新生報》除文藝副刊外，還有「電影、戲劇」週刊，裡頭的「週末影譚」被視為是戰後臺灣最早的電影評論專欄。[47]負責這個專欄的就是白克（當時是臺灣電影拍片廠的廠長）。白克有「臺灣中文影評的開路先鋒」[48]之譽，[49]也熱衷引介電影理論，被譽為戰後臺灣蒙太奇論的權威。[50]

---

[45] Edgar Wickberg, *The Chinese Philippine Life: 1850-1898* (Manila: Ateneo de Manila University Press, 2007); Wang Ying-fen, "The transborder dissemination of *nanguan* in the Hokkien Quadrangle before and after 1945," *Ethnomusicology Forum*, 25:1 (April 2016), pp. 58-65.

[46] 國民黨政府在這個時期欲向香港和東南亞尋求的是「反共自由陣營」構成的文化商品網絡，同時也擔憂共產主義思想透過這些文化商品網絡浸透到臺灣。三澤真美惠，〈米國廣報文化交流局USISと台灣「自由」映畫陣營の形成〉，收入土屋由香、貴志俊彥編，《文化冷戰の時代》（東京：國際書院，2009），頁95-118；三澤真美惠，〈1970年代台灣「心理建設」としてのテレビ統制〉，《メディア史研究》，號32（2012年9月），頁83-105。

[47] 黃仁主編，《白克導演紀念文集暨遺作選輯》，頁10；楊浩偉，〈戰後初期臺灣電影評論研究——以《臺灣新生報》為分析場域（1946-1950）〉，頁2。

[48] 黃仁主編，《白克導演紀念文集暨遺作選輯》，頁10。

[49] 唯殖民時期沒有中文影評的這個看法並不正確。黃仁主編，《白克導演紀念文集暨遺作選輯》。

[50] 白克受國立藝術專科學校（現國立臺灣藝術大學）和政工幹部學校（現政戰學院）邀請擔任電影

　　這裡想關注的是白克所使用的「montage」譯語。這在今天的中文一般音譯成「蒙太奇」，如白克自身所言，這是在一九三○年代上海開始被使用的譯語。[51]白克也在許多文章使用這個「蒙太奇」的譯語。[52]但是，在〈《無情海》[53]的織接手法〉一文裡，白克指出「這個名詞〔指蒙太奇：引用者注〕太玄，不如稱爲『織接』，以異於剪接和編輯」。[54]其實，創造「織接」這個譯語的是臺灣出身的現代主義小說家、電影理論家暨電影製作人劉吶鷗。臺灣電影史研究者黃仁曾推論，白克使用「織接」一詞可能是受到了劉吶鷗的影響。[55]劉吶鷗的這個譯語裡，賦予了正中蒙太奇這

演劇的教授，負責教授「電影導演」、「電影腳本」等科目。以下是黃仁（2003）所編《紀念文集》中輯錄的文字。括弧內的姓名皆爲筆者所記、數字表示頁碼。「那是臺灣電影學科還屬沙漠的時代，追尋電影理論，幾乎無書可讀，我從初中喜歡影劇，在報章雜誌間看到白教授撰寫的電影評論，有關導演與蒙太奇的介紹，沙漠陡現綠洲」（孫陽：頁51-53）、「由於老師對電影理論中『蒙太奇』的明晰解說，更影響我編導工作深邃」（吳恒：頁57-58）、「要知道在五十年代前的學習環境與教材工具都屬於土法鍊鋼，既缺參考資料，又無影印資訊，那能像今日的網路資料隨時下載可得，白老師口授，同學邊聽邊速記於筆記本上，課餘則鑽進電影院去分割上演影片的鏡頭，下次上課師生互相討論，各訴己見」（李樹良：頁64-65）、「『場景的轉位方法』、『蒙太奇的對位構成技法』……那本筆記至今我還保留在書架上」（李英：頁70-71）、「有一點像白老師當年在課堂上，絕口不提愛森斯坦的『唯物辯證』之電影蒙太奇理論那樣……在那所謂『戰鬥文藝』抬頭，『反共抗俄』的年代中，資訊是閉塞的，連進口一本英文版的百科全書，內頁裏只要遇到牽涉敏感的敵我政治，必被塗黑…」（曾連榮：頁61-63）。

51 夏衍和鄭伯奇從1932年7月28日開始用筆名翻譯普多夫金（Всеволод Илларионович Пудовкин）的《電影導演論》和《電影腳本論》，並於上海《晨報》的《每日電影》副刊連載，單行本則於1933年2月發行。有關劉吶鷗的蒙太奇理論和同一時代電影理論的關係，請參考三澤真美惠，〈劉吶鷗の「織接＝モンタージュ」―その映畫論の特徵と背景〉，《中國語中國文化》，號14（2017年3月），頁21-58的整理。

52 《聯合報》1960年5月23-30日的連載〈蒙太奇簡論〉等。

53 應該是查爾斯‧弗朗德（Charles Herbert Frend）導演的作品《滄海無情》（The Cruel Sea）（1953）。

54 黃仁主編，《白克導演紀念文集暨遺作選輯》，頁208。

55 黃仁，《國片電影史話：跨世紀華語電影創意的先行者》（臺北：臺灣商務印書館，2010），頁299。

個概念重點的意義，這是原本法語「montage：機械的組合」的意思，以及在英語圈吸收了蒙太奇概念的「film editing：編輯」之語，或是「film editing：編輯」的中文譯詞「剪接」一詞所無法涵括的。[56]具體來說，這裡頭不單是「組合」這個打造非連續個別物體的行為動作，或是「剪接」這個二次元的連續，而是意指「編織（令縱線與橫線交織）」這個三次元的連續。甚且，織物通常和膠卷一樣呈帶狀，也意味著時間的連續。投射在螢幕上的影像，藉由蒙太奇使得一格一格被拍攝的圖像成為具有單純被排列以上的「意義」──因人類認知機能的不完全（殘影現象）而完成的獨特「織紋」──的「電影」。總而言之，「織接」這個譯語裡頭，可以說是有白克所謂的「玄妙」，也就是劉吶鷗作為蒙太奇意義而強調的「（與現實時間和空間不同的）電影式時間和空間的創造」[57]巧妙地再現。

　　不過，劉吶鷗由於配合了日軍占領上海時的電影政策，其後以「漢奸」罪名遭到暗殺。因此在中文裡是左派電影人被使用的譯語被繼承下來，劉吶鷗的譯語完全沒有被繼承。因此，白克在戰後臺灣所發表的蒙太奇論裡為什麼特意使用「漢奸」所創造的「織接」一詞？仍是個令人感到好奇的謎。縱使他不過只是將「織接」作為既有譯語來使用，但一旦想到劉吶鷗本身無法歸鄉而亡，無論是在大陸或臺灣都被視作「漢奸」長期遭到遺忘，那麼也可以說白克在戰後臺灣使用「織接」一詞是相當大膽的選擇，站在客死異鄉的劉吶鷗角度來看，也具有透過自身譯語而「回歸」臺

---

[56] 熟悉各該時期蒙太奇論的岩本憲兒說明，「蒙太奇」在法語的意思原本是機械的組合或是機械的設置等等，而搜索犯人、編輯電影、合成畫面或照片裡頭都可以看到共同的特質，就是「鑲接」或「疊合」既定的印象。此時照片是在一個空間內，電影則是在空間與時間當中，一方面進行拼布作業，一方面構成與現實不同的別一空間」岩本憲，〈モンタージュの時代──寫真と映畫〉，收入《ロシア・アヴァンギャルドの映畫と演劇》（東京：水聲社，1998）。

[57] 劉吶鷗，〈影片藝術論〉，《電影周報》，1932年7月1日-10月8日刊載，收入康來新、許秦蓁編，《劉吶鷗全集──電影集》（臺南：臺南縣文化局，2001），頁260-261。

灣的意涵。總而言之，白克在戰後臺灣使用的「織接」一語，除了具有來自大陸時期的連續性外，也可以說是擁有出身殖民地臺灣的電影人所創造的電影用語連續性，可見雙重連續性的交疊。[58]

　　與此同時，從白克的電影影評亦可知，他盛讚《馬路天使》（1937）的袁枚之、給歐陽予倩《新桃花扇》（1935）友善評價等等，[59]給予在戰前上海與國民黨處在對立關係的左派電影人高度評價。由白克的經歷可知，他在上海的電通電影公司獲史東山賞識，由見習生晉升為編劇，與許幸之、袁牧之、司徒慧敏相識，參與《都市風光》（1935年，袁牧之導演）和《風雲兒女》（1935年，許幸之導演）。同部作品主題曲〈義勇軍進行區〉日後成為中華人民共和國國歌）的攝影等等，皆可了解他和左派電影人親近。[60]如後所述，他在戰後不久的臺灣，透過自身所屬的臺灣省行政長官公署宣傳委員會，從中國大陸邀請新中國劇社（歐陽予倩也參加）使臺灣公演得以實現。我們也有必要從他所展開的電影論和與上海左派電影人電影敘述法連續性的一個論點，來探討白克的電影作品。

三、臺灣出身的林摶秋

　　接著，本節要談談出身於殖民時期臺灣的電影人林摶秋。關注在林摶

---

[58] 1936年，白克受到廣西省政府的推薦，前往南京中央攝製場，這個時期（1936年8月初到1937年盧溝橋事變後不久）的劉吶鷗是南京中央攝製場編導委員會的主任委員，也就是電影製作實質的現場負責人。這意謂著兩人可能直接見過面。此外，在他底下工作的黃鋼在劉吶鷗被視為「漢奸」的時期，甚至聲明「無需說謊」，回憶在現場的他非常熱衷於電影製作工作並涉獵電影理論，他是一位有「責任感」的人物。（有關劉吶鷗的南京中央攝製場時代，請參考：三澤真美惠，《「帝國」と「祖國」のはざま──植民地期台灣映畫人の交渉と越境》，第2章，第5節。此外，從前往南京中央攝製場前起，他所寫的電影理論就給「進步的電影人」帶來影響，因此可以篤定白克曾經接觸過他的著作。

[59] 黃仁主編，《白克導演紀念文集暨遺作選輯》，頁214-215。

[60] 雖未在本文提及，但中日戰爭正式展開後，白克也撰寫了舞臺劇的腳本和通俗小說。對此張新民老師在研討會上擔任本篇論文的評論人，提供給我重要的建議和資料，特誌謝忱。

秋的足跡和作品，我們可以看到來自日本殖民統治時期的連續性，尤其是
貫穿臺灣電影發軔的「戰前」、「戰後」的連續性。

㈠殖民時期臺灣電影發軔的連續性

在殖民時期臺灣的電影發軔當中，存在著日本電影和中國電影都是藉
由臺語辯士的解說而在各個場面臨場式地「臺灣化」，即興地作為「我們
的電影」來消費的「區隔式普及路徑」。[61]這樣一個「戰前」電影發軔的
特徵，在北京話政策取代日本話政策實施的「戰後」臺灣有所連續，這在
回憶錄和訪談調查裡也某種程度可以見得。[62]應該還有許多人記得，吳念
真電影《多桑》（1994）裡，在戲院觀賞日語電影時，附有臺語辯士的場
景吧？[63]林摶秋的情況則是，年幼時就被喜愛戲劇的母親帶著觀賞臺灣或
中國傳統戲劇的各種舞臺演出。[64]此外，他留學日本時有在「紅磨坊新宿
座」的演劇活動、在東寶寶塚製片場副導演的經驗，爾後再回到臺灣的林
摶秋，在和臺灣的本土菁英文化人士邂逅的過程中，開始對臺灣文化抱持

[61] 三澤真美惠，〈植民地期台灣における映畫普及の區隔式經路と混成的土著化〉，《立命館言語
文化研究》，卷15，號3（2004年2月），頁39-52；三澤真美惠，《「帝國」と「祖國」のはざ
ま──植民地期台灣映畫人の交涉と越境》。2014年以後，發現了可以顯示「區隔式普及路徑」於
戰後連續性的物證被挖掘了出來。具體而言，就是被認為是臺灣首部35公釐「臺語」有聲電影的
《薛平貴與王寶釧》（何基明導演，1956）的「客語版」。這部客語版的背景音樂使用了1960年
的好萊塢電影《出埃及記》（原題：Exodus），在臺語原版公開的1956年數年後，又製作了客語
配音版，也就是該部作品在數年間都在電影市場受到歡迎，這顯示出就算是製作客語版也足以回
收其費用，存在客語獨有的區隔式電影普及路徑。三澤真美惠，〈終章〉，收入三澤真美惠編，
《植民地期台灣の映畫──發見されたプロパガンダ・フィルムの研究》（東京：東京大學出版
會，2017），出版協助：國立臺灣歷史博物館，頁234-251。總而言之，即使是在戰後的北京話政
策下，這樣一個緣自區隔式路徑的電影發軔空間，可謂成為了臺語電影得以普及的前提（基礎）。
[62] 對臺語辯士陳勇陞氏進行的專訪（國家電影資料館資料組：洪維文、薛惠玲、王美齡實施。1998年
12月11-12日，於陳勇陞先生府上。筆者亦同行在場。）
[63] 1994年，原題為《多桑》。是吳念真由兒子的角度來描繪在日本殖民時期渡過青春時代的礦工父親
之自傳作品。
[64] 石婉舜，《林摶秋》，頁15-25。

強烈的「使命感」。[65]林摶秋可以說是在以在地臺語話者爲對象而分節化的文化圈中作爲消費者成長，並成長爲予以繼承的製作人而迎接戰後。

㈡消費、消化日本電影的「消日」現象

　　黃智慧和五十嵐眞子、三尾裕子（2006）等許多學者的研究成果都指出，「日本」文化在戰後臺灣受到歡迎的特異現象，未必可說是單純的「親日」。[66]此外，也已經有研究指出，在國民黨政權統治下，藉由中華民族主義進行了「由上而下的去殖民化」、「代行的去殖民化」；[67]另一方面，戰後初期的臺灣社會曾經出現過由被殖民統治經驗者主導的「歷史清算」，這個動向也有所解明、釐清。[68]白克或林摶秋活躍的時代中，日本電影在臺灣電影市場受歡迎的現象，如果慮及臺灣電影透過「區隔式普及路徑」而有「臨場式本土化」之特徵，也可以解釋作不予以排除，而是視爲掌中之物來積極地消費、消化的「消日」現象，而非「親日」。也就是說，可以解釋成臺灣電影（市場）將日本電影「脫胎換骨」，使之「臺灣化=本土化」，也就是大眾文化當中的「由下而上的去殖民地（去日本化）」。[69]

　　就這點而言，林摶秋的電影活動，正可說是在來自殖民時期的連續性的前提上，實踐了「由下而上的去殖民化（去日本化）」=「消日」。例

---

[65] 石婉舜，《林摶秋》，頁83-91。

[66] 黃智慧，〈ポストコロニアル都市の悲情—臺北の日本語文芸活動について〉，收入橋爪紳也編，《アジア都市文化學の可能性》（大阪：清文堂，2003），頁115-146；五十嵐眞子、三尾裕子編，《戰後台灣における〈日本〉—植民地經驗の連續・變貌・利用》（東京：風響社，2006）。

[67] 若林正丈，〈台湾の重層的植民地化と多文化主義〉，收入鈴木正崇編，《東アジアの近代と日本》（東京：慶應義塾大學東アジア研究所，2007），頁207-214。

[68] 陳翠蓮，〈臺灣戰後初期的「歷史清算」（1945-1947）〉，《臺大歷史學報》，期58（2016年12月），頁195-248。

[69] 三澤真美惠，〈「戰後」台灣での日本映畫見本市——1960年の熱狂と批判〉，收入坂野徹、慎蒼健編，《帝國の視角死角——〈昭和期〉日本の知とメディア》，頁207-242。

如林摶秋在一九五○年代後半設立電影公司和片廠、演員訓練班（玉峰影業、湖山製片廠）時，參照了日本的東寶、寶塚片廠，那也是由於「臺語電影」被曾是東寶同事的韓國友人批評說水準過低，為求以國際通用的水準來製作「臺語電影」之故，[70]我們不能將這樣的選擇單純解釋作的「親日」。甚者，若是觀察其電影再現，也可看到電影評論家山田宏一對《五月十三傷心夜》曾有「向日本電影學習，而超越日本電影」的評價。[71]

(三)與殖民統治時期政治文化運動的連續性

　　《錯戀（丈夫的祕密）》（1960年，林摶秋導演作品，腳本亦為林摶秋以「陳船」名義撰寫。臺語電影，玉峰影業公司）[72]的原作，是戰前日本在女性之間受到歡迎的大眾作家竹田敏彥作品《淚的責任》（1939年，大日本雄辯會講談社），[73]有關上傳到YouTube的該作電影表現手法，在留言欄處可以看到「若是拿掉臺詞，就好像日本電影一樣」的回應。[74]不過，林摶秋所要描寫的完完全全就是臺灣的社會、臺灣的人們。他自身所創立的玉峰影業公司的第一部作品《阿三哥出馬》（1959），是以在戰後臺灣實施的地方選舉為喜劇的題材。[75]他之所以敢選擇在政治上可能潛藏微妙問題的「選舉」為玉峰最早的題材，背後可能有在資金方面對林摶秋提供援助的政治家、文化人楊肇嘉的影響。楊肇嘉曾在殖民統治時期

70　石婉舜，《林摶秋》。

71　〈山田宏一——と觀る林摶秋映畫　第三回〉「三澤研究室」網站內（http://misawa.pbworks.com/w/page/146522172 /山田宏一——と觀る林摶秋映畫）（最後檢索日期：2021年12月23日）。

72　這也是蒲鋒、李照興主編，《經典200：最佳華語電影二百部》（香港：香港電影評論學會，2005）裡選出的唯——部臺語電影。

73　日本也在1940年由松竹大船的蛭川伊勢夫導演拍成電影。

74　該部影片在DVD發售後就被從YouTube刪除了，不過國家電影及視聽文化中心所提供的影片〈【臺語片60週年】關於臺語片28：臺語片中的日式風情萬種〉中，介紹了許多在臺灣電影登場的日本元素（https://www.youtube.com/watch?=8bNRDqv7m-E）（最後檢索日期：2021年12月23日）。

75　戰後臺灣從1951年的臨時省議會議員選舉起，就依序舉行縣長和市長選舉，實施「地方自治」。

的1930年8月成立「臺灣地方自治聯盟」，展開主張「賦予普通參政權、確立州市街庄自主權、設置民選議決機關」等運動。總督府方則組織「臺灣地方自治協會」來對抗楊肇嘉等人的運動，並將電影用於宣傳。[76]我們可以想像，抱持這樣一個經驗的楊肇嘉，到了戰後終於可以藉由物質上可行的臺語電影＝「我們的電影」來向大眾引起對於選舉的興趣，而給予回應的林摶秋，就以在紅磨坊新宿座學習到的輕演劇手法（笑中帶刺）製作了《阿三哥出馬》；另一方面，《錯戀（又名：丈夫的祕密）》和《五月十三傷心夜》（1965年，林摶秋導演作品）則是以社會上的弱者即女性為主角。其內容可以說是女性在政治力、經濟力、體力等等方面皆為存在著男女不對稱性、舊態依然的貞操觀念所支配的社會所壓迫，卻仍然奮鬥不懈的身影，對於戒嚴令下的大眾而言，可謂容易視為「我們的電影」而產生共鳴的通俗劇，賺人熱淚也帶來勇氣。林摶秋本身無論在殖民統治時期或是戰後國民黨政權下，在經濟上都是屬於相當寬裕的階層。可是，就政治權力這層意義而言，則是置身於邊緣。他雖然在戰後很早就開始了演劇活動，但是曾經嘗到過在腳本審查時未通過檢閱，而放棄舞臺演出的挫折，在二二八事件後，他目睹了一同從事演劇活動的簡國賢遭到逮捕處刑，以及呂赫若的死，因此一度遠離了可能會有遭到白色恐怖鎮壓風險的表演活動。由於他的寫作活動也是使用日文，因此在戰後的出版界失去了發表的機會。林摶秋創作活動所帶有的來自殖民統治時期的連續性，在「戰後」政府公認的公共圈、政治正確的脈絡中，可以說是不受歡迎的。這樣的經歷和作為政府高官得以充分運用公共片廠的資源，用中文來書寫電影影評、電影理論和執教的白克極為不同，彼此能夠抓住之機會的不對稱性非常明顯。雖說如此，也許就是位處權力邊緣的自覺，才使得林摶秋避開了政治上的危險。林摶秋的作品再度受到評價，是民主化進展、臺灣

---

[76] 岡本真希子，〈1930年代における台灣地方選舉制度問題〉，《日本史研究》，號452（2000年4月），頁165-194。

自有文化開始受到肯定的解嚴之後。慮及林摶秋受到壓迫的經驗，那麼「通俗劇裡有根本的兩義性」存在，既可破壞體制，也可逃避現實的這個論見就更顯重要。[77]當他離開臺語演劇，用臺語電影重回文化活動時，在要迴避政治風險的同時，於選材上也要配合市場，這也許才是對林摶秋而言的通俗劇。這一點也能令人聯想到日本占領下上海電影人的戰略。[78]

四、雙重連續性交會時

　　本文探討的白克和林摶秋，曾有未能完成的共同執導《後臺（又名：桃花夜馬）》計畫。出身大陸的電影人和出身臺灣的電影人，究竟是如何相遇，又產生了怎麼樣的化學反應呢？詳情目前尚不清楚。

　　能夠確認到兩人相遇的線索，是白克拜訪林摶秋所創辦之湖山製片廠時的報導。白克在《聯合報》上以〈記湖山製片廠〉為題，如下敘述，給予民間片廠高度評價：

> 有人看不起臺語片，但湖山製片廠則將是未來臺語片的大本營。……
> 除日本和印度之外，湖山製片廠將是亞洲規模最大的一個民營電影製片廠，這該是自由中國電影界可以自豪的一件事，相信它會引起海內外人士的重視，而政府當局一定也會支持它，我祝福這個廠，而為未來自由中國影業的遠景衷心感到喜悅。[79]

---

[77] ピーター・ブルックス著，四方田犬彦、木村慧子譯，《メロドラマ的想像力》（東京：產業書，2002）。

[78] Poshek Fu, *Passivity, Resistance and Collaboration: Intellectual Choices in Occupied Shanghai, 1937-1945* (Stanford: Stanford University Press, 1993).

[79] 白克，〈記湖山製片廠〉，《聯合報》，1958年6月5日，第6版，「聯合副刊」。

　　同年，白克執導了《魂斷南海》（1958），這部電影是在描述殖民時期的臺灣人被日軍派遣到南洋時的辛勞，以及和日本女護士及當地馬來西亞女性間的三角關係。在國家電影及視聽文化中心所保存公開的宣傳傳單裡，記載著原作是「臺南的林安保」，攝影師是日本人宮西四郎，[80]還有劇情大要、電影主題曲、插曲2首的樂譜。

　　這裡讓人想到，與戰後在臺灣曾藏匿日軍士兵的林摶秋所寫，但未通過檢閱的腳本《海南島》（1946）的類似性。根據石婉舜的研究，《海南島》腳本的內容是在描寫殖民時期的臺灣人被日軍動員迎接敗戰，卻又留在海南島遲遲無法歸國的辛苦。[81]三角戀愛是常見的情節設定，也是《錯戀（丈夫的祕密）》（1960）和《五月十三傷心夜》（1965）的主題，「林安保」是林摶秋的筆名，我們也許可以理解成因檢閱而被束之高閣的《海南島》腳本，出於如果是在電影界有影響力的白克就有機會拍成電影的判斷，使得兩人合作讓《斷魂南海》誕生。今後盼能進一步探討其可能性。

　　白克對於林摶秋在湖山製片廠首次製作、執導的《阿三哥出馬》，也給予極為友善的肯定評價「作為一部喜劇看，本片導演手法尚稱穩健明快，而且有許多獨具匠心的筆觸，顯得頗不平凡。」[82]

　　那麼，兩人正式嘗試合作的電影《後臺》，為何在拍攝途中就中斷了呢？根據林摶秋的說法，是因為題材的「爭議性」、資金困難，以及市場不景氣。[83]那麼，這裡的「爭議性」所指為何？在電影製作這個必須討論的場合，各自擁有不同經驗和獨特美學的他們，又如何合作創作作品呢？

---

[80] 在松竹負責俠義電影《男の嵐》（1963年，松浦健郎原作、腳本，中川信夫導演）的攝影，一般社團法人日本映畫製作者連盟データベース，http://db.eiren.org（最後檢索日期：2021年12月27日）。

[81] 石婉舜，《林摶秋》，頁122-124。

[82] 白克，〈評「阿三哥出馬」〉，《聯合報》，1959年5月29日，第6版，「新藝」。

[83] 石婉舜，《林摶秋》，頁149。

藉由分析在臺灣文學館即將公開出版的林摶秋全集中所收錄的劇本，有些
部分也許能夠得到釐清。

五、代結論：另類公共圈的多義性

　　本文以大陸出身的白克和臺灣出身的林摶秋為例，主要討論戰後臺
灣電影在「雙重連續性」交會的過程中，可能會形成與各自連續性所依據
者「得以另類的公共圈」（這當然也應該和政府所公認的公共圈不同），
在這樣的推想下，首先探討了「雙重連續性」是否能夠作為實際狀態來確
認，而非單純的假設。

　　就白克的案例來說，我們可以了解到他代表中華民國電影管制的這個
連續性，接收了殖民時期留在臺灣的電影機構，並留用其人才的過程中，
是處在來自抗戰時期中國大陸的連續性和來自殖民時期臺灣連續性的接觸
點上。就可確認的範圍而言，白克的電影敘述是順應著中華民國的積極管
制，但在東南亞市場的成功則可以推測具有可被視為消極統制對象的多義
性。甚且，白克所採用的「montage」譯語「織接」，是臺灣出身的劉吶
鷗在戰前的上海創造出來的，雖然無法確知是否出於有意，但戰後臺灣
「織接」一詞的使用上，可以說是有來自殖民統治時期臺灣的連續性，以
及來自中國大陸的雙重連續性相疊。

　　由林摶秋的案例，我們則可確認到來自殖民統治時期臺灣社會的連續
性，這包括成長於殖民統治時期「區隔式普及路徑」和「臨場式本土化」
而形成的臺語大眾文化圈，並以製作人的身分來予以繼承，將之作為具備
冗長性（redundancy）的土著化，而非「臨場式本土化」（就活動而言的
「我們的電影」），也就是「物質=膠卷」的「我們的電影=臺語電影」
來成立等等。此外，其電影敘事中也可以發現到知識人在殖民時期無法實
現的政治參與的心緒，以及對於女性在多重壓抑中求生存的共鳴。

　　雖然還處在極為駁雜的試論階段，但透過探討大陸出身的白克與臺
灣出身的林摶秋這兩位電影人的足跡，筆者認為，可以確認戰後臺灣電影

實際存在著可稱爲「雙重連續性」的狀態。同時,許多應加以探討的課題
也更加清晰。今後,盼能考察在這個「雙重連續性」相會的場合,形成和
各自連續性所依據者「得以另類的公共圈」的可能性。現階段的作業假設
是,在這樣的大眾娛樂場域裡,是不是孕育了在解嚴後加速的民主化、自
由化的交混關係樣態,包括非識字層在內的社會基層中所組織起來的動
力。

　　關於此一作業假設,在最後想述及的是,白克透過臺灣省行政長官
公署宣傳委員會,在戰後不久的1946年12月-1947年3月,邀請復員到上海
的新中國劇社和歐陽予倩[84]到臺灣舉行的臺灣公演(會場皆在臺北市中山
堂)。根據間ふさ子的研究,宣傳委員會的邀請目的在普及「國語」和介
紹「祖國的新文化」,起先對於政府邀請的劇團顯露警戒的臺灣民眾們,
在實際上看過《日出》和《桃花扇》的舞臺演出後,也展現了共鳴。[85]甚
者,由於「接受上級指示的共產黨地下黨員也是《中外日報》的本省籍記
者吳克泰」、「爲臺灣的演劇人和歐陽予倩居間牽線」,故得以透過日語
直接交流。[86]亦有日本留學經驗的歐陽予倩,在二二八事件的漩渦中,據
說也用日語表明了「支持臺灣人民的反國民黨法西斯鬥爭」。[87]間ふさ子
闡明的是,也有像歐陽予倩這般,「在認識到臺灣特殊性的前提上,將臺
灣的問題視作自己的問題」的外省人臺灣認識。[88]可以推測,一九三〇年
代上海擔任左派電影的導演還將新中國劇社邀請到臺灣的白克,其臺灣認
識和歐陽予倩應該沒有太大差異。共產黨本省籍地下黨員居間牽線下,外

---

[84] 有關歐陽予倩的臺灣之行,「他豐富的演劇經驗自不待言,還內含了補足新中國劇社所欠缺事物,
　　包括了跨足國民黨的廣大人脈及與日本關係等意涵」。間ふさ子,〈歐陽予倩の台灣認識──
　　1946〜47年の台灣公演を中心として〉,《九州中國學會報》,號43(2005),頁95。

[85] 間ふさ子,〈歐陽予倩の台灣認識──1946〜47年の台灣公演を中心として〉,頁92-106。

[86] 間ふさ子,〈歐陽予倩の台灣認識──1946〜47年の台灣公演を中心として〉,頁102。

[87] 間ふさ子,〈歐陽予倩の台灣認識──1946〜47年の台灣公演を中心として〉,頁101。

[88] 間ふさ子,〈歐陽予倩の台灣認識──1946〜47年の台灣公演を中心として〉,頁103。

省籍左派電影演劇人和本省籍演劇人之間，據說也談論到了殖民時期臺灣演劇的發展歷程。[89]那裡存在著超出與將新中國劇社和歐陽予倩邀請到臺灣的行政長官公署目的「可能另類的場域」，令人想像當時出現了熱烈的討論。

　　另一方面，印在《桃花扇》公演（1927年2月15-20日）傳單[90]上，有一欄總人數達20名的「演出顧問」（末尾可見白克之名）名單，如果知道他們後來的歷史，將會讓人起雞皮疙瘩。[91]具體來說，在二二八事件中行報復性鎮壓的柯遠芬（臺灣省警備總部參謀長）和張慕陶（憲兵第四團團長）、反而被當作二二八事件叛亂主要人物被帶走而下落不明的宋斐如（《人民導報》創辦人之一）、1952年因白色恐怖遭到處刑的李友邦（在重慶參加臺灣義勇軍）、在國民黨政權歷任要職的黃朝琴、和自由主義外省人雷震，以及一同組織了「中國地方自治研究會」的李萬居等人士的姓名都排列在一起。但是，這份「演出顧問」的名單，可以說是正確傳遞了當時臺灣存在「雙重連續性」交會場合所具有性質的一個面向。也就是說，由於「可能另類的場域」的「公共性是表現在相疊的同時也不均衡糾葛的狀態下」，所以那原本就是多義性的場域，不會僅只潛藏在價值上得以肯定的可能性。

　　「This work was supported by JSPS KAKENHI Grant Number JP20K12330」

---

[89]　間ふさ子，〈歐陽予倩の台灣認識──1946～47年の台灣公演を中心として〉，頁102。

[90]　該資料由在研討會同一場次報告的松浦恒雄老師提供。謹表謝意。有些部分無法在本文充分解讀、考察，將作為今後課題。

[91]　「演出顧問」名單就好似是為了能順利舉行公演而向各方向發行的通行證，他們實際上應該沒有參與演出。

臺灣日治時期建築文化資產活化再利用的檢視——以日式宿舍爲初探對象

王淳熙*

摘要

　　1982年文化資產保存法制定以來，開始了臺灣文化資產的指定登錄，建築物的指定登錄更是數量眾多。指定的對象從一開始均以清代以前的對象為主，至一九九〇年代初期日治時期的建築物才陸續指定或登錄為文化資產。然而，文化資產的指定登錄只是賦予法定身分，後續仍需要管理維護；尤其當原有機能無法持續運用時，活化再利用即勢在必行。2000年開始臺灣文化資產的再利用觀念逐漸興起，日式宿舍案例活化再利用的模式為何？影響的因子有甚麼？碰到的困難與批判如何面對？本文將嘗試以日式宿舍為例，從近年整體的趨勢進行討論。

關鍵詞：文化資產、日式宿舍、再利用、管理維護

---

*　國立臺北大學民俗藝術與文化資產研究所副教授

A Study of the Adaptive Reuse of Architectural Cultural Heritage in Taiwan during the Japanese Colonial Period: The Japanese-style Dormitory as a Primary Objective

Chun-Hsi Wang[*]

Abstract

Since the enactment of the Cultural Heritage Preservation Act in 1982, the designation and registration of cultural heritage in Taiwan has begun, and the number of buildings designated or registered is even greater. From the beginning, the objects designated were mainly from before the Qing Dynasty, and it was only in the early 1990s that buildings from the Japanese Colonial Period were designated as cultural heritage. However, the designation of cultural heritage is only a legal status, it still needs to be managed and maintained; especially when the original function is not sustainable, the adaptive reuse is inevitable. Since 2000, the concept of reuse of cultural heritage in Taiwan has gradually emerged, facing dormitories type of Japanese period buildings. What are the modes of adaptive reuse? What are the influencing factors? How to face the difficulties and criticisms? In this paper, we will try to discuss the overall trend in recent years, taking Japanese style dormitories as an example.

Key Words: Cultural Heritage, Japanese-style Dormitory, Adaptive Reuse, Management and Conservation

---

[*]　Associate Professor, Graduate Institute of Folk Art and Cultural Heritage, National Taipei University

一、文化資產的保存與活化

(一)臺灣文化資產保存的歷程

　　文化資產的保存，並非自然而然形成，而是經過了長時間不斷地修正與檢討，才逐漸形成較爲完整的制度。臺灣文化資產法制化保存的歷程，實際上可以追溯至日治時期的《史蹟名勝天然紀念物保存法》，日本政府對於當時認爲具有價值的建築物、構造物、乃至於天然紀念物，進行清查與指定。而在戰後，原來的法制制度不再適用，一直到一九八○年代才有第一版的《文化資產保存法》。

　　1982年《文化資產保存法》的制定，後續進行了幾次較大幅度的修訂，如1998年將一級、二級與三級古蹟，改爲國定、省（市）定、縣（市）定古蹟，而後又於2000年增訂了歷史建築的類型；[1] 2005年的大幅度修法，增加了多種類型，也隱含了有形與無形文化資產範疇的區隔。最近一次的2016年修法，除了在有形的部分增加了史蹟與紀念建築的類型之外，在無形的部分也與世界非物質文化遺產公約（ICH）分類接軌。

　　若回顧這40年來文化資產保存的歷程，雖然訂有多種的類型，但在2005年以前，主要的指定或登錄對象，係以建築爲主，特別是「古蹟」一詞，也幾乎可以等同文化資產的代名詞；直到2005年以後，開始有古物、以及無形文化資產類型的指定或登錄，建築類文化資產才不再是文化資產的代名詞。

　　以指定與登錄的時間來看，1982年文資法通過施行，1983與1985有大批的古蹟指定，即爲當時的一級、二級與三級古蹟。而1997年文資法修法，改爲國定、省、（市）定、縣（市）定三類，不再由中央內政部指定，也因此在1997與1998年，有很大一批由地方政府指定的古蹟（共99處），其中多數爲日治時期之建築物（圖1）。

　　而後因1999年921大地震，2000年文資法修正增加歷史建築的類型，

---

[1] 林會承，《臺灣文化資產保存史綱》，第3冊（臺北市：遠流，2011年）。

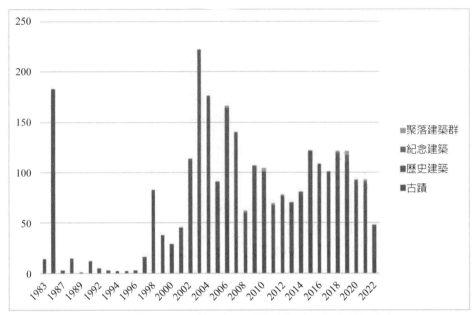

圖1　臺灣古蹟、歷史建築、聚落建築、紀念建築群指定登錄之時間分布。
資料來源：文化資產網（nchdb.boch.gov.tw），本研究整理，資料時間至2022年8月。

2001年開始有歷史建築登錄（表1），其中2003年金門縣一次登錄了98處的歷史建築，使得文化資產在當年新增了222處。2005年的修法增加了提報的制度，也使得文資的數量再次快速成長。[2]

(二)管理維護與再利用的引入

　　一棟建築物成為文化資產後，就需要面對許多直接的問題：如何／是否進行修復／修護？後續如何使用？管理如何進行？再利用如何開展……等等。無論是有形或無形文化資產的指定或登錄，都不是為了指定而指定、為了登錄而登錄。具有潛力的文化資產經過文化資產審議會決議為法

---

[2]　依據2005年公布修正之《文化資產保存法》「第十二條：主管機關應普查或接受個人、團體提報具古蹟、歷史建築、聚落價值建造物之內容及範圍，並依法定程序審查後，列冊追蹤。」此一條文提供了一般民眾團體提報古蹟、歷史建築、聚落之法源依據。而此一制度也在2016年的修法時延續。

表1　各縣市古蹟、歷史建築、聚落建築、紀念建築群指定登錄指定
登錄數量

縣市	古蹟	歷史建築	紀念建築	聚落建築群	總計
臺北市	193	311	4	3	511
金門縣	93	148	2	1	244
臺南市	143	85	0	1	229
臺中市	58	120	3	1	182
新北市	92	77	2	0	171
彰化縣	61	106	0	2	169
桃園市	28	96	0	0	124
宜蘭縣	40	83	0	0	123
高雄市	51	66	1	0	118
雲林縣	28	84	0	1	113
屏東縣	22	72	0	4	98
澎湖縣	27	56	2	2	87
花蓮縣	20	65	0	2	87
苗栗縣	16	58	0	0	74
新竹縣	31	42	0	0	73
新竹市	41	30	1	0	72
南投縣	18	45	2	0	65
臺東縣	0	50	0	0	50
嘉義市	17	30	0	1	48
嘉義縣	23	24	0	0	47
基隆市	16	29	0	0	45
連江縣	4	5	0	2	11
總計	1022	1682	17	20	2741

資料來源：文化資產網（nchdb.boch.gov.tw），本研究整理，資料時間至2022年8月。

定文化資產後，從指定或登錄公告那一刻起，文化資產就已經實質進入到管理維護的階段。然而，過去臺灣大部分的文化資產，往往忽略了指定登錄後的各種保存維護與管理，是維護文化資產價值的重要工作，導致於許多已公告的法定文化資產，欠缺調查研究或是修復再利用經費，長期缺乏較有效的管理、維護、修復與再利用，導致於文化資產在時間流逝下，逐漸衰敗或傾頹，造成文化資產價值的減損，這並不非保存文化資產的初衷。

舊建築再利用本身就是一個複雜的思考、設計與規畫流程，特別是成為具有特色而且成功的再利用，本質上有著許多的考量。傅朝卿歸納了四個主要的思考：1.建築物生命週期再循環──機能的持續使用；2.結構安全與現代機能兼顧的保存方式；3.史實性與現代性兼顧的保存方式；4.建築物財經上的永續經營等。[3]再利用概念的引入，乃是對於這些文化資產在修復的同時，考量其後續維持運作的可能性。若原有的機能還能維持，則透過修復將建築物損壞處予以修補，並將不適當的添加予以移除，使得建築物本身能夠維持良好的狀態，也是一個文化資產最佳的選項。

但若建築物本身在指定登錄文化資產時，狀態已經不佳，且此一不佳的原因來自於原有機能消失而使建築物廢棄，則代表該建築物在修復後，需要有新的建築機能引入，進而帶動該建築文化資產的良好運用，避免因為再次廢棄而破壞。此一觀點在《文化資產保存法》中，透過了歷次的修法，逐漸地成為建築類文化資產的必要工作，亦即「修復或再利用計畫」中的一環。

《古蹟修復及再利用辦法》第3條第2項：
前條第一款再利用計畫，應包括下列事項：
一、文化資產價值及再利用適宜性之評估。

3　傅朝卿，《舊建築再利用：歷史‧理論‧實例》（臺南：古都保存再生文教基金會，2017）。

二、再利用原則之研擬及經費概算預估。

三、必要之現況測繪及圖說。

四、再利用所涉建築、土地、消防與其他相關法令之檢討
　　及建議。

五、依古蹟歷史建築紀念建築及聚落建築群建築管理土地
　　使用消防安全處理辦法第四條所定因應計畫研擬之建
　　議。

六、再利用必要設施系統及經營管理之建議。

　　就上述的再利用計畫事項，包括了以下的概念：

1. 建築文化資產再利用的工作，應先回應文化資產的價值，並且討論再
利用的適宜性；而後基於再利用的適宜性，提出再利用的原則。從目
前的操作過程來看，再利用的適宜性與原則，通常會就該建築物既有
的特色，考量一組該建築文化資產再利用的「方向」或「機能」。

2. 這個方向與機能的設定，通常會參酌過去的經驗、周邊環境的需求、
乃至於新創的營運內容和模式，方能制定。若考量建築物本身的所有
權人屬性，這個方向與機能的設定也就有所差異：基於文化資產往往
認為需要具備公益性，特別是公有的文化資產，經常會設定一些具有
公益性質的再利用方向與機能，例如博物館、文物館、展示等。

3. 當機能設定討論後，再次檢視為了完成此一再利用的方向與機能，所
需要進行的建築設計與工程上的添加。包括圖說的繪製，建築、土
地、消防等相關法令的檢討，以及必要的因應計畫，來排除既有法令
的限制。

4. 然而，一開始所設定的方向與機能，卻往往因為時空背景的變化、預
定引入的廠商有所不同，導致真正要開始進行再利用規畫與設計時，
已經與當初設定的方向機能有顯著的落差，甚至需要重新擬定再利用
計畫。因此如何尋找一個最佳的再利用方案，甚至在前期就能尋找到

這個適當方案，是十分不容易的過程。

(三)研究方法與流程

　　文化資產的修復再利用，有其一定的程序；但個別建築文化資產所在的地點、基地條件、建築條件，使後續利用模式策略，均有所不同。本質上，個別建築再利用應有開放性的利用方式，但在未有全面性的探討分析之前，實難有較完整的資訊能夠分析。本研究先以在法定文化資產數量相對較多、且有許多再利用案例的日式宿舍為基礎，透過「國家文化資產網」蒐集個案基本資訊，而後就其修復、再利用型態分類，並且依照所在的地點、時間等因子交叉比對。

二、日式宿舍作為文化資產

(一)日式宿舍在臺灣的體系

　　臺灣受日本殖民統治期間（1895-1945），在臺灣總督府行政體制下編制各級官員，為滿足這些殖民政府官員基本的居住需求，各地皆曾設置大量的官舍建築。這些官舍，由於興建年代有所差異、各地氣候與環境條件不同、設計團隊層級不一、材料與技術之限制⋯⋯等因素之影響，而形成種種形貌不一的官舍，這些官舍實為臺灣日治時期建築中重要之一部分。[4]

　　現今被稱為「日式宿舍」、或「日本宿舍」者以其主要屬於日人住宅之特性，可視為最具代表性的一種異國殖民文化產物。然而，所謂的「日式宿舍」或「日本宿舍」等俗稱實則泛指所有日人住宅，這些為了在臺日人住居之目的所設計興建之住宅，以其興建之背景不同，可區分為「官舍」、「公營住宅」、「社宅」、「營團住宅」以及「私宅」等不同體

---

[4]　陳信安，〈台灣總督府官舍建築標準之研究〉（臺南：國立成功大學建築研究所博士論文，2004）。

系。[5]同時，又與所對應的機構有所關聯，包括一般的政府機關、學校、警察、專賣事業、鐵路等單位。而後又有依照相似的平面圖、建築構造方式，所自行興建的日式住宅。[6]

這樣的營建體系，特別是由各個政府相關單位所營建的官舍，以官吏的職級爲官舍的種類和分配爲原則，至1922年則以臺灣總督府官舍建築標準化公布後，成爲這些官舍建築的營建標準。[7]也因此，標準化的日本官式建築，在外觀造型上有著高度的相似性；規模、結構、構造、工法等等，均是有跡可循，僅在不同而特別的地域條件下而有些許的變化。

㈡日式宿舍成為法定文化資產

1. 類型的定義

隨著文資法的歷年修法，以及對於文化資產所代表時代的逐漸推移，日式宿舍逐漸地成爲法定文化資產的指定登錄標的。本文所指涉的日式宿舍，以日治時期木造住宅爲主，並且鎖定於以標準圖、共同圖面所興建的宿舍、官舍（圖2）。因爲指定登錄的標的可能在名稱上以後期使用單位爲準，因此不限於以「宿舍」或「官舍」爲名的案例。

5　㈠「官舍」體系係指官方所興建且提供官員與官方機構聘僱職員居住使用之公家宿舍，主要區分為高等官舍與判任官舍兩大類，另有各種職員宿舍、獨身宿舍、合宿所……等公家宿舍；㈡「公營住宅」體系亦為官方所興建，然係租予民間人士居住使用之平價住宅；㈢「社宅」體系為公司行號等事業機構興建之職員宿舍；㈣「營團住宅」體系為住宅營團等建設公司所興建之住宅；㈤「私宅」體系則為日人私人興建之私人住宅。陳信安，〈台灣總督府官舍建築標準之研究〉（臺南：國立成功大學建築研究所博士論文，2004）。

6　陳信安，〈台灣總督府官舍建築標準之研究〉。

7　陳錫獻，〈日治時期臺灣總督府官舍標準化形成之研究（1896至1922）〉（桃園：中原大學建築研究所碩士論文，2002）。

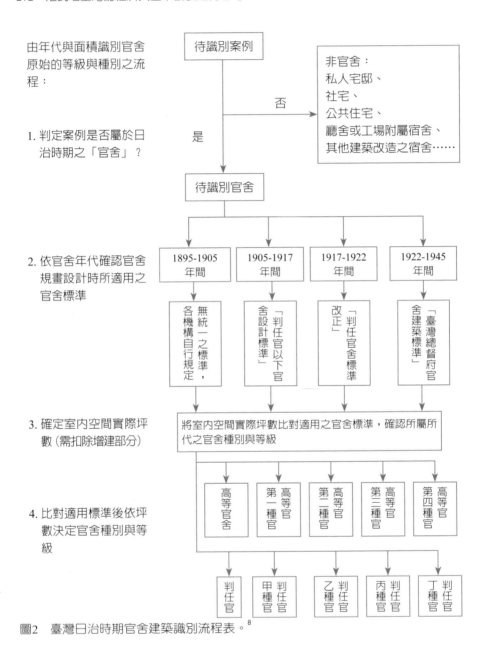

由年代與面積識別官舍
原始的等級與種別之流
程：

1. 判定案例是否屬於日
   治時期之「官舍」？

2. 依官舍年代確認官舍
   規畫設計時所適用之
   官舍標準

3. 確定室內空間實際坪
   數（需扣除增建部分）

4. 比對適用標準後依坪
   數決定官舍種別與等
   級

圖2　臺灣日治時期官舍建築識別流程表。[8]

8　陳信安，〈台灣總督府官舍建築標準之研究〉。

但從外觀形貌上，仍大致可以歸納出幾個特點：

⑴日治時期興建。

⑵木造為主、特別是具有雨淋板的外牆。

⑶提供作為住宅，普遍是員工或職務宿舍。

⑷部分宿舍雖為自建，但風格上延續了標準圖的宿舍，而再加以微調。

2. 資料蒐集

透過上述對「日式宿舍」的定位，進行目前法定文化資產中屬於「日式宿舍」的資料蒐集。透過國家文化資產網進行篩選與比對，其流程如下：

⑴文化資產之種類為「宅第」，且系統登記為日治時期者。唯此一篩選方式容易忽略不少日式宿舍的文化資產種類為「其他」；同時也容易將私人宅第，但非屬於職務官舍、宿舍之案例（如傳統建築民宅），被篩選進來。

⑵文化資產名稱包括「宿舍」、「官舍」者。此一篩選條件仍易將非屬於日治時期的官舍或宿舍納入名單之中。

⑶經由上述初步的篩選，再以人工方式調整確實符合上述日式宿舍定義的建築物，包括以文字的敘述、照片的樣貌等作為篩選、判斷的方式。

⑷部分宿舍雖然登錄為歷史建築，但名稱與內容上為「建築群」；相對地，也有部分宿舍，雖然看似建築群體，但在登錄時卻以個別門牌分別指定登錄。此類型的案例在部分縣市特別明顯，透過個案納入與排除的方式處理。

⑸為使統計整理簡化，無論是單一建築或群體，均以個案名稱與編號為單位，不另拆分。

3. 案例初步分析

⑴數量與縣市

經過此一流程後，共計有278處案例屬於日式宿舍，並且以案例的分

布縣市加以排列（圖3）。其中個案數量最多者為臺北市，唯臺北市在日式宿舍的案例上，經常採取一個門牌一個文資個案的方式指定登錄。但在其他縣市，若為一群相似的日式宿舍，則可能僅會指定或登錄為一個文資個案。此一差異造成了比較的困擾，有待校正。

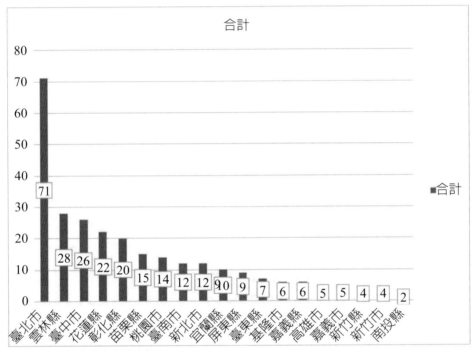

圖3　各縣市日式宿舍案例圖。

資料來源：文化資產網（nchdb.boch.gov.tw），本研究整理，資料時間至2022年8月。

　(2)日式宿舍的案例比例

　　然而，對比各縣市有形文資數量之後，則以花蓮縣、雲林縣、苗栗縣、臺中市、臺東縣等縣市，日式宿舍的比例大於全臺灣各縣市的平均值。特別是前三的花蓮、雲林與苗栗，可以說是每四至五個文化資產，就有一個是日式宿舍，因此也就如同普遍的印象，有相當大量的日式宿舍被指定登錄為法定的文化資產（表2）。

表2　縣市日式宿舍比例較高之比較表

縣市	有形文資數量（註1）	日式宿舍文資數量	日式宿舍百分比
花蓮縣	87	22	25.3
雲林縣	113	28	24.8
苗栗縣	74	15	20.3
臺中市	182	26	14.3
臺東縣	50	7	14
臺北市	511	71	13.9
基隆市	45	6	13.3
嘉義縣	47	6	12.8
彰化縣	169	20	11.8
總數（註2）	2399	總計278	百分比11.6
總計（註3）	2741	總計278	百分比10.1

資料來源：文化資產網（nchdb.boch.gov.tw），本研究整理，資料時間至2022年8月。

註1. 有形文化資產，以建築類的文資為主，包括古蹟、歷史建築、紀念建築、與聚落建築群。

　2. 經盤點後，澎湖縣、金門縣與連江縣並無日式宿舍，故總數扣除三縣市之有形文資數量進行百分比之平均。

　3. 以所有有形文化資產之數量總計為基礎進行計算。

⑶縣市與指定登錄時間

　　整體而言，日式宿舍的指定登錄，隨著文資法的修法，加入歷史建築的類型後，即大量的開始成為法定文化資產的標的。從後設的統計來看，2006與2007年的指定與登錄數量相對較其他時間更多，應與2005年《文化資產保存法》修法加入的提報制度有關，使得一些日式宿舍透過了民間團體的提報，進入審查文化資產的程序。從各縣市的指定登錄時間分布來看，半數的縣市（50%）是在2005-2009年之間有較大量的指定登錄（占縣市目前案例30%以上），也推測與文資法修法後加入提報制度有關（圖4、表3）。[9]

---

[9]　部分案例在登錄之初，係以歷史建築登錄，但後因轉換類別為紀念建築，導致在資料呈現上，出現時間的偏差。為呈現出一個案例「最初」成為法定文化資產的時間，爰保留此一落差。

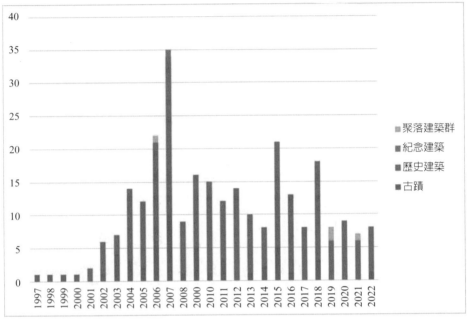

圖4　日式宿舍指定登錄時間分布圖。

資料來源：文化資產網（nchdb.boch.gov.tw），本研究整理，資料時間至2022年8月。

表3　各縣市日式宿舍指定登錄時間分布百分比

縣市／年代	1997-1999	2000-2004	2005-2009	2010-2014	2015-2019	2020-2022	總計
臺北市	4.23%	15.49%	49.30%	8.45%	9.86%	12.68%	100.00%
雲林縣	0.00%	0.00%	42.86%	21.43%	28.57%	7.14%	100.00%
臺中市	0.00%	3.85%	11.54%	30.77%	50.00%	3.85%	100.00%
花蓮縣	0.00%	4.55%	31.82%	36.36%	27.27%	0.00%	100.00%
彰化縣	0.00%	10.00%	20.00%	20.00%	40.00%	10.00%	100.00%
苗栗縣	0.00%	6.67%	26.67%	33.33%	20.00%	13.33%	100.00%
桃園市	0.00%	7.14%	7.14%	42.86%	28.57%	14.29%	100.00%
臺南市	0.00%	25.00%	25.00%	25.00%	25.00%	0.00%	100.00%
新北市	0.00%	8.33%	33.33%	33.33%	25.00%	0.00%	100.00%

縣市 / 年代	1997- 1999	2000- 2004	2005- 2009	2010- 2014	2015- 2019	2020- 2022	總計
宜蘭縣	0.00%	30.00%	50.00%	10.00%	10.00%	0.00%	100.00%
屏東縣	0.00%	11.11%	22.22%	11.11%	44.44%	11.11%	100.00%
臺東縣	0.00%	14.29%	57.14%	14.29%	14.29%	0.00%	100.00%
基隆市	0.00%	33.33%	50.00%	0.00%	0.00%	16.67%	100.00%
嘉義縣	0.00%	16.67%	16.67%	16.67%	50.00%	0.00%	100.00%
高雄市	0.00%	0.00%	20.00%	60.00%	20.00%	0.00%	100.00%
嘉義市	0.00%	0.00%	60.00%	0.00%	0.00%	40.00%	100.00%
新竹縣	0.00%	0.00%	25.00%	25.00%	25.00%	25.00%	100.00%
新竹市	0.00%	25.00%	0.00%	25.00%	50.00%	0.00%	100.00%
南投縣	0.00%	0.00%	50.00%	0.00%	0.00%	50.00%	100.00%
總計	1.08%	10.79%	33.81%	21.22%	24.46%	8.63%	100.00%

資料來源：文化資產網（nchdb.boch.gov.tw），本研究整理，資料時間至2022年8月。

⑷種類

　　絕大部分的日式宿舍，在指定登錄的「種類」上，被認定爲「宅第」。然而另有相當多的案例（60處），被認定爲「其他設施」。由於種類的認定，在文化資產的指定登錄持續中，通常係由文資委員討論決定。在部分案例的討論中，「宅第」更接近於民宅、住宅，而與日式宿舍的近似於職務宿舍的文字意涵不同，因此改以其他設施方式指定登錄。其他的種類則是由於宿舍分別屬於不同的機關、產業的附屬空間，乃至於在指定登錄時與機關的行政空間共同指定登錄，因此被認定爲其他的種類（圖5）。

　　唯此一關於「種類」的認定問題，雖然絕大部分已經以宅第指定登錄，但若未能對種類有較爲細節的說明，則顯然仍將依賴各縣市文資委員的討論、論述與認知而決定，對於類似本研究量化的討論上，往往形成了許多雜訊而需排除。

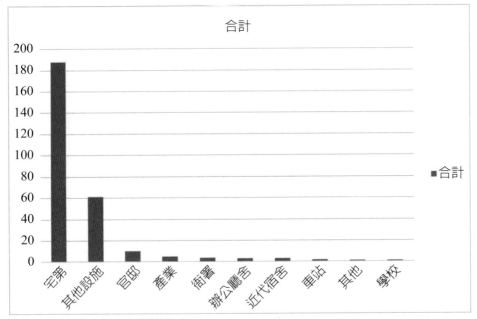

圖5　日式宿舍文化資產種類分布。

資料來源：文化資產網（nchdb.boch.gov.tw），本研究整理，資料時間至2022年8月。

(5)是否修復

　　許多的日式宿舍在指定登錄時，可能長年使用下有大幅的增建與改建；或是多年荒廢後導致衰敗破壞。通常在指定登錄後，會期待進行文化資產的整體修復。部分日式宿舍，在指定登錄前後，實際上都仍維持住宅的使用，並未大幅增建改建，因此並未構成外觀的破壞。此時則屬於「尚無修復需求」（圖6）。

　　可以發現，仍有許多日式宿舍屬於尚未修復（X—灰色）的狀態，特別是2007年最大量指定登錄的案例中，仍有將近1/3屬於需要整體修復、卻仍未能修復。其中或許與經費資源分配、建物／土地所有權等因素有很大的關係。

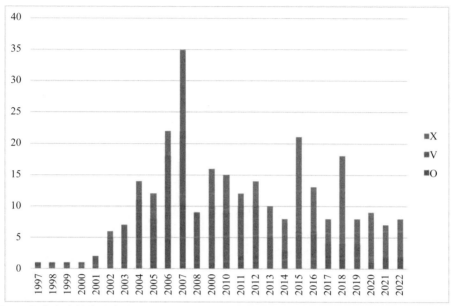

圖6　日式宿舍修復狀態與指定登錄年代。
（其中X為尚未修復、V為已經修復、O則為狀況尚可而無須修復）
資料來源：本研究整理，資料時間至2022年8月。

三、日式宿舍作為文化資產的再利用

　　未修復的案例由於完全無法使用，使其缺乏討論再利用模式的基礎。因此再利用與目前使用狀態的分析，僅以狀態良好、經過修復者為限（162處）。在推動再利用的時候，往往搭配著建築的修復與新機能的引入。特別是再利用機能的設定，既受到文資身分所帶來的限制，也因為多數日式宿舍所有權仍以公有為主、並且受到政府的補助，對其公益性有所期待；但在當代的環境下，卻又必須面對實際的營運挑戰。在文化資產中引入適當的商業行為是永續經營的基本概念，透過與文化資產相容的商業行為，可能會增加收入以供硬體的日常維護使用。[10]

---

[10]　傅朝卿，《舊建築再利用：歷史・理論・實例》（臺南：古都保存再生文教基金會，2017）。

　　而一處文化資產的營運，往往也包括多種類性與面向。詹謹菱在其論文中提出三個主要的面向：包括經營、活動與宣傳；其中的經營可以包括餐飲、住宿（民宿）、賣店、展示；活動則有藝文、參與與聯合街區辦理的活動；在宣傳面相則透過網路、虛擬世界、以及網站的好友連接等模式。[11]一處日式宿舍在成為法定文資之後，除了修復依照文資法的規定辦理之外，實際上的再利用機能往往有其主軸，但又交雜了不同的營運手法。在所謂的「招商」之下，並不僅有真正的「商業」活動，而是一種將空間委外的統稱，而這個機能並不見得僅有真正的商業營運。也因此，在機能的分類上，從主軸的分析是必要的判斷過程。

(一)再利用的機能分類

　　由於再利用的使用類型，並未曾明確的定義與歸類，且各案例所呈現的狀態，往往也有複合性的使用模式，不見得僅有單一的使用機能。因此，透過梳理，對於使用的方式進行歸類。此一歸類並非在建築物因應計畫時所採用的建築使用群組，[12]而是就真實的使用模式進行分類（表4-表7）。

表4　再利用使用機能分類

參觀	展覽	講座—課程	展示	展演
圖書館—書店	藝術與創作	社區—公益聚會	學生教室	長照
餐飲	體驗	市集	旅宿	商品
飲品	招商中	親子活動	親子體驗	宿舍
其他	私人會館	儲藏	辦公	無

資料來源：本研究整理

---

[11] 詹謹菱，〈台南府城老屋新生之氛圍空間研究〉（臺中：東海大學建築學系碩士論文，2014）。

[12] 依據《建築法》及其子法《建築物使用類組及變更使用辦法》，建築物設有多種使用群組，如公共集會類、商業類、工業與倉儲類、休閒與文教類等等。但實際上因為各類群組中子類別可容許的範圍又有細部規定，文化資產在再利用機能上，此一建築物使用類組的分類僅具參考價值，仍宜以實際的使用樣態判斷為主。

　　上述的類型中，部分的類型進一步定義如下：

表5　靜態性的運用模式定義

參觀	展覽	展示	展演	藝術與創作
建築物修復後，以室內外空間的原貌展現，提供民眾參觀。	建築物修復後，於室內外空間，透過特定主題的設定，規畫辦理展覽活動，提供民眾參觀。	建築物的空間中，雖然有特定主題的設定，但僅透過圖片、實物的擺設方式表現，而非積極性的展覽設計。	結合展覽或展示，辦理部分的動態演出活動。	以特定藝術表現形式為主軸，提供藝術家、作家等人進行駐村、駐點之創作。

資料來源：本研究整理

表6　商業性的運用模式定義

餐飲	飲品	商品	體驗	親子體驗
在空間中提供餐食與飲品的服務，通常會有較大的備餐空間。	在空間中提供飲品為主的服務，搭配部分的點心。此類型的備餐空間可能較小。	在空間中提供各式商品的販售服務，包括文創商品展售。	以該空間的特質，辦理提供顧客特定時代、情境之體驗。	以該空間的特質，辦理提供顧客特定時代、情境之體驗。但考量親子的客群，活動性質與日式宿舍普遍的氛圍略有差別。

資料來源：本研究整理

表7　特定使用運用模式定義

旅宿	宿舍	無
對不特定對象，經營休憩住宿之機能，例如民宿、旅館等。	維持住宿之機能，且僅提供特定對象的內部住宿。	修復後持續空置、或未修復也未有積極性使用。

資料來源：本研究整理

　　從上述的機能彙總，大致可以將機能使用的方向，嘗試進行正規化
的處理。在觀察的切入點方面，文化資產在推動再利用時，經常進行討論
的，往往是「公益」與否，以及建築物再利用後，是否對外開放等議題
（表8）。特別是當個案是法定文資、並且屬於公部門所有與管理時，其
委外的過程就經常陷入這樣的掙扎。從高雄英國打狗領事館由漢王經營的
時期，雖然創下來客人數新高，卻因為未能滿足「文化資產教育」的公益
性而不再續約；老房子在商業利益的前提下，卻也失去了地方認同、文
化傳承等無形價值的再生產。[13]諸如此類的評論，也更加深了法定文化資
產、甚至是未具法定文資身分的老房子，實質上被認為在再利用上應具有
的公共責任，而非單純的公有財產、或是私有財產的任意處分。

　　以此衍伸，以「公益」對立之「商業」，以及「外向」對立之「內
向」，作為光譜的兩個端點，[14]也使一個再利用機能得以從分級的模式而
加以歸類。

表8　使用機能特性分類與分級

	公益	商業
外向	以具備藝術、文化為核心，且透過對外的開放、招募等方式為其營運的目標。	以當代商業營運為方式、營運所獲得的經濟利益為目標。且為達成利益，以對外開放招募的方式，盡量吸引多人前來消費。
內向	以具備藝術、文化、社會性的機能為核心，但使用者屬於較為限定的對象，甚至不一定對公眾開放。	以商業利益的經營方式，但目標的客群為限定的對象，不一定對公眾常時開放。

資料來源：本研究整理

---

[13] 葉瀚中，〈老舊房子的民間經營模式與其在地性之研究〉（嘉義：南華大學建築與景觀學系環境藝術碩士班碩士論文，2012）。

[14] 固然在「公益」使用的對立面（非公益），有許多的可能性，但基於本文以初步研究為出發點、比較上的便利性，優先設定「商業」作為對立。

　　參酌「公益─商業」與「外向─內向」的概念，對上述的使用類型進行分類，分別分布如（圖7）：

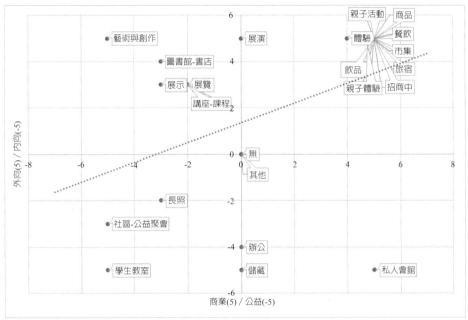

圖7　使用機能特性分類與分級層級。
資料來源：本研究整理

　　若近一步將類似的分布的使用類型加以群組，則可大致歸納為四種主要的類型。若對於四種類型（A、B、C、D）的檢視，可以大略描述如下：

A：此類型的使用，多半以靜態且公益的性質為主。固然以日式宿舍的空間，無法成為博物館等級的機構，但在機能上則對比「商業性使用」，成為一種更偏向於公眾、知識性提升的使用用途。雖然其中或許會加入複合性的商業使用，但從最後數量的統計來看，仍是這些日式宿舍再利用機能的大宗。

B：此類型的使用，以靜態、非全面性對外開放為主。特別是仍維持宿

舍、居住使用、儲藏、辦公之空間，事實上並未有大幅度因爲使用機
能的需求，而在空間上有所變化與調整。由於「無」（即未有積極性
再利用機能）之個案數量不少，也使得B類型在整體的數量上，與D類
型相近。

C：此部分的使用，係以內部使用爲主，包括社區民眾、學生、長照院民
等。唯統計上數量甚少。

D：此類型的使用係爲「商業性」使用爲主。預期透過商業使用而帶動相
關的收益，進而滿足自給自足的再利用。其中餐飲類型的使用顯然是
最大宗，也經常成爲民間團體的檢討目標（圖8、圖9）。

分類	數量
A	129
參觀	31
展覽	28
講座—課程	25
展示	21
展演	14
圖書館—書店	6
藝術與創作	4

分類	數量
C	5
社區—公益聚會	2
學生教室	2
長照	1

分類	數量
B	81
無	44
宿舍	20
其他	14
私人會館	1
儲藏	1
辦公	1

分類	數量
D	83
餐飲	37
體驗	13
市集	9
旅宿	8
商品	8
飲品	4
招商中	2
親子活動	1
親子體驗	1

圖8

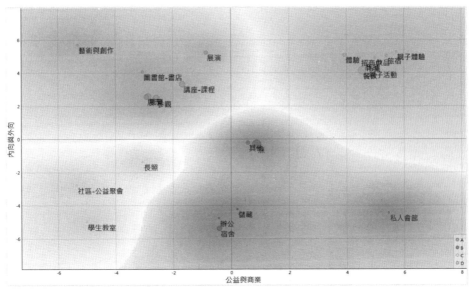

圖9　使用機能特性分類與數量分區圖。
資料來源：本研究整理

(二)再利用的分析

1. 指定登錄年代的分析

　　再利用的類型，若以指定登錄年代而言，尚未有較爲明顯的差異。若在個案數量上有較大的差異，應爲2001-2005年期間，B類型並未如其他時期的案例，有大致均等的現象（表9、圖10）。

表9　再利用使用類型與指定登錄年代分布百分比

	1996-2000	2001-2005	2006-2010	2011-2015	2016-2020	2021-2025	總計
A	*2.01%*	**15.44%**	*14.77%*	8.05%	3.02%	0%	43.29%
B	0.34%	3.02%	**13.42%**	5.03%	*4.03%*	*1.34%*	27.18%
C	0%	0.34%	**1.34%**	0%	0%	0%	1.68%
D	1.01%	8.72%	**9.4%**	5.03%	3.69%	0%	27.85%
總計	3.36%	27.52%	38.93%	18.12%	10.74%	1.34%	100%

資料來源：本研究整理，資料時間至2022年8月。

註：粗體代表橫軸中比例最高的類型；斜體則代表縱軸中比例最高的類型。其中2001-2005年的A類，則是橫軸與縱軸均最多的時期。

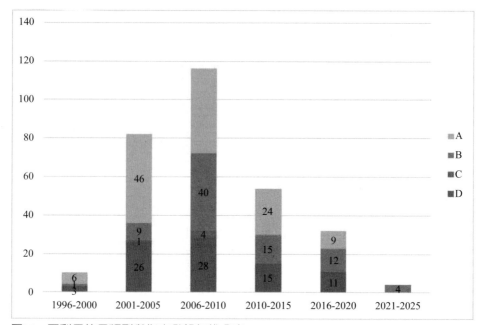

圖10　再利用使用類型與指定登錄年代分布。
資料來源：本研究整理，資料時間至2022年8月。

2. 縣市別的分析

　　由於個別案例，指定登錄後的再利用，仍需要經過縣市審議會的通過；在調查研究報告階段的建議再利用，也由各該縣市的委員審查通過。因此，某種程度上可以假設，縣市委員的觀點，對於縣市再利用的案例分類，有其影響力。

　　由於臺北市個別案例偏多、在圖形的呈現上較適宜獨立檢視；而將臺北市以外的縣市，排列在一起時，縣市案例再利用類型的呈現即有相當大的差異。

　　從圖11、圖12的數量，轉換為百分比數字，可以更清楚地呈現出不同縣市的傾向。明顯地，桃園市、臺中市、彰化縣等區域，在A類（展示、展覽等）為主的案例中，具有相當高的比例；而雲林縣、苗栗縣，則更偏向於B類（住宿或未使用）；臺南市、嘉義市、嘉義縣，則有更高的D類（商業性使用）比例（表10）。

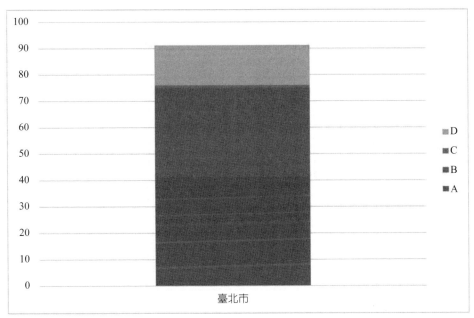

圖11 臺北市日式宿舍再利用使用類型數量分布。
資料來源：本研究整理，資料時間至2022年8月。

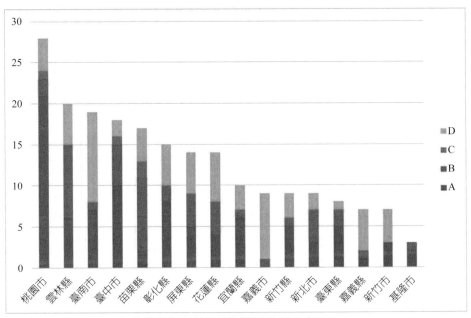

圖12 桃園市等16縣市日式宿舍再利用使用類型數量分布。
資料來源：本研究整理，資料時間至2022年8月。

表10　縣市再利用使用類型分布百分比

	A	B	C	D	總計
臺北市	**13.76%**	*11.41%*	0.34%	*5.03%*	30.54%
桃園市	<u>7.05%</u>	0.67%	0.34%	1.34%	9.40%
雲林縣	2.01%	<u>3.02%</u>	0.00%	1.68%	6.71%
臺南市	2.35%	0.34%	0.00%	<u>3.69%</u>	6.38%
臺中市	**3.36%**	1.68%	0.34%	0.67%	6.04%
苗栗縣	0.67%	<u>3.02%</u>	*0.67%*	1.34%	5.70%
彰化縣	**2.68%**	0.67%	0.00%	1.68%	5.03%
花蓮縣	**1.34%**	**1.34%**	0.00%	2.01%	4.70%
屏東縣	**1.68%**	1.34%	0.00%	**1.68%**	4.70%
宜蘭縣	**2.01%**	0.34%	0.00%	1.01%	3.36%
新北市	1.01%	**1.34%**	0.00%	0.67%	3.02%
嘉義市	0.00%	0.34%	0.00%	**2.68%**	3.02%
新竹縣	**1.68%**	0.34%	0.00%	1.01%	3.02%
臺東縣	**1.68%**	0.67%	0.00%	0.34%	2.68%
嘉義縣	0.34%	0.34%	0.00%	**1.68%**	2.35%
新竹市	1.01%	0.00%	0.00%	**1.34%**	2.35%
基隆市	**0.67%**	0.34%	0.00%	0.00%	1.01%
總計	43.29%	27.18%	1.68%	27.85%	100.00%

資料來源：本研究整理，資料時間至2022年8月。

註：粗體代表各縣市比例最高的類型；斜體則是該類型比例最高的縣市。由於臺北市數量
　　比例高，底線代表扣除臺北市之後，該類型比例最高的縣市。

四、結論

　　本文在資料的盤點與篩選上，仍屬於初探的層次。相關背後影響的
因子，礙於時間的因素並無法深究，或是透過訪談進行專家的討論。但日
式宿舍由於留存數量不少，且分布在全臺灣各地，透過文化資產的提報制

度，陸續地成爲法定的文化資產。儘管日式宿舍有各種樣態、等級，但在修復與再利用，已經形成一個相對完整的體系，從調查、研究到修復，可說是建立了相當完整的流程與看法。

而日式宿舍的案例，已經占所有建築類文化資產的10.1%，扣除澎湖、金門與連江等未有任何日式宿舍案例的縣市後，比例則提高到11.6%，也就是將近1/9的文化資產，是日式宿舍的案例，形成單一比例最高的文化資產類型。若從文化資產指定登錄是一種選擇過程的觀點，是否這些日式宿舍均具有應被指定登錄的價值或條件，實際上有相當多存疑的空間。

本文除了梳理指定登錄案件之數量與分布之外，修復後再利用的盤點則呈現出了另一個有趣的現象。當許多民間團體對於文化資產再利用作爲商業性使用的批評時，本文的盤點則顯示出，實際上商業性使用或許只是其中的一個面向，其他的展示、社區或靜態使用，仍占有相當大的比例。也就是說，或許當個別縣市的相似案例，均呈現出相近的再利用模式，更突顯出在決定再利用過程中，特定的委員群組有其偏好，畢竟再利用的機能選擇，往往不會有標準答案。

關鍵字索引

Note

Note

Note

Note

國家圖書館出版品預行編目(CIP)資料

殖民地臺灣的經濟與產業發展之再思考／蔡龍
保主編.--初版.--臺北市：五南圖書出版股
份有限公司, 2024.03
面；　公分
ISBN 978-626-366-838-6(平裝)

1.產業發展　2.經濟史　3.臺灣史

552.339　　　　　　　　　112020413

1WBB

殖民地臺灣的經濟與產業發展之再思考

主　　編 — 蔡龍保

作　　者 — 三澤真美惠著、周俊宇譯；文明基、王淳熙

　　　　　　林采成、林佩欣、陳德智、曾立維、蔡龍保

　　　　　　（依姓名筆畫順序）

發 行 人 — 楊榮川

總 經 理 — 楊士清

總 編 輯 — 楊秀麗

副總編輯 — 黃惠娟

責任編輯 — 魯曉玟、李湘喆

封面設計 — 姚孝慈

出 版 者 — 五南圖書出版股份有限公司

地　　址：106台北市大安區和平東路二段339號4樓

電　　話：(02)2705-5066　　傳　　真：(02)2706-6100

網　　址：https://www.wunan.com.tw

電子郵件：wunan@wunan.com.tw

劃撥帳號：01068953

戶　　名：五南圖書出版股份有限公司

法律顧問　林勝安律師

出版日期　2024年 3 月初版一刷

定　　價　新臺幣480元

經典永恆・名著常在

五十週年的獻禮 —— 經典名著文庫

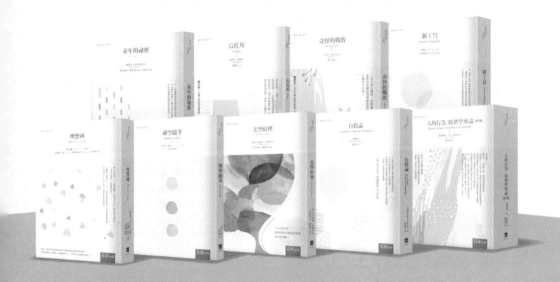

五南，五十年了，半個世紀，人生旅程的一大半，走過來了。

思索著，邁向百年的未來歷程，能為知識界、文化學術界作些什麼？

在速食文化的生態下，有什麼值得讓人雋永品味的？

歷代經典・當今名著，經過時間的洗禮，千錘百鍊，流傳至今，光芒耀人；

不僅使我們能領悟前人的智慧，同時也增深加廣我們思考的深度與視野。

我們決心投入巨資，有計畫的系統梳選，成立「經典名著文庫」，

希望收入古今中外思想性的、充滿睿智與獨見的經典、名著。

這是一項理想性的、永續性的巨大出版工程。

不在意讀者的眾寡，只考慮它的學術價值，力求完整展現先哲思想的軌跡；

為知識界開啟一片智慧之窗，營造一座百花綻放的世界文明公園，

任君遨遊、取菁吸蜜、嘉惠學子！